图表解管理实践系列

图表解
设备全过程规范管理手册

左文刚 ◎编著

U0304307

机械工业出版社
CHINA MACHINE PRESS

本书以设备全过程规范管理为主题，对设备前期管理和使用期管理的实践操作进行了系统描述。

本书作为企业设备管理的实践教程，以实践、方法、流程、案例、表格等方式进行论述。全书共9章，分别介绍了设备全过程规范管理的实践和创新；设备生命周期前期无形与有形规范管理；设备全面生产维护规范管理；设备规范润滑精细化管理；设备技术状态规范管理；设备技术维修规范管理；设备备件规范管理；设备实物形态和价值形态规范管理；网络信息化与设备管理。

书中采用实践化、规范化、程序化、案例化、图表化等方法，梳理了设备全过程规范管理这一主线。本书适合各类型企业高、中、基层设备管理者学习使用，适合作为大专院校、职业院校相关专业的辅导用书，也适合作为接受设备管理各阶层管理者的培训用书。

图书在版编目（CIP）数据

图表解设备全过程规范管理手册/左文刚编著 . —北京：机械工业出版社，2018.9（2022.8 重印）

（图表解管理实践系列）

ISBN 978-7-111-61092-2

Ⅰ . ①图… Ⅱ . ①左… Ⅲ . ①设备管理 – 手册 Ⅳ . ①F273. 4-62

中国版本图书馆 CIP 数据核字（2018）第 230853 号

机械工业出版社（北京市百万庄大街22 号 邮政编码100037）

策划编辑：李万宇 责任编辑：李万宇 朱琳琳

责任校对：李 杉 封面设计：鞠 杨

责任印制：张 博

北京中科印刷有限公司印刷

2022 年 8 月第 1 版第 3 次印刷

169mm×239mm ·19.25 印张 ·370 千字

标准书号：ISBN 978-7-111-61092-2

定价：65.00 元

谨以此书献给为企业设备管理默默奉献和默默无闻地努力工作的人们。

——你的朋友左文刚

序　言

　　在过去近40年的时间里，特别是近些年来，我们的祖国正在向工业化、信息化、网络化、智能化高速地发展着，现代化的企业正向着集机械、电子、信息科学、计算机技术、材料科学、管理学等学科最新成就为一体的方向迈进着，"中国制造2025"正向我们走来。企业的快速发展，对企业管理提出了更高的要求，作为企业管理的重要组成部分，设备管理工作也面临着新的挑战。

　　该书作者在国有大型企业从事设备管理工作30多年，从基层设备管理、设备技术维修工作到管理层，工作中积累了丰富的设备管理实践经验和理论知识。退休后直到今天，他仍然热衷于设备管理工作，在陕西省设备管理协会任职，同时担任中国设备管理协会专家。这样一个好的工作环境给他创造了一个好的工作平台。几年来，他深入陕西省内和其他省、市的多种行业的200多家企业学习、交流、调研、座谈、沟通，了解和掌握了企业大量设备管理方面的经验和教训，并不断进行认真总结，努力在工作实践中体现出来。

　　该书采用实践化、规范化、程序化、案例化、图表化的方法围绕设备全过程规范管理这一主线，将企业设备管理工作的各个阶段进行了深入浅出的论述，强调了理论与实践的统一。对于设备管理工作者来说，该书是一本内容丰富值得一读的好书。

　　该书既反映了编者对设备管理理论创新的探索，又是作者几十年实践经验的总结。相信该书的出版，不仅有助于提升企业的设备管理水平，也将对广大设备管理工作人员创新设备管理起到积极的促进作用。

　　党的十九大的胜利召开，标志着中国特色社会主义进入了新时代。新时代中国经济发展的特征，就是由高速增长阶段迈进高质量发展阶段。在新时代，广大设备管理工作者要适应新时代，要有新作为，要不断提升设备管理的质量，还要不断创新设备管理的理论和方法，为我国高质量发展贡献力量！

中国设备管理协会副会长　魏景林

当前，现代化企业正向着集机械、电子、液压、光学、信息科学、计算机技术、材料科学、管理学等学科最新成就为一体的方向发展着。企业更加注重精密化、信息化、全球化、智能化、绿色化、服务化。与此同时，企业对设备管理的要求也越来越高。设备管理是一个系统、完整、全面的设备生命周期管理，设备管理的目的不再局限于降低成本、节约能源，而是为了提高设备利用率、延长设备使用寿命，从而为企业增加效益，为社会尽到一份责任，提高企业竞争力，实现企业价值最大化。

设备管理是企业管理的重要组成部分。设备管理要依托企业管理，企业管理离不开设备管理。而设备管理本身又是一项复杂的系统工程，对于一个企业来说，设备管理体系将贯穿于整个企业管理体系之中。不管是什么类型的企业，都一定离不开设备管理。设备是给企业创造财富、发展经济的必要装备和手段，而设备管理工作正是为了把这个装备和手段最大化、最科学地用于为企业的生产产品服务，为企业、为社会创造财富、创造价值。

从企业退休后，笔者在陕西省设备管理协会继续做设备管理工作，并被中国设备管理协会特聘为标准化工作委员会委员和专家组专家。在笔者从退休至今的几年时间里，由于工作关系，到全国各地200多个企业进行设备管理工作的调研、学习，其中包括机械制造、石油、化工、煤炭、天然气、电子、服装、交通等行业的企业。

笔者到过的这些企业，大部分是国有企业，也有一部分是民营企业。在这些企业中，有许多企业的设备管理工作还很不扎实，存在许多短板和瓶颈，特别是设备的基础管理工作还很欠缺。甚至，有些企业的设备管理体系还不健全、不完善。这就需要我们企业的设备管理工作者，要看到自身的不足，要结合企业自身的特点和企业文化，把设备管理工作做好，特别是先把设备的基础管理工作做好、做扎实。逐步完善设备管理体系，使设备规范管理在企业规范管理中成为一个亮点，并且促进企业规范管理不断进取、不断发展、不断创新。

不管是"中国制造2025""互联网+"，还是"工业4.0"，以及大数据在企业的应用，企业都离不开设备管理工作，更离不开设备的基础管理工作，都必须建立、健全企业的设备管理体系。

设备管理工作要引起企业高层领导的高度重视。企业管理离不开"人、机、料、法、环、测和信息"，一个企业如果对设备没有管理好，那么，这个企业就谈不上"做大做强"，甚至连生存都会出现问题。企业是否重视了设备管理工作，就要看这个企业是否把设备管理工作及设备管理的新理念和新方法与企业文化紧密结合了，是否把设备管理工作变成企业员工的行为了，是否坚持走在设备管理的创新路上了。

本书从设备全过程规范管理的基础工作及建立、健全设备管理体系入手，从设备全过程规范管理的实践和创新开始，将设备规范管理工作的各个阶段的各项工作由浅入深地进行了论述，内容从实践中来到实践中去。同时，将不同行业的各类型企业的案例与实际工作结合在一起，以加深读者对设备管理工作的学习、理解和实践应用。

本书的基本特点：

1）全书共9章，即设备全过程规范管理的实践和创新、设备生命周期前期无形与有形规范管理、设备全面生产维护规范管理、设备规范润滑精细化管理、设备技术状态规范管理、设备技术维修规范管理、设备备件规范管理、设备实物形态和价值形态规范管理、网络信息化与设备管理，这些内容贯穿了整个设备生命周期的全过程规范管理。

2）全书多处引用了管理学大师彼得·德鲁克的管理学说，以此来加深我们设备管理工作的理论与实践，并与企业自身的特点紧密结合。

3）书中多处引用了阿尔伯特·哈伯德《自动自发》一书中的生动语言和思想来激发设备管理工作者热爱自己的工作，同时激发设备管理工作者对工作的热情和渴望。

4）把理论知识与实践紧密地统一起来，以大量笔者亲身经历过的、亲身体验到的，或者发生在笔者身边的案例，来说明每一阶段的设备管理工作如何开展，如何深入得更好，如何把握好设备管理工作的实践与创新。

5）为了更加清楚、更加具体地说明设备管理工作者如何进行各阶段的设备管理工作，书中设计和采用了大量的图和表对相关问题进行分析、说明和概括，以便于读者加深理解和便于应用。

6）书中所举的案例大都是笔者本人亲身经历和切身体验到的经验和教训，读者可以从中吸取其精华，在自己的设备管理工作中多一些思考，少走一些弯路。

本书的基本结构：

第0章叙述了设备全过程规范管理的实践和创新，说明了现代设备管理思想，设备全过程规范管理的实践，概括地回顾了国内外设备管理工作的发展，简述了当前一些先进的设备管理工作的新理念和新方法。

第1章叙述了设备生命周期前期无形与有形规范管理，包括设备前期无形管理方法，设备投资经营规划管理程序与效果，设备招投标管理，设备选型方法，设备前期有形管理方法，以及设备前期无形与有形信息管理的实践。

第2章叙述了设备全面生产维护规范管理中的设备维护管理与考核方法，设备使用管理程序和岗位责任，设备维护管理流程和案例，设备事故及处理管理方法。

第3章叙述了设备规范润滑精细化管理的主题，设备润滑管理制度，设备润滑工作管理规范，设备润滑标识和看板管理方法，设备润滑油和辅助用品管理方法，设备润滑油应用管理，设备润滑油代用和添加剂应用管理，设备润滑方式与方法，以及设备润滑状态监测管理方法、设备润滑系统故障分析方法和信息化管理的设备润滑工作。

第4章叙述了设备技术状态规范管理，包括设备技术状态管理的实践，设备技术状态检测管理，设备技术状态监测管理，设备状态诊断技术管理的实践等内容，还包括了设备状态诊断技术的信息化管理。

第5章叙述了设备技术维修规范管理，包括设备技术维修管理方式，设备技术维修计划制订管理方法，设备技术维修评价，网络计划技术在设备技术维修中的实践，设备维修技术工作的实施管理，涵盖技术维修信息化管理方式。

第6章叙述了设备备件规范管理，包括设备备件分类管理和工作流程，设备备件技术管理，设备备件计划与市场信息管理方法，设备备件经济管理方法，以及设备备件管理模式等内容。

第7章叙述了设备实物形态和价值形态规范管理，包括设备实物形态与固定资产管理方法，设备分类管理方法，设备实物形态和价值形态动态管理方法，其中涵盖了网络信息化实现设备资产动态管理方法。

第8章叙述了网络信息化与设备管理，包括网络信息化管理系统，PMIS的基本方法，PMIS设备资产和维保管理流程，PMIS质量管理的实践，PMIS物料管理流程，其中涵盖设备管理信息化建设案例。

本书的适用范围：

本书适合各类型企业高、中、基层设备管理者学习使用，适合作为大专院校、职业院校相关专业的辅导用书，也适合作为接受设备管理各阶层管理者的教育、培训用书，还可以用于辅导企业设备管理体系工作的实践。

关于本书：

退休后笔者想到的第一件事就是要编写一本关于企业设备管理方面的书，"搞了30多年的设备管理工作，包括设备技术维修工作，对这个工作应当有个总结，更重要的是应当给我们的企业、给我们的社会留点什么！"这是笔者真实的想法，也是支持笔者写这本书的重要基础。

从第一次编写本书的大纲开始，到第1稿的完成，再到多次大面积地修改，最后到全书编写完成，共花费了4年多的时间。在编写本书的过程中，还得到了陕西省设备管理协会秘书长朱家秦以及秘书处全体人员的支持和协助，在此一并表示衷心的感谢。

由于本人水平有限，书中一定会有许多缺点或者不足之处，敬请广大读者批评指正，并提出宝贵意见。

左文刚

卷首语

　　当你的一种好奇促使你打开这本书的时候，一种掌握设备管理知识的渴望在你的脑海里油然而生。"工欲善其事，必先利其器"，不只是古人的经验，它也一定是当代所有企业与设备有关联的人不可遗忘的真正财富。

　　如果在你翻开本书每一页的时候，可以感觉到又有新的知识进入自己心扉了，或者看到了自己过去掌握的知识在这里又有了总结，由此触发了你要在设备管理工作中再做一番事业，作为本书的编著者，我真的感到欣慰了。

——左文刚

目　录

第 0 章

设备全过程规范管理的
实践和创新

一个充满激情和活力的企业，无论规模大小，它的设备管理工作一定会是注重设备生命周期全过程的科学管理，会在规范上下功夫，也一定是不断创新、生动活泼、富有朝气、天天向上的。

说到设备管理，有相当一部分企业设备管理工作者会有一种"酸甜苦辣咸"五味俱全的感觉，在这部分人当中，绝大多数是非常热爱设备管理工作的，但他们其中有些人又不知道如何去做才是企业最需要的。设备管理人员往往被企业生产管理中的种种问题所干扰，因设备管理工作不尽如人意，而成为企业生产任务完不成或者完成不好的"充分理由"。

应当运用现代企业的管理手段，把设备管理的新理念、新方法运用到工作中，这是我们每位设备管理人员应尽的责任；这个责任是我们每天工作中不可或缺的一种境界，如果明白了这一点，我们就会更加努力，就会把我们的设备管理工作做得更加出色。

> 美国著名出版家和作家阿尔伯特·哈伯德在他的《自动自发》一书中有这样一段话："敬业表面上看起来有益于公司和老板，但最终受益者却是自己。当我们将敬业变成一种习惯时，就能从中学到更多的知识，积累更多的经验，能从全身心投入工作的过程中找到快乐。"
>
> 他又说："一个人无论从事何种职业，都应该尽心尽责，尽自己的最大努力，求得不断地进步。这不仅是工作的原则，也是人生的原则。如果没有了职责和理想，生命就会变得毫无意义。无论你身居何处（即使在贫穷困苦的环境中），只要能全身心投入工作，最后就会获得经济自由。那些在人生中取得成就的人，一定在某一特定领域里进行过坚持不懈的努力。"

当前，企业正向着集机械、电子、液压、光学、信息科学、计算机技术、材料科学、生物科学、管理学等最新成就为一体的方向发展着，企业更加注重精密化、信息化、全球化、智能化、绿色化、服务化。与此同时，企业对设备管理的要求也越来越高。设备管理是一个系统、完整、全面的设备生命周期管理，设备管理的目的不再局限于降低成本、节约能源，更是为了提高设备利用率、延长设备使用寿命，从而最终为企业增加效益，提高企业竞争力。

设备管理这个领域是企业管理的重要内容之一，即使是在"工业4.0""互联网+"及"中国制造2025"的时代，设备管理在企业管理中仍占有非常重要的位置。企业管理是在一定的生产方式和企业文化的背景下，由企业各阶层管理人员按照一定的原理、原则和方法，对企业的人、财、物、信息、技术，或者说对人、机、料、法、环、测和信息等生产要素进行计划、组织、领导、控制和创新，以提高企业的经济效益和社会效益。

设备管理是企业管理的重要组成部分，换句话说，企业管理离不开设备管理，而设备管理又必须依托企业管理。如果一个企业不重视设备管理，那它就是不重视企业管理，如果连企业管理都不重视了，那么这个企业还有可能生存下去吗？

设备管理工作案例：

我曾经到过一些企业进行过设备管理工作的调研，不止一次地听到有些企业的设备管理人员甚至包括一些企业的中层领导干部都在抱怨："现在的设备管理工作太难搞了，生产任务完成不了，一切都要怪罪于设备出了问题。"

在一次与企业进行座谈时，我提出了一个问题："设备管理工作主要难点在哪儿？"

一位管理干部说："企业的高层领导重视的是生产，设备管理是辅助部门，辅助部门与生产没有直接关系。"

"难道他们不知道生产离不开设备？设备如果管理不好，生产能搞好？"我又问。

"怎么不知道，但他们认为设备出了问题就是设备管理问题，设备不及时修理好就要影响生产，管理好设备是应该的，出了问题是不能耽误的。"另一位设备管理干部这样说。

还有的人说："在企业总结会上，只要企业领导不批评设备管理部门，就是对设备管理部门的表扬了。"

这就是当前在一些企业普遍存在的一种现象。

不管是抱怨还是批评，设备管理工作是不能放弃的，要按照企业的目标去卓有成效地进行管理，去为企业履行自己应尽的责任和义务。

> 现代管理大师彼得·德鲁克在他的《卓有成效的管理者》一书中有这样一段话："我应该贡献什么才能大幅度地提升我现任组织的绩效和成果？"他强调的是责任。

设备管理本身就是一项复杂的系统工程，对于一个企业来说，它将贯穿于整个企业管理之中。不管它是什么类型的企业，无论它规模的大小，都离不开设备管理。可以说，设备是给企业创造财富、发展经济的必要装备和手段，而设备管理工作正是努力把这个装备和手段最大化、最科学地用于为企业服务。同时，企业的设备管理工作同样也担负着一种社会责任。

0.1　现代设备管理思想

设备管理工作所面对的是各种类型、五花八门的设备，这些设备是设备管理人员包括设备维修人员所要研究的对象。一个企业，它可能从事的是地质矿产、钢铁冶金，或者是机械制造、交通运输，也可能从事的是石油化工、煤炭工业、天然气矿产，又有可能从事的是印染纺织、烟草工业、邮政通信、生活服务等，乃至在国防工业领域、高科技领域等都离不开设备。所以说，设备是提高生产率，提高产品质量和服务质量，提高经济效益的主要工具和必不可少的重要手段。

如果摆在我们面前的是一大批现代化的先进设备，一名设备管理者，仍然采用古老落后的设备管理思维和方法，而没有任何实际意义上的创新地对这些设备进行管理，那就好像把现代战争使用的导弹挂在古战场的马车上，后果必然是毁灭于现代战争的汪洋大海。这里的"导弹"好比是现代先进的设备，而"马车"就好比是古老、落后的设备管理方法。

> 彼得·德鲁克在他的《管理的实践》一书中用这样一段论述来说明创新存在于企业经营活动的各个环节之中："在企业发展进程的任何阶段都能发现创新，它可能是设计环节上的创新、产品及营销方法的创新、价格及客户服务的创新、管理机制或管理方法的创新。它是一张让生意人可以承担新风险的保单。"

设备管理者如果没有搞清楚管理设备的目的是什么，就好像上面所说的马车和导弹的关系一样。这并不是无稽之谈，在现代化的企业中，这样的设备管理者和设备管理思想仍在其中占有一定的比例，在工作中体现的仍然是用落后的思维、落后的方法，而缺少管理创新，用着落后的方法，管理着企业现代化的设备。

企业的设备管理工作不能总是在落后的、被动的、无创新的状态下日复一日、年复一年地循环着。显然，开展设备管理工作一定是长期的，是贯穿于企业管理全过程中的一项重要工作。企业因循守旧，是不能取得长足的发展的。创新是提升企业竞争力最主要的战略之一。同样，创新也会给设备管理带来生机和希望，创新要贯穿于设备全过程规范管理的各个环节。

0.2　设备全过程规范管理的实践

我们在进行设备全过程规范管理的同时，要保证设备的安全使用，并以环境保护为前提。设备管理人员和生产管理者应当谋求设备生命周期费用最经济为条件，努力做到充分发挥设备的综合效率，取得最佳的设备投资效果。

设备管理工作的范畴不仅包括对设备的技术管理和维修管理，而且还包括对设备的经济管理。从系统管理的概念出发，设备管理是企业管理的子系统，是企业管理的重要组成部分。企业管理离不开设备管理，设备管理工作搞得好不好，又直接反映了企业的管理水平，并且直接影响企业的经济效益。设备全过程规范管理的主要工作内容如图 0-1 所示。

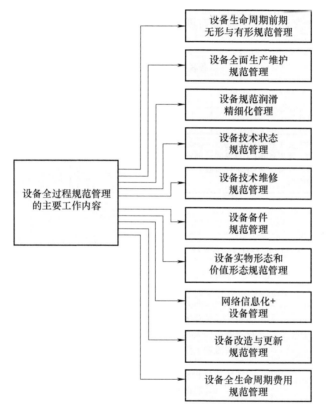

图 0-1 设备全过程规范管理的主要工作内容

设备全过程规范管理，就是对设备全生命周期中全过程的物质运动和价值运动进行全面、系统的规范管理。它不仅涵盖了设备管理的全部内容，而且把设备规范管理的新理念、新方法贯穿于设备一生的全系统的规范管理中。

"工业 4.0" 和 "中国制造 2025"，会把大量的互联网技术应用到企业管理过程中，致使智能生产不断出现在生产产品的过程中。"工业 4.0" 和 "中国制造 2025" 具有高度自动化、高度信息化和高度网络化三大特征。这三大特征将导致企业管理和生产过程的形态发生变化，员工的角色也将发生较大改变，这就要求企业的每一位员工都要具备新知识或新技能。尽管如此，设备管理工作依然存在，设备规范管理知识一点儿也不能少！

0.3 设备管理工作的发展

0.3.1 国外设备管理工作的发展

国际上设备管理工作的发展有四个主要阶段，如图 0-2 所示。

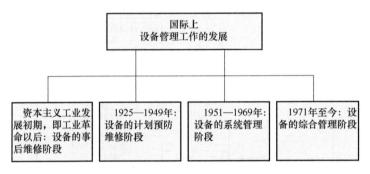

图 0-2 国际上设备管理工作发展的四个阶段

将国际上设备管理工作发展的四个阶段进行分解，见表 0-1。

表 0-1 国际上设备管理工作发展的时间段

序号	时 间	内 容
1	19 世纪中叶	资本主义工业生产刚刚开始起步，当时的设备非常简陋，设备出现故障后由设备操作人员自行修理，这个时期还未形成设备管理，只是最简单的设备事后维修工作
2	19 世纪末期至 20 世纪初期	设备的数量和复杂程度大幅增加。许多企业逐步从设备操作人员中分离出部分人员开展设备的维修工作，产生了最简单的设备管理，但所体现的仍然是简单地对设备故障进行事后维修
3	20 世纪 20 年代中后期	设备的复杂程度不断提高，社会化大生产开始不断涌现。美国首先提出了对设备进行预防维修的新概念，设备管理工作步入防止设备故障、减少损失的设备计划预防维修的初始阶段
4	20 世纪 30 年代中后期到 40 年代末期	苏联在美国提出的对设备预防维修的基础上，开始推行设备计划预防维修制度，企业除了对设备进行定期检查和计划修理外，还强调对设备的日常维护和保养，这个时期仍然属于设备计划预防维修阶段
5	20 世纪 50 年代	美国的一些公司提出了"生产维修"（Productive Maintenance），强调企业要系统地进行设备管理工作，特别强调对重点或关键设备要采取重点检查和维护，提高综合效率。这就是设备系统管理的初级阶段

（续）

序号	时 间	内 容
6	20 世纪 60 年代	美国企业界又提出设备管理"后勤学"的观点，强调设备从设计、制造到使用期都要重视设备的可靠性和维修性，还提出对设备备件的提供和对设备的售后服务思想，进一步深化了设备的系统管理
7	20 世纪 70 年代初期	英国的丹尼斯·帕克斯提出了"设备综合工程学"。这门新学科就是以设备生命周期费用最经济为管理目标的新理念和新方法，这个时期世界上的许多企业已经开始了设备综合管理的阶段
8	20 世纪 70 年代初期	日本国前设备管理协会在设备综合工程学的基础上又提出了"全员生产维修"（Total Productive Maintenance）制，强调全员参加的生产维修方法。全员生产维修不但属于企业设备综合管理的重要内容，而且把设备管理工作推进到一个质的飞跃，使设备管理工作进入一个新阶段

0.3.2 我国设备管理工作的发展

我国设备管理工作的发展内容也分为四个主要阶段，如图 0-3 所示。

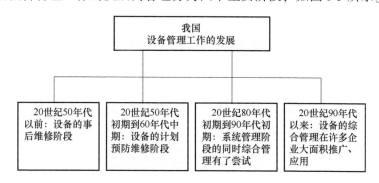

图 0-3 我国设备管理工作发展的四个阶段

将我国设备管理工作发展的四个阶段进行分解，见表 0-2。

表 0-2 我国设备管理工作发展的时间段

序号	时 间	内 容
1	20 世纪 50 年代以前	我国工业水平非常低下，工业技术十分落后，完全处于设备发生故障后被迫中断生产的最原始的设备事后维修阶段
2	20 世纪 50 年代初期到 60 年代中期	我国工业迅速发展，当时引进了苏联正在进行的设备计划预防维修制度，成立企业设备计划预防维修体系。还根据我国工业的特点，创造出设备的"三级保养""四项纪律""五项要求"等符合我国国情的设备管理方法
3	20 世纪 70 年代末期	设备管理工作从恢复到巩固又到提高。此阶段我国引进发达国家设备管理的新理念和新方法，设备管理学术活动迅猛开展，设备管理工作有了飞跃式的发展

（续）

序号	时　间	内　容
4	1982 年 12 月	原国家经济贸易委员会组织召开了新中国成立以来的第一次全国设备管理工作座谈会，成立了中国设备管理协会，我国的设备管理工作开始以有组织的形式进入了新时期
5	1987 年 7 月 28 日	国务院颁布了《全民所有制工业交通企业设备管理条例》文件，设备管理工作逐步走向正规化、科学化和理论系统化的新路子，同时，国外一些优秀企业的设备管理思想和经验进入我国，设备系统管理有了实际意义上的发展，设备综合管理开始受到影响
6	20 世纪 90 年代以来	我国大力推行现代设备管理的新理念和新方法，设备的综合管理开始在一些企业尝试和运用

0.4　设备管理工作的新理念和新方法

设备的技术进步正朝着集成化、高速化、精密化、自动化、流程化、综合化、计算机化、技术密集化等方向发展着。可以想象，如果运用落后的理念和方法，对先进的设备进行管理，那给企业带来的不是经济效益和社会效益的提升，而是企业发展路上的障碍。正如前面所说的，用马车挂导弹，即便是使用最上等的马车，也仍将被历史所淘汰。

比尔·盖茨非常喜欢自己公司宣传企业文化的一条内容："每天早上醒来，想想王安电脑，想想数字设备公司，想想康柏，它们都曾经是叱咤风云的大公司，而如今它们也是烟消云散了。有了这些教训，我们就常常告诫自己——我们必须要创新，必须要突破自我。我们必须开发出那种你认为值得出门花钱购买的 Windows 或 Office。"

0.4.1　设备预知维修体制的实践

设备预知维修（Predictive Maintenance，PM）产生于 20 世纪 70 年代，这种设备维修方式起初依赖于早期计算机系统及其与之相对应的软件系统来评估设备各系统的工作状态和故障情况。

设备预知维修管理体制案例：

20 世纪 70 年代中后期到 80 年代初期，机械制造领域的数控机床从 NC 系统到简单的 CNC 系统只具备简单的自诊断功能，检测系统和传感器装置的技术水平比较落后，只能依赖于当时 CNC 系统相应的软件系统和简单的检测仪器来诊断设备的技术状态和设备故障的初始现象。

所以，在当时这样的技术条件下提出了设备预知维修体制的管理方法，来预先诊断和判断设备的技术状态。这在当时也解决了不少设备的故障问题，因此预知维修管理体制在设备管理的进程中也发挥了应有的作用。

尽管设备预知维修管理体制有它的局限性，但它毕竟向传统的、以时间为基础的在 20 世纪五六十年代非常盛行的设备预防维修体制提出了挑战，并将传统的设备预防维修方式进行了彻底的变革。

随着计算机技术和各类设备检测手段的涌现和不断进步，设备预知维修体制出现后没多久，许多工业发达国家的企业开始建立更为完善的状态维修的设备管理体制。

0.4.2　设备状态维修体制的实践

运用设备状态维修为基础的管理体制（Condition Based Maintenance，CBM），是相对事后维修体制和预防维修体制而提出的，可以说，状态维修是在预知维修的基础上发展和建立起来的，设备状态维修是预知维修更高一层的设备维修管理模式。

设备状态维修在国际上已经被广泛应用，目前我国也正在企业中大面积推广和应用。经过不断实践，设备管理中的状态维修体制在当前是一种科学的、适合企业的设备管理模式。

设备状态维修管理体制案例：

对任何类型的设备，检测人员都可以利用各种简单或复杂的技术状态检测仪器对其进行定期检查，实时监控设备技术参数和技术指标的微小变化，把故障消灭在萌芽状态。

全功能数控设备除了具有较强的自诊断功能外，还可以配备技术状态监测系统，并通过计算机对设备进行自动故障检测。除此以外，还可以对设备的机械传动进行监测分析，对液压系统、气动系统进行状态监测分析等。图 0-4 所示为设备状态维修诊断系统的示例。

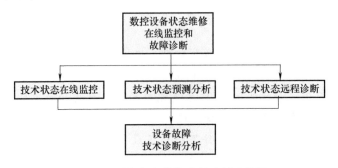

图0-4 设备状态维修诊断示例系统图

设备状态维修就是当设备出现了较为明显的劣化或功能失效后所实施的维修。设备状态的劣化或功能失效，是由被检测设备状态参数的变化反映出来的。设备状态维修中的状态监测，实际上是对设备在运行过程中整体或局部物理现象的变化进行的监测和检测，目的是随时监视和检查设备的运行状况，收集、分析和处理设备技术状态变化的信息，以求及早发现或预测设备功能失效和出现故障的原因，掌握设备劣化或功能失效的规律，适时采取故障维修的对策或方法，以此来保证设备处于良好的技术状态。

设备状态维修，要求企业的设备管理人员和维修人员要适时地对设备进行各种参数的测量，随时反映设备的实际状态。所测量的设备参数可以在足够的时间内提前警示或提示，以便采取适当的维修方式和措施对设备进行调整和修理。

0.4.3 设备可靠性维修体制的实践

运用设备可靠性维修管理（Reliability Centered Maintenance，RCM）是以最低的设备维修费用保持设备可靠性的维修方式。它是从分析设备零件的可靠性、设备故障模式、设备故障影响入手，对不同设备维修对象（如设备系统、设备部件）的不同故障模式和故障影响，采用不同的设备维修方法的管理模式。

设备可靠性维修管理体制案例：

运用设备可靠性维修管理模式，对加工中心设备出现故障的后果进行结构性评价，以及对加工中心设备维修方法进行选择可参考图0-5所示的内容。

我了解的一些企业在进行精益生产、精细化管理、六西格玛管理、平衡计分卡管理的同时，在设备管理工作中也尝试着运用可靠性维修进行管理。他们利用这种方式进行管理的目的就是要提高设备的可利用率。

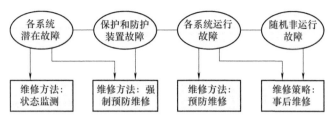

图 0-5 加工中心设备的可靠性维修方法

0.4.4 设备利用率维修体制的实践

设备利用率维修体制中的应用公式见表 0-3。

表 0-3 设备利用率维修体制中的应用公式

名 称	公 式
设备利用率	$设备利用率 = \dfrac{设备实际工作时间}{设备制度工作时间} \times 100\%$
设备综合利用率	设备综合利用率 = 设备计划台时利用率 × 设备负荷率

设备利用率是反映设备工作状态及生产率的技术经济指标。设备利用率实际上是设备在数量、时间、能力等方面利用程度的量化。它包括：①设备数量利用指标，主要是设备制度台时利用率（实际开动台时与制度工作台时之比），设备计划台时利用率（实际开动台时与按计划班次可开动台时之比）；②设备能力利用指标，主要是设备综合利用率。而设备负荷率是实际生产量与设备标准生产能力之比。

运用设备利用率维修的管理体制（Availability Centered Maintenance，ACM）是企业把设备利用率放到设备维修方式的首要位置来制定设备维修策略的维修管理模式。它把设备维修方式分成不同的维修类型，有定期维修、状态维修、事后维修、机会维修和改善维修，具体内容见表 0-4。

表 0-4 设备利用率维修的主要内容

设备维修类型	内 容
定期维修	根据不同类型的设备及使用情况，参考相关的检修周期，制定修理工作计划时间和基本修理工作量及确切的修理时间和修理内容，还要根据修理前的预检情况制订详细的修理方法。这种维修方式可以按照计划提前做好维修前的准备工作，以求缩短修理的停歇时间
状态维修	根据对设备状态监测的故障模式而采取的维修方式，即根据监测的设备整体或局部在运行中物理现象的变化而决定采取的维修方式
事后维修	当设备发生故障后，设备已经达不到原有的技术要求而进行的维修方式。这种维修方式不需要计划，不必监测，但必须在人力资源配备、备件准备、工量器具准备、维修手段完善的前提下进行

（续）

设备维修类型	内　　容
机会维修	当设备经过状态监测后，需要进行维修，或者设备已经达到定期维修的周期，而其他的类似该故障的设备可以利用这个机会同时进行维修的一种维修方式。这种维修方式可以提高维修费用的有效度，是与定期维修、状态维修并行的维修方式
改善维修	对经常发生重复性故障的设备，或者存在设计和制造缺陷的设备，需要对设备可靠性、维修性、经济性、操作性等方面进一步改进的一种维修方式，或者从根源上排除设备局部或零部件的故障

0.4.5　全面生产维护体制的实践

（1）全面生产维护体制的发展进程　全员生产维修体制（Total Productive Maintenance，TPM），是20世纪70年代初期正式提出来的，当TPM全面进入我国以后，有人将其与我国企业现状和具体实际相结合，将TPM称之为全面生产维护体制。TPM的发展概况如图0-6所示。

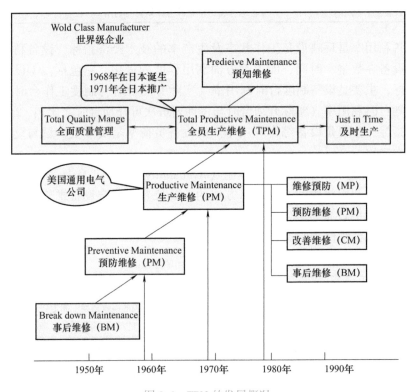

图 0-6　TPM 的发展概况

（2）TPM的思想和理念　TPM要求做到追求经济性，控制全系统，员工对设备的自主维护，即通过全面维护预防和全面预防维护以求最终达到全面改善维护的目的，如图 0-7 所示。

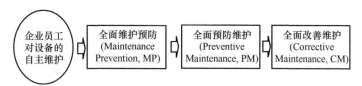

图 0-7　企业员工对设备的自主维护

TPM 的预防哲学就是要确立预防设备缺陷和设备故障的条件，即要分析可能造成设备缺陷和设备故障的相关问题，防患于未然；要排除设备的操作人员、维修人员、管理人员等心理上的缺陷；要排除由于人为因素造成的设备劣化；要消灭设备的慢性不良；要延长设备的使用寿命，最终达到设备效率最大化的目的。TPM 的预防哲学如图 0-8 所示。

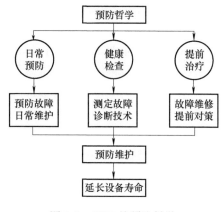

图 0-8　TPM 的预防哲学

追求 TPM 的 "0" 目标，即追求设备的 "0" 缺陷（Zero Defect，ZD）；TPM 的全员参与，以提高企业经营能力和企业成果最大化。

（3）TPM 自主维护工作的定义和目的

1）TPM 自主维修或自主维护工作的定义。TPM 自主维修或自主维护工作是以企业制造部门为中心的生产一线员工的重要工作，是指生产一线员工以主人的身份，对 "我的设备、我的区域" 进行保护，维持和管理，实现企业生产处于理想状态的自主工作。自主维修或自主维护是 TPM 工作的灵魂。

2）TPM 自主维护工作的目的。

① 人的方面。为企业培养理想的员工，即培养强大的有实力的作业能手。

② 物的方面。实现理想的生产现场，即所有员工都能发现并纠正设备的缺陷及故障点。

（4）设备综合效率　设备综合效率（Overall Equipment Effectiveness，OEE）的基本含义见表 0-5。

表 0-5　OEE 的基本含义

公　　式	分　　解
OEE = 时间开动率×性能开动率×合格品率	
时间开动率 = $\dfrac{开动时间}{负荷时间}$ ×100%	负荷时间 = 日历工作时间 − 计划停机时间

（续）

公　式	分　解
性能开动率 = 净开动率 × 速度开动率	净开动率 = 加工数量 × $\dfrac{实际加工周期}{开动时间}$ × 100% 速度开动率 = $\dfrac{理论加工周期}{实际加工周期}$ × 100%
合格品率 = $\dfrac{合格品数量}{加工数量}$ × 100%	加工数量 = 合格品数量 + 不合格品数量

TPM 在企业管理和生产实践中也在不断地进行改进、发展，这里我们把 TPM 的理念、方法整理归纳如下：

① 着重于企业生产现场的设备管理。

② 以提高企业生产率为目标。

③ 以企业全系统的预防维修体制为载体。

④ 以企业的全体人员都参加为基础。

⑤ 全过程规范的全员生产维修或全面生产维护体制。

TPM 工作在经过 30 余年的发展之后，又提出了更高标准的要求，它体现在 TPM 的 5 个特征上，见表 0-6。

表 0-6　TPM 的 5 个特征

序　号	特征内容
1	以建立企业综合效率最大化为目标
2	以建立企业生产系统生命周期为对象，使"事故为零、生产缺陷为零、故障为零"，防止所有损失于未然的企业管理
3	从企业的生产现场开始，遍及企业的所有部门
4	从企业高层领导到企业第一线的全体员工都参加
5	通过重复的小组活动，达到"损失为零"

经过不断发展，TPM 在原来 5 大支柱（员工个人提高、计划预防维修、PM 管理系统、企业教育与培训、员工自主维护）的基础上，增加了质量维修体系、管理不断改进、安全健康与环境，成为 8 大支柱，如图 0-9 所示。

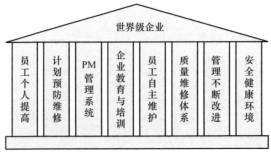

图 0-9　TPM 的 8 大支柱

TPM 的文化内涵就是由不断地调动人的资源和潜力开始，达到团队合作精神。团队合作是一种氛围，也是企业的一种文化，是人们追求的企业愿景。

0.4.6　开展 TPM 的阻力与对策案例

我曾经应邀到一个企业调研 TPM 工作，在调研中，有一位基层领导对我说了他的心里话，他说："TPM 在我们企业已经推行有几年的时间了，但是这项工作很难开展，根本搞不下去，阻力太大！"

通过调研工作，并与相关人员座谈，我们认为，TPM 工作开展不下去的主要原因有以下几条：

1) 企业高层领导不够重视，思想观念还没有根本转变。

2) TPM 没有融入自己的企业文化之中。

3) TPM 没有与自己企业的具体情况相结合，而是生搬硬套。

4) 把 TPM 只作为设备管理部门要开展的工作，而没有放在企业管理工作之中，所谓全员只是表面现象。

5) 把 TPM 作为一种任务，对企业的发展没有危机感。

6) 企业的各阶层领导把 TPM 作为一种"秀"来"做"，自然没有生命力。

7) 对员工的培训不够。

开展 TPM 工作，不是一朝一夕所能完成的，而应当在正确的轨道上不断地进行改进，坚持不懈地长期开展下去。开展 TPM 工作一定要以 6S 管理为基础，要与设备管理工作有机地结合，这样做了，就一定会给企业带来丰厚的回报。

0.4.7　设备风险分析维修体制的实践

设备风险分析维修方式（Risk Based Maintenance，RBM）是基于在设备维修工作中，对设备可能发生的各种风险进行分析和评价，从而制定出相应的设备维修策略的一种方式。这种方式是以对设备或设备的零件、部件进行处理时可能出现的风险为评判基础的设备维修策略管理方法。

设备风险分析维修方式可以用下面的公式进行表达：

$$F = Ea \tag{0-1}$$

式中　F——风险，即设备维修造成的风险；

　　　E——后果，即对健康、安全、环境等造成的危害；

　　　a——概率，即故障出现的概率。

式（0-1）中的设备维修后果是指设备在维修过程中对维修及相关人员的健康、安全和对生产环境、社会环境的危害，还包括设备本身、使用材料、使用备件的损失，以及影响企业生产和服务的损失等。

设备风险分析维修所面对的问题见表 0-7。设备风险分析维修体制的工作流程如图 0-10 所示。

表 0-7 设备风险分析维修所面对的问题

排 序	问 题
问题 1	设备可能会出现什么故障或缺陷?
问题 2	设备可能出现故障或缺陷的位置在哪?
问题 3	设备在正常工作中应当采用什么样的风险维修意识?
问题 4	设备在维修过程中可能会出现什么样的次生故障?
问题 5	设备维修工作中会出现哪些安全风险?
问题 6	出现次生故障后又会造成什么样的后果?
问题 7	设备在维修过程中出现次生故障的概率是多少?
问题 8	采用既定的维修方式将会发生什么样的设备风险?
问题 9	技术水平的差异会使设备维修人员在故障维修中给设备的正常运行带来什么样的风险?
问题 10	采用什么样的设备维修方式可以降低设备风险?

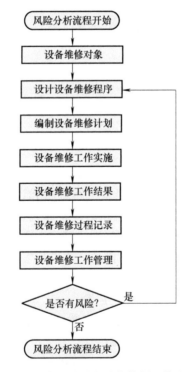

图 0-10 设备风险分析维修体制工作流程图

设备风险分析维修体制的特点见表 0-8。

表 0-8　设备风险分析维修体制的特点

序　号	特　点
1	根据设备维修风险的不同情况，制定相应的设备维修策略
2	降低设备维修风险并与设备维修目标相结合
3	降低设备操作和使用中的风险
4	减少设备事故
5	降低设备故障发生的频率
6	减少对设备相关部位不必要的检查
7	延长设备生命周期

我们在开展设备风险分析维修管理工作时，要与企业开展的设备维修体制（如设备状态维修体制、设备利用率维修体制、设备可靠性维修体制以及全面生产维修体制）工作结合起来。只有这样，设备风险分析维修工作才能顺利开展起来，不至于理论与实践脱节。

0.4.8　"互联网+"与企业设备管理

"中国制造2025"给我们的设备管理工作带来了新的挑战和新的思路，互联网+设备管理可以解决设备管理工作中的某些瓶颈问题，使设备管理工作适应企业的发展。

我们可以把设备实物形态管理、前期管理、全面生产维护管理、技术状态管理、润滑管理、备件管理、技术维修管理等利用互联网这个平台高度柔性化、个性化以快速响应市场。图0-11所示的互联网+设备管理会把设备管理工作提升到一个新的管理平台。实际上许多企业已经这样做了。

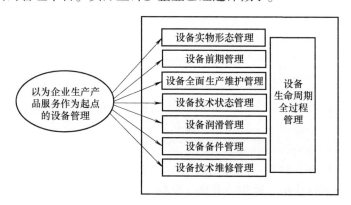

图 0-11　互联网+设备管理

设备管理工作与社会的各项活动一样，是与信息及数据的创造、传输和使用直接相关的。信息技术的每项突破都在逐渐打破信息及数据与其他要素的耦合关系，增强流动性，从而扩大使用范围并提升使用价值，最终提高经济和社会的运行效率。

数据除了作为必要成分驱动业务外，数据产品的开发更是为获得数据财富开辟了新的源泉。经济领域海量数据的积累与交换、分析、运用产生了前所未有的知识，极大地促进了生产率的提高，为充分挖掘数据要素的价值提供了超乎寻常的力量。互联网＋设备管理中的设备管理就需要大数据的支持，或者说它本身就是由大数据组成的。互联网＋设备管理与大数据的关系如图 0-12 所示。设备管理中的设备状态监测系统与大数据的关系如图 0-13 所示。

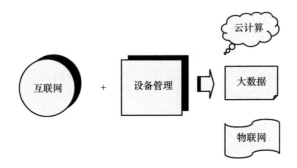

图 0-12　互联网＋设备管理与大数据的关系

图 0-13　设备状态监测系统与大数据的关系

0.4.9　可穿戴智能设备与设备管理工作的实践

可穿戴智能设备，顾名思义就是可以穿戴于人身体上的智能设备。这些智能设备能够融合多媒体、无线通信、微传感、柔性屏幕、定位系统、虚拟现实、生物识别等最前沿的现代技术。此外，可穿戴智能设备还能通过结合大数据平台、智能云、移动互联网，随时随地对与人体有关及与人们工作、生活密切相关的一切信息进行收集、处理、共享、反馈。

可穿戴智能设备可以是眼镜、手表、手环、项链、帽子、服饰、鞋子、袜子等与人们生活息息相关的任何物品，如图 0-14 所示。它不同于手机、平板电脑这些智能移动设备，平板电脑只是人们生活中的一种附属品，而可穿戴智能设备未来的发展趋势是人们生活、工作的一部分。

可穿戴智能设备不但会在设备的点检、检修、状态监测等工作中起到重要作用，也一定会在设备管理工作的许多方面发挥重要作用。

可穿戴智能设备必将在现代企业管理和设备管理工作中体现出它的价值，它可能是直接的，也可能是间接的。可以想象，我们的设备管理工作也必将在可穿戴智能设备的影响下而发生深刻的变化。

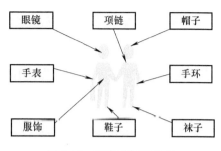

图 0-14　可穿戴智能设备

0.4.10　大数据与设备管理的实践

智能制造与大数据有着千丝万缕的联系，在智能制造中离不开各种类型的大数据，而大数据又在为智能制造提供各类应有尽有的信息和为人们所用的各种类型的大数据。

大数据思维是指一种意识，如果我们把设备管理中的大数据处理得当，就能为设备管理人员解决问题提供答案。从另一个角度来说，大数据不一定是很大的，而这些数据对我们一定是有用的。

在设备全生命周期管理的各个环节中都包含着大数据。

设备全生命周期管理中的任何一个环节都由许多信息组成，而这些信息可以来自方方面面，而方方面面的信息都包含着我们所需要的大数据。自制设备中，从规划、设计、制造、安调、验收到生产运行、预防维修、维修实施、技术改造，再到点检、状态监测、日常维修直到报废更新；外购设备中，从规划、调研、选型、招标、采购安调，到生产运行、预防维修、维修实施、技术改造，再到点检、状态监测、日常维修直到报废更新；每个环节都会采集和汇总出大量的信息，可从这些信息中提取为人们所用的大数据。由图 0-15 可以看出，设备管理的所有信息都会形成为人们所用的大数据。

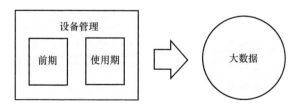

图 0-15　设备管理到大数据

设备管理落地的标志应当是完善的设备管理信息和相应数据的积累和采集，以此保证我们在这个平台上完成相应的设备管理工作，目的是提高设备的可利用率和利用率，降低管理、维修、检修和保养成本，保证设备安全。

0.4.11 大数据在设备维保中的应用案例

我们可以从数控机床日维护保养的信息中收集大量数据，分析日维护保养不规范会造成的各种故障。图 0-16 所示为某类型加工中心日维护保养不规范所造成的设备故障类别，从中可以看出，如果排屑器、坐标传动装置、电主轴风冷装置、机械手装置、自动中心润滑装置日维护保养不规范将造成的相应故障。造成这些故障的因素是多方面的，多方面的因素又是由许许多多的信息所组成的，而各类信息又是由方方面面的数据所构成的。

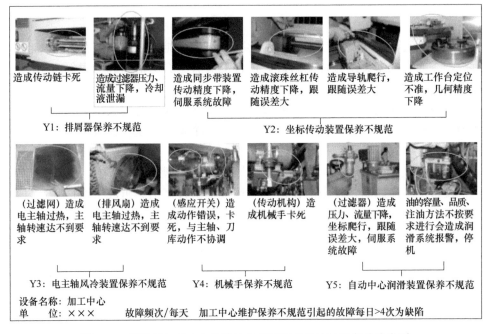

图 0-16　某类型加工中心日维护保养不规范造成的设备故障类别

就加工中心的维护保养来说，每个企业都有规范或标准，但不按规范去做，不按标准执行，会给正常运行的设备带来什么样的问题呢？问题有表面的，更重要的是有隐含的、暂时看不到的，就像冰山一角。这些隐含的、暂时看不到的问题，可能会给设备带来更大的问题。

那么，收集各类加工中心维护保养工作的各类信息，再从这些大量信息中提取和找出大量数据来支撑我们的设备管理工作，来不断修正和改进加工中心维护保养的规范、标准。同时，来纠正不按规范去做、不按标准去做的不良习惯。利用数据、分析数据，是大数据时代所提倡的重要方法。

图0-17所示为某类型加工中心日维护保养不规范造成相应故障的鱼骨图。

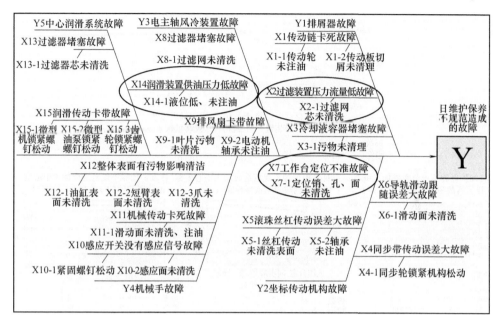

图0-17 设备管理鱼骨图

从图0-16和图0-17中可以看出，这些信息所包含的就是大数据。在每一类型故障中，我们都可以看到因果关系或相关关系。它们会提供我们所需要的、必须得到的相关信息。我们可从这些信息中得到需要的数据，再通过计算机对这些数据进行分析，同时找出规律性的信息或数据，为建立规范、标准的设备维护保养体系打下良好的基础。

图0-18所示为日维护保养不规范造成加工中心故障频次的博拉图，它是用大量数据对信息分析的一种方法，利用计算机将主要问题找出来，并用选定的字母或编号排列出来，以便重点解决主要问题，而分析数据的方法远远不止这一种，但它可以说明收集设备日常维护保养信息的重要性和信息转变成大数据对设备使用、修理及维护保养的重要意义。同时，它给我们提供了大数据在智能制造中应当发挥的重要作用的提示。

通过对某类型加工中心的信息及数据进行收集、整理、归类、分析，制定出加工中心日维护保养细则，如图0-19所示。再通过这个细则对过去的点检规范进行修改和改进，又制定出适合这种类型加工中心的点检标准或规范。而这个标准或规范仍然不是一成不变的，它还将根据收集的信息和数据不断进行修正和改进，直到更加科学地管理好我们的设备。

经修改和不断改进后的某类型加工中心日维护保养规范点检表，见表0-9。

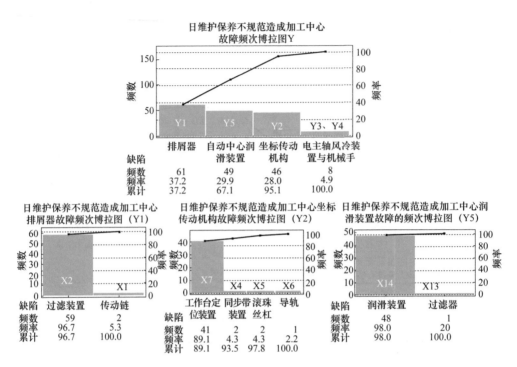

图 0-18　日维护保养不规范造成加工中心故障频次的博拉图

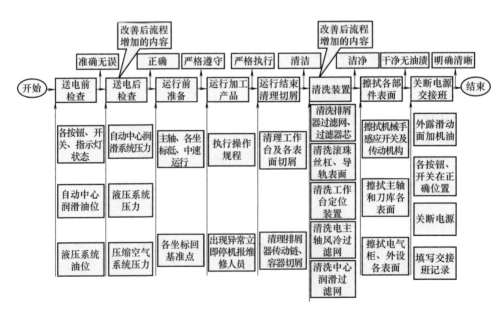

图 0-19　某类型加工中心日维护保养细则

表 0-9 某类型加工中心日维护保养规范点检表

No.	点检项目	点检方法	点检标准	结果确认	
				符合要求	不符合要求
1	中心润滑油位*	目视液位表	不低于下限以上1/3处		
2	中心润滑系统压力*	目视压力表	1.4~2.0MPa		
3	液压系统油位	目视液位表	不低于下限以上1/3处		
4	液压系统压力	目视压力表	8~10MPa		
5	气动系统压力	目视压力表	0.5~0.8MPa		
6	气动系统过滤器	清洁或更换	干净无损伤		
7	排屑器过滤器、过滤器芯*	清洁或更换	干净无损伤		
8	排屑器传动链	目视清洁	运行平稳、正常		
9	滚珠丝杠、导轨	目视清洁	运行平稳、正常		
10	工作台定位装置*	目视清洁	定位准确		
11	电主轴风冷过滤网	清洁或更换	干净无损伤		
12	机械手感应开关	目视清洁	干净无松动		
13	机床整体外表	目视清洁	干净		
点检者签字			操作者签字		

注：1. 带*号的为重点关注的项目。

2. "结果确认"中符合要求画"√"，不符合要求画"×"。

大数据和智能化管理在设备日维护保养中的应用使设备的故障率大大降低了，给企业带来了管理上的效益。这是过去企业传统式的设备维修和设备保养管理所不能比拟的。

数据的真实价值就像漂浮在海洋中的冰山，第一眼只能看到冰山一角，而绝大部分则隐藏在表面之下。设备管理中的各类数据也是一样，明白了这一点，创新型设备管理工作就能够提取其潜在价值并获得潜在的巨大收益。判断设备管理中的各类数据的价值也要考虑到这些数据在以后可能被使用的价值和各种方式，而并不是仅仅考虑它当前的用途和价值。

大数据在设备管理工作中已经或正在被一些设备管理者所利用并发挥着重要作用，而这还远远不够，我们每一位设备管理工作者都应当深入进去，来面对这样的思维变革，发现其潜在的价值，使设备管理工作在这个平台上发挥更大的作用。

我在参加研讨设备维修质量问题时听到同行讲起这样一个小故事，它深深地印在我的脑海里，在这里我把这个小故事分享出来，相信它能对大家有所启发。

在第二次世界大战期间，盟军一家生产降落伞的工厂，根据客户的要求，经过不懈的努力，不断地提升降落伞的质量，使降落伞的合格品率达到了99.9%，企业的老板感到非常满意，对自己的员工能够拿出这样的成绩感到非常骄傲。可是他们的客户，即军方却不满意，客户要求这家企业的产品合格品率必须要达到100%，否则不予验收。

该企业的老板说，"我们已经将产品的合格品率提高到99.9%了，再让我们提高就很难办到了。"说到这里，客户代表提议，在刚刚交付的上千套降落伞中任意拿出一套给厂方老板穿戴上，然后乘飞机飞到规定的高度时让这位老板跳下来。这时，老板开始沉思了。

从那以后，该降落伞工厂又经过努力，使其降落伞出厂时，始终保持着100%的合格品率，客户满意了。

"降落伞的故事"是否真实我们无法考证，但这个故事提醒我们，用户对产品质量的要求是多么的渴望。我们的设备管理质量及设备维修质量同样会影响企业生产产品的质量，影响客户，影响与之相关的每一个人，影响企业，甚至影响整个社会。

企业管理是企业为实现生产经营目标，针对企业资源所采取的行动。设备是生产产品的必要装备和手段，即使是在"工业4.0""互联网＋""中国制造2025"的今天，设备管理仍然是设备质量的重要保证条件之一，而学习设备管理知识是我们搞好设备管理的第一步，不要忽视其中的每一个细节，要让"降落伞的故事"在我们的脑海里敲一下警钟。

阿尔伯特·哈伯德在他的《自动自发》中有这样一段话："人可以通过工作来学习，可以通过工作来获取经验、知识和信心。你对工作投入的热情越多，决心越大，工作效率就越高。"

设备管理工作要引起企业高层领导的高度重视。企业管理离不开"人、机、料、法、环、测和信息"。一个企业如果对设备没有管理好，那么这个企业就谈不上"做大做强"，甚至连生存都会出现问题。企业是不是重视了设备管理工作，就要看这个企业是不是把设备管理工作及设备管理的新理念和新方法与企业文化紧密结合了，是不是将其变成员工的行为了。

第 1 章

设备生命周期前期无形与有形规范管理

一个具有战略眼光的企业，它一定会非常重视设备生命周期前期无形与有形规范管理，也一定会把设备前期无形与有形规范管理放在与使用期规范管理同等重要的位置上。

企业设备全过程规范管理包含设备生命周期前期规范管理（简称设备前期规范管理）和设备生命周期后期规范管理（简称设备后期规范管理），设备后期规范管理又称为设备使用期规范管理。设备前期管理包含设备的无实物形态管理和设备的实物形态管理，故又称为设备生命周期前期无形与有形规范管理。

设备前期管理本身就是一项设备的规划工程，是设备从制订规划方案开始到设备投入生产使用初期的一段时间的管理。

设备前期管理是设备全生命周期全过程管理工作中的重要环节，设备前期管理的水平决定着企业对设备固定资产投资的成败，与企业经济效益和社会效益是密切相关的。

设备生命周期前期规范管理的主要步骤见表1-1。

表1-1　设备生命周期前期规范管理的主要步骤

步　骤	主　要　内　容
步骤1	对需要购进的设备进行规划、制订方案、市场调研、技术论证和经济论证
步骤2	对所需设备进行信息收集、信息技术分析和经济分析
步骤3	对所需设备编制投资计划、投资费用预算和具体的实施程序
步骤4	对所需设备进行招标工作和招标程序的具体实施
步骤5	对所需设备进行采购管理和相应的合同管理
步骤6	对自制专用设备，应当进行设计、制造的相应管理工作
步骤7	对购进的新设备进行安装、调试、验收（或预验收＋终验收）、试运行、初期运行
步骤8	新购进的设备完成上述工作后进行使用初期管理及相对应的信息反馈管理
步骤9	对新购进的设备进行投资效果分析和投资效果评价

1.1　设备前期无形管理方法

我们强调设备前期规范管理，是在为设备的"未来"即为设备的后期使用做准备，设备前期管理工作做好了，就是为设备的"未来"这个结果做好准备了，设备的后期使用效果才能真正发挥出来。

彼得·德鲁克在他的《成果管理》中说："想要了解未来，第一步是要了解两种不同但存在互补关系的方法：找出经济及社会出现断层以及全面造成影响之间的时间差，并善于利用这种时间差——这被称为对已经发生的未来做准备；另一种方法是对一个尚未出现的未来提出新的认识，并据此引导和塑造未来。"

在要想提高工作效率之前，或者要想得到好的效果之前，就必须为其做好充足的准备，准备是执行力的前提。只有态度认真、仔细思考、周密准备，才有可能把我们想要做的设备前期管理工作做好。

1.1.1 前期无形管理对后期应用效果的影响

设备全过程规范管理要求我们要足够重视设备前期无形与有形管理。设备前期管理对后期使用的影响见表1-2。

表 1-2 设备前期管理对后期使用的影响

造成结果	影响设备使用期内容
影响成本和利润	从对设备开始进行规划和设计方案开始，一直到对设备的初期使用及对初期使用后的效果分析和评价，这段时间所占的设备生命周期费用在80%左右。因此，设备的前期管理将会直接影响企业生产产品的成本和利润
影响产品质量和效益	从设备规范管理整个系统的概念角度看，设备前期管理直接影响和决定了企业设备技术水平和生产产品的系统功能。所以，设备的前期管理将直接影响企业生产产品的质量和效益
影响设备效率和功能发挥	从设备生命周期的角度看，设备前期管理决定了设备的适用性、可靠性和维修性。所以，设备的前期管理也会影响企业设备的效率和功能发挥情况，以及设备的可利用率、利用率
影响设备综合效率	从设备综合效率的发挥角度看，设备前期管理还会影响设备的时间开动率、性能开动率和所生产产品的合格品率

1.1.2 前期无形管理责任分工案例

在我接触的一些企业中，说心里话，有的企业是不太重视设备前期管理的。记得有一次在一个企业进行设备管理工作调研时，设备管理部门的基层领导和设备管理人员这样说："设备的前期管理都是上面领导的事，与我们无关，上面把设备调研好了、买回来了，我们只管安装、调试、验收，及设备使用期的管理才是我们的事。"

还有的说："设备前期管理领导说了算，设备的技术人员、管理人员提出的意见不会得到重视。"

这就暴露出了这部分企业设备前期管理和设备使用期管理是完全脱节的，因为这些搞设备前期工作的人很少考虑设备使用期的实际问题，或者说就不知道设备在使用期的一些技术问题和经济问题是受到前期管理影响和制约的。

由于这样的企业在设备管理工作中没有按规范细致、认真地去做设备的前期管理工作，具体搞设备管理工作的人员未参与设备前期调研等一系列工作，在前期工作中又没有发言权。因此，在设备使用期，是否达到了投资效果，是否为企业发挥了自身价值就要大打折扣了。

当前，这样不重视设备前期管理的企业依然存在，我们要看到设备前期管理和使用期管理相互关系的重要性。

1.1.3 全过程管理与前期投资

设备一生所做的生命周期全过程规范管理，包含了企业设备管理工作的全部内容，设备生命周期全过程所投入的资金就是设备的生命周期费用。设备前期管理过程中所花费的各种资金就是设备生命周期费用的前期投资。

设备周期费用由两部分组成，一部分是设备的前期设置费用，如果是企业的自制设备，它应包括规划、设计、制造、安调、验收、初期运行等费用；如果是企业的外购设备，则应包括设备的规划、调研、选型、招标、采购、安调、验收、初期运行等费用。另一部分是设备的维持费用，它包括设备的生产运行、设备点检、状态监测、日常维修、预防维修、技术改造、设备报废、设备更新费用等。

设备生命周期费用公式可以表示为

$$设备生命周期费用 = 设置费 + 维持费 + 清理费 - 残值 \tag{1-1}$$

（1）设备前期管理在设备全过程规范管理中的位置　我们可以用图 1-1 清楚地表达设备前期无形与有形规范管理在设备生命周期全过程规范管理中的位置。

如图 1-1 所示，在前期管理中，对于自制设备来说，从设备的规划、设计到制造为无形管理；从设备的安调、验收到初期运行为有形管理。对于外购设备来说，从设备的规划、调研、选型到招标、采购为无形管理；从设备的安调、验收到初期运行为有形管理。

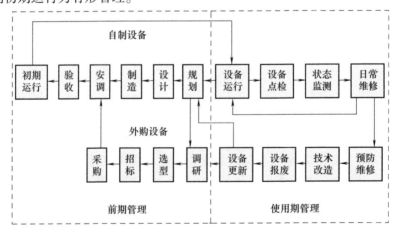

图 1-1　设备前期管理在设备生命周期全过程规范管理中的位置

设备前期管理案例：

有一个机械加工装备制造企业购置了一台加工中心设备，这台加工中心设备的前期管理内容包括了规划、调研、选型、招标、采购等无形管理和安装调试、验收、初期运行等有形管理。

这台加工中心设备的使用期管理内容包括了生产运行、预防维修计划、维修实施、技术改造、验收、点检、状态监测、日常维修等全部有形管理。

根据加工中心的运行和维修情况，通过技术鉴定决定报废再更新新的加工中心，这就又进入了新一轮生命周期循环。

我们可以看出，任何一台设备都必须经过前期的无形与有形管理。可以说，设备的前期管理过程决定了这台设备在使用期过程中问题的多与少和在使用期过程中资金投入的多与少。

（2）设备生命周期费用与前期投资管理　简单地说，设备生命周期费用就是设备前期投资的设置费与后期管理的维修费用的全部。设备生命周期费用的80%左右或者更多，在设备前期管理投资阶段已经确定，这是由于设备本身的可靠性是设备生产企业设计和制造过程确定的。

在设备使用期，按设备规范进行操作和维护就不会改变设备自身的可靠性。只是设备的有形磨损和无形损耗逐渐缩短了设备的使用寿命。设备的可靠性还决定了设备在使用期的修理和保养费用，而设备的前期管理投资是基本确定的，那么设备生命周期费用也就大致上基本确定了。

可以这样说，一台设备如果没有效益产生，或者某一台设备产生的效益与最初购置或自制时的论证及理想状态相差甚远，那么，这台设备的生命周期费用即使非常经济也是不可取的。实际上，设备效益低下一定会有两个方面的原因：第一，设备本身没有发挥作用，利用率低；第二，这台设备利用率处于理想状态，但所创造的利润由于设备本身的功能或者由于设备本身的其他原因而低下。设备生命周期收入的计算公式为

设备生命周期收入 = 设备生产产品的产量 × 单位产品的价格　　（1-2）

我们的目标是要以最小的设备生命周期费用，以求达到最大的设备生命周期收入。

设备生命周期费用与设备前期投资管理，这两者是密不可分的。从设备后期管理中，很大程度上说明设备的前期管理中，不管是无形管理还是有形管理，都决定了设备生命周期费用的投资效果。

1.1.4 前期无形与有形规范管理程序

设备生命周期前期无形与有形规范管理工作内容包括从设备规划到设备运行初期使用这一阶段的管理工作。设备前期无形与有形规范管理的主要内容和工作程序，如图1-2所示。

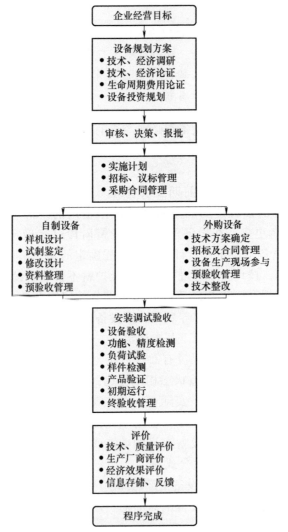

图1-2 设备前期无形与有形规范管理的主要内容和工作程序

> 彼得·德鲁克在他的《管理：任务、责任、实践》一书中这样认为："管理意味着用思想代替体力，用知识代替惯例和迷信，用合作代替强力。"

衡量一个企业的竞争力是否与时代共进、是否与时俱进、是否可持续发展，不能只看这个企业的理念是否先进、资金是否雄厚、技术是否过硬，更重要的是要看这个企业是否具备团队精神。

企业的各个团队都是企业不可分割的一部分，要发挥每个团队的作用，才会形成一种向心力和凝聚力，从而发挥团队的创造力。

1.2 设备投资经营规划管理程序与效果

设备投资经营规划，是根据企业的经营方针和目标制订的。规划要明确企业发展、市场需求、科研项目、新品开发、节能减排、安全健康、环境保护等各方面的需要。规划要通过调查研究和技术经济的可行性分析，结合当前企业的设备能力、资金来源以及与之相互影响的问题进行综合评估。规划还要根据企业设备改造和更新要求来制定中长期投资计划。

企业要根据市场预测，制订出一个符合本企业实际发展的经营规划，这是保证企业设备经营规划成功的先决条件。因此，设备投资经营规划制订过程的规范管理是企业设备全过程规范管理中不可忽视的重要内容。

1.2.1 规划主体内容

设备投资经营规划主体内容见表1-3。

表1-3 设备投资经营规划主体内容

经营规划	内　涵
设备更新规划	用安全、优质、高效、低耗、环保、功能好的设备取代有安全隐患、劣质、低效、高耗，对环保起负作用、功能差的设备；用新设备替换技术上或经济上不适合大修、改造和继续使用的旧设备。它可以对设备的有形磨损和无形磨损进行综合性补偿；促进企业技术进步、提高企业经济效益和社会效益
设备改造规划	用先进的设备技术改造落后设备的控制系统、结构、部件，以改善或提高设备的功能和技术指标，减少消耗及污染；考虑生产率、技术上的可行性和经济上的合理性。其主要作用是补偿设备的有形磨损和无形磨损
新增设备规划	为满足企业发展的需要，在充分发挥和提高现有设备利用率的情况下，在采取设备更新和设备改造措施后，仍不能满足生产而需要增加设备的计划

1.2.2 规划管理程序

（1）设备投资经营规划管理程序　设备投资经营规划管理程序如图1-3所示。

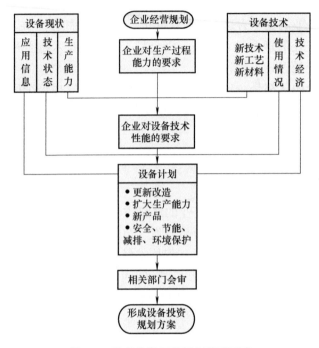

图 1-3   设备投资经营规划管理程序

（2）设备投资经营规划管理依据   设备投资经营规划管理依据见表 1-4。

表 1-4   设备投资经营规划管理依据

序　　号	管 理 依 据
1	企业生产发展
2	提高企业竞争能力
3	企业设备现状及提高产品质量和产量
4	企业安全生产、员工健康、改善劳动条件
5	企业节能减排、环境保护
6	企业提高设备可靠性和维修性
7	企业大型设备改造或设备引进后的配套设施
8	国内外新型设备的发展，给企业带来新的商机
9	企业可能筹集的资金及综合还贷能力

1.2.3　可行性与效果预测

设备投资经营规划的可行性分析是对设备规划项目的技术先进性和经济合理性进行综合分析和论证，以期达到设备规划最佳经济效果的评价方法。

设备投资经营规划的可行性分析实际上就是对企业设备投资经营规划重大问

题事先进行的调研、分析，从技术、经济的角度全面论证所提出的企业各种设备投资经营规划方案的可行性，并提出最佳的设备投资经营规划的可行性方案。这样，既可以减少企业设备投资的盲目性，又可以加强企业设备投资的可靠性。

企业设备投资经营规划项目可行性与效果预测的主要内容见表1-5。

表 1-5 设备投资经营规划项目可行性与效果预测

分析预测	主要内容
分析	设备投资规划项目的基本内容
分析	设备投资规划项目的总体方案
预测	投资规划的设备所生产产品的国内外市场
分析	原有设备的功能、结构、技术性能、生产率等状况分析
分析	设备投资规划项目的具体方案
预测	项目的先进性、适用性、可靠性、维修性、安全性、节能性、环保性等
分析	设备投资规划项目的投资经济
分析	设备投资规划项目的实施计划
分析	设备投资规划项目的风险及防范措施，包括设备的维护费用、还贷压力、安全生产、环境污染等问题

彼得·德鲁克在他的《成果管理》中这样说："如果产品不具有独特的价值效用和领先的地位，管理者最好在产品销量尚好的时候早做打算。因为销量和利润可能会在毫无征兆中顷刻之间消失。"

1.2.4 经济评价与效益

设备投资经营规划、决策的过程，就是对最佳方案选择和决定的过程。设备资产投资经营回收期是设备资产投资所用的资金能全部回收原金额的时间。

（1）设备资产投资经营回收期法 设备资产投资经营回收期法可以作为企业设备投资经营规划、决策时的评价方法，这种方法反映了设备资产经营投资的可行性和设备投资经营后的经济效益。设备资产投资经营回收期的评价与效益见表1-6。

表 1-6 设备资产投资经营回收期的评价与效益

分类项目	计算公式	说　明
设备资产投资经营回收期法	设备资产投资经营回收期 = $\dfrac{\text{初期设备资产投资额（元）}}{\text{投入设备的年平均收益额（元/年）}}$	设备资产投资回收期越短，说明方案的经济性越好

（续）

分类项目	计算公式	说　　明
设备资产经营投资效果系数	设备资产经营投资效果系数 $= \dfrac{\text{投入设备后的年平均收益额}}{\text{设备资产投资额}}$ $= \dfrac{\text{投入设备后年成本节约额}}{\text{设备资产投资额}}$	设备资产经营投资效果系数越大，表明方案的经济性越好
设备资产经营投资回报率	设备资产经营投资回报率 $=$ $\dfrac{\text{报告期内设备所创造的净利润}}{\text{报告期内投入的设备资金金额}} \times 100\%$	

（2）设备资产经营投资费用有效度分析法

$$\text{设备资产经营投资费用有效度} = \frac{\text{设备系统有效度}}{\text{设备生命周期费用}} \qquad (1\text{-}3)$$

式中　设备系统有效度——可用设备的产量、产值、销售额、设备可利用率来表示。

设备生命周期费用——设备一生的总费用包括设置费和维持费，设备的最终残值在这里可以忽略不计。

设备全生命周期费用的构成体系如图 1-4 所示。

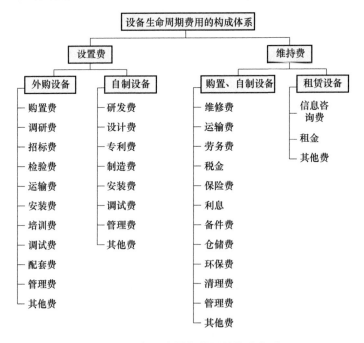

图 1-4　设备生命周期费用的构成体系

1.3 设备招投标管理

利用招标为企业采购设备，对于创造公平竞争的设备采购市场环境，维护国家和社会公共及企业利益，发挥着非常重要的作用。同时，利用招标为企业采购设备也是一种防止设备采购腐败、保持公平竞争、公正评估、科学决策和依法采购设备的工作方式。设备招投标的工作过程要严格遵照《中华人民共和国招标投标法》进行。

根据在招投标工作中发现的一些问题，下面主要介绍招标、投标文件内容和相应案例。

1.3.1 招标文件内容

设备招标文件是设备招标过程中非常重要的法律文件，设备招标文件不仅规定了完整的设备招标程序，而且还提出了所招标设备的具体技术标准和与之相对应的技术要求，规定了拟定购置设备合同的主要内容，是设备投标人准备投标文件和参加设备投标的依据，是设备招投标评审委员会评审的依据，也是拟定购置设备合同的基础。

设备招标文件主要内容见表1-7。

表1-7 设备招标文件主要内容

序 号	主 要 内 容
1	设备投标人须知、投标书文件格式
2	设备投标人提供的有关企业资格、资质和企业相应的资信证明文件及格式
3	设备投标代理商相应的资格证明文件及格式
4	招标设备的名称、数量、用途说明
5	设备的结构要求、主要技术参数、精度要求、主要功能
6	提供设备资料要求、技术服务要求、设备验收标准、备件要求
7	设备的包装要求、运输方式、具体交货时间、地点
8	设备招标价格的要求及其相应的计算方式
9	设备评标的标准和方法
10	投标保证金的数额或其他形式的担保
11	设备投标文件的具体编制要求
12	提供设备投标文件的方式、地点和截止时间
13	设备招标的开标、评标日程安排
14	设备的主要合同条款、合同格式、合同专用条款
15	需要说明的其他事项

1.3.2 投标文件内容

设备投标是指设备投标人接到设备招标通知后，根据设备招标通知的要求，在完全了解招标设备的技术规范、功能和要求以及商务条件后，编写投标文件，即投标书，并将投标书送交给设备招标人的过程。

设备投标文件应当说明的事项可参考表1-8所列的内容。

表1-8 设备投标文件应当说明的事项

序　号	说明的事项
1	设备投标书和开标一览表及相应的投标文件格式
2	证明设备投标人本人及投标单位的资质文件
3	设备投标方案及说明
4	设备投标报价及分项报价
5	投标保证金及货币名称和付款形式
6	设备投标质量及设备的交付工期和交付地点
7	对投标设备的主要优惠条件
8	说明投标企业性质、概况
9	设备招标文件要求具备的其他内容

设备投标人应当按照设备招标文件的规定编制投标文件。投标文件应当对招标文件提出的实质性要求和条件做出响应。设备投标文件的主要内容可参考表1-9所列的内容。设备投标文件应当注意的问题可参考表1-10所列的内容。

表1-9 设备投标文件的主要内容

文　件	内　容
商务	证明设备投标人履行了合法手续，使设备招标人通过该文件能够了解设备投标人的商业资信和合法性
技术	以说明和评价设备投标人的相关技术实力，包括硬件和软件方面
价格	必须完全按照设备招标文件的规定格式进行编写，不允许有任何改动

表1-10 设备投标文件应当注意的问题

序　号	注意的问题
问题1	读懂并明确设备招标文件的内容
问题2	确定合理的设备投标价格，注意性价比，提高竞争力
问题3	尽可能多提供说明自己企业管理优势和技术优势的文件
问题4	注意投标书的语言要规范，格式要正确
问题5	按照设备招标文件规定的要求对设备投标文件装订、签署、包装、标记和密封
问题6	设备投标人必须按照设备招标文件中规定的地点，并在规定的时间内送达设备投标文件
问题7	设备招标人收到设备投标文件以后应当签收、备案，不得开启，设备投标人有权要求设备招标人提供签收证明

设备投标文件是描述设备投标人实力和信誉状况、投标报价、竞争力及设备投标人对设备招标文件响应程度的重要文件，是设备评标委员会和设备招标人评价投标人的重要依据。

1.3.3　撰写投标文件出现的问题案例

我曾经多次参加设备招标的评标工作。在设备评标过程中，我感觉许多参加投标的企业在撰写投标文件的过程中存在着不少问题，我总结了一下有如下几点：

1）在设备投标分项报价时，往往分项不全或者出现漏项报价。

2）在说明设备的主要规格及型号时，往往只标注了设备的型号而不标注设备的主要规格。

3）在设备招标书中明确规定了技术规格偏离表的格式和内容，但许多企业在编写投标书时仍出现：

① 投标书不逐项应答。

② 投标书中每一项都完全复制招标书中招标文件要求的性能、规格及其他条件。

③ 投标书在响应技术条款时，明明标注的性能、规格及其他条件与招标条款不符，并且属于负偏离，还要标注"响应"。

④ 投标书中标注的响应条款与投标书的技术说明出现矛盾。

⑤ 投标书中，在技术规格偏离表中只用一句话"全部响应"。这是不规范的，必须逐条应答。

4）在投标书的商务条款中出现类似技术规格偏离表中的问题。

5）在投标书的资格证明文件中，投标人往往会把企业的获奖证明、产品的专利证明等附加在资质证明材料中，而附加的这些材料中往往有一些与投标设备毫无关系的获奖证明和专利证明，这并不会给企业带来积极作用。

6）在投标书中，设备技术条件与要求的内容中，有如下问题要引起注意：

① 投标书往往对设备的主要技术指标和参数标注得不全或不准确。

② 未标注星号项，使技术要求失去了重点。

③ 尽管标注了星号项，但标注得不准确，带来了不良效果。

④ 在技术条件中要准确提出对设备验收的内容和条件。

⑤ 设备的安装，特别是一些大型设备的安装，是由设备的买方进行还是设备的卖方进行，在技术条件中要描述清楚。

⑥ 对技术培训、技术资料、售后服务等要求也要在技术条件中描述清楚。

⑦ 对设备零部件的要求生产厂家也一定要表达清楚。

⑧ 对设备质保期的要求要有明确的说明。

7）投标书提供的设备销售业绩一定是与招标书中的设备相同或类似的产品的销售业绩。

8）投标书要规范、清晰、明了，给评标工作创造方便的条件。

1.3.4 订货磋商与签订合同

设备订货磋商是招标方根据企业投资规划中列出的设备明细，与投资方按质量、数量、价格、交货期等的要求签订设备的订货合同。

（1）技术磋商 以企业设备管理部门和设备使用单位为主，组成技术磋商小组，与供应商就招标文件中设备的相关技术要求进一步强调，在达成共识的基础上签订技术协议，并作为设备订货合同的附件。

技术磋商的主要内容见表1-11。

表1-11 技术磋商的主要内容

序 号	主 要 内 容
1	设备的具体规格、型号、技术性能及技术参数
2	设备的附件、备件要求
3	设备的操作性、结构性要求
4	设备的可靠性、维修性要求，以及设备生命周期费用等的要求
5	设备的安全防护和环境保护装置要求
6	设备的其他特殊要求和特殊附件、特殊工具等的要求
7	对技术服务、售后服务的要求，以及对技术培训的要求
8	要求提供的所有设备技术资料、说明书等

（2）商务磋商 由企业设备采购的主管部门负责，在前期技术磋商的基础上就招标文件中设备的数量、交货期、付款方式、运输方式、到达目的地、安装、调试、验收、质保期内设备运行问题等工作内容进行进一步强调、磋商、确定。

（3）签订设备订货合同 签订设备订货合同必须注意的问题见表1-12。

表1-12 签订设备订货合同必须注意的问题

序 号	注意的问题
1	合同的签订必须以技术协议为依据
2	需明确表达设备买卖双方的意见，文字要准确
3	必须符合《合同法》的相关内容
4	必须考虑在执行合同的过程中，可能发生的各种变动因素和不可抗拒因素，并列入防止和解决办法的内容之中
5	规定书面合同签订时合同生效的时间

签订设备订货合同必须手续完备，填写清楚，包括设备买卖双方的主管单

位和双方的通信地址、结算银行全称、设备到达地点、运输方式，以及设备名称、规格、型号、数量、中标额、交货期、付款方式、签订日期，还有双方确定的法律仲裁单位等，要加盖企业财务上规定的合同章后生效。

（4）设备合同规范管理 设备的合同规范管理是指设备订货合同及技术协议书，以及其他与合同有关的附件和补充材料，包括设备订货过程中的往返电函和设备订货凭证等的管理，并且要求每一台设备的合同在企业建立一个档案，以便在设备订货过程中查询和执行合同时备查，并作为解决设备供需双方可能发生矛盾的依据。

1.4 设备选型方法

设备选型是否正确，对设备的后期使用及最终效果非常重要。

1.4.1 选型的效能指标

（1）设备选型的基本要求 设备选型是根据工艺要求及市场供应情况，按照技术上先进、经济上合理、产品上适合的原则，提出几种可供选择的方案，择优而选购所需设备的运作。

设备选型应遵循的基本要求是：生产产品的工艺质量有保证，产品的生产率达要求，设备的可靠性、维修性、安全性、环保性达到国家的规范指标，能源和材料消耗达标准，技术及使用性能上先进、经济上合理。

（2）设备选型的效能指标 设备的效能是指设备的生产率和功能。设备选型的效能指标可参考表1-13所列的内容。

表1-13 设备选型的效能指标

序　　号	效 能 指 标
1	设备生产产品的能力和效率
2	设备技术的先进性和标准化程度
3	设备的工艺性和配套性
4	设备的可靠性、适应性、维修性
5	设备的经济性和投资效果
6	设备的安全性和对人员健康的影响
7	设备的环保性和对环境的影响
8	设备的工作柔性
9	制造企业应具有生产商品质设备的能力和良好的售后服务

设备生产产品的能力和效率要与企业的经营方针、经营目标、生产规模、生产计划、员工素质、动力能力、原材料供应等相匹配，如果不能匹配就会造

成设备停工及企业生产不平衡。

设备制造企业应具有生产品质设备的能力和良好的售后服务，交货期满足要求，设备的性能价格比要高。

1.4.2　精度指标案例

在一次数控机床行业技术研讨会上，有人问到数控机床的精度储备的作用时，我举了这样一个例子：

某台数控机床的几何精度是 GB 标准，所选定的具体指标与之相对应。如果这台数控机床出厂的公差标准中直线坐标的定位精度为 0.008mm，重复定位精度为 0.005mm；出厂的公差标准中主轴的近端跳动为 0.004mm，远端跳动为 300mm 处为 0.01mm。假如设备制造厂的内控标准提高 30%，那么实际设计制造的这几项精度为：

$$定位精度[0.008 - (0.008 \times 30\%)]mm = 0.0056mm$$
$$重复定位精度[0.005 - (0.005 \times 30\%)]mm = 0.0035mm$$
$$主轴近端跳动[0.004 - (0.004 \times 30\%)]mm = 0.0028mm$$
$$主轴远端跳动[0.010 - (0.010 \times 30\%)]mm = 0.007mm$$

精度标准提高了 30%，这在设备制造上会带来很大难度，但给用户会带来很大益处。如果精度的内控指标与标准相等，与精度标准提高 30% 相比，就相当于它的精度指标降低了 30%。也就是说精度指标还会直接影响设备的使用寿命。

1.4.3　设备选型案例

从设备选型的基本原则和设备选型的指标体系我们可以看到，设备选型的规范管理与设备管理其他方面的规范管理一样，对规范管理的追求是无止境的，"规范"在这里可以充分体现出来。

但是这个"规范"要有管理水平和技术水平的支撑，如果没有这两个"支撑"，规范管理是不可能达到目的的，也是不可能实现的。

设备选型的规范管理要实施标准化管理，不能用标准化管理设备选型规范管理就是一纸空谈。

记得几年前，在一个国有装备制造企业进行设备管理工作调研，我们与这个企业的设备管理部门的领导、管理人员、维修技术人员进行座谈，当讨论到设备前期管理中的设备选型问题要标准化、规范化管理时，有一位设备管理人员提出了这样一个问题：

"设备选型的标准谁来制定？"

我回答："很显然，技术标准要由设备管理部门的主管领导组织设备的技术人员来制定；相应的，管理标准要由设备管理部门的主管领导组织设备管理人员来制定。"

"这已经是一个很明确的分工了，不是吗?"我又反问道。

"可是制定这个标准有难度。"提问题的人好像在自言自语。

"当然，制定标准是要下一些功夫的，是要和企业自身的特点和企业的具体情况相结合的。"我看了看这位提问题的人继续说道。

"制定任何企业技术标准和企业管理标准都应当是这个思路。"我又肯定地说，"制定标准应当由一个组织或者一个团队来做。单靠一两个人来做是不行的，也是做不好的。"

"执行标准的过程谁来监管?"有一位设备技术人员有点疑惑地接着问我另外一个问题。

"当然是设备管理部门的分管领导及相应管理人员监管。"我马上回答，"标准制定出来了，要有分管领导及相应管理人员负责推行和监管，否则，执行不力，或者不执行，那么这个标准岂不成了废纸一张!"

"如果他们不监管，就没有更合适的人选了。"我又补充道。

大家笑了。

1.4.4 选型管理程序

设备选型管理程序可参考图 1-5 所示的步骤进行。

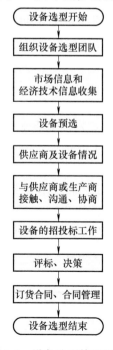

图 1-5 设备选型管理程序

在设备的选型过程中，对于重点设备、自动生产线设备，由于生产的产品价值高、数量多，除采用上述选型程序并多次筛选外，还应慎重地通过必要的技术经济分析、评价，进行优选。

1.4.5　采购管理程序

设备采购管理程序可参考图 1-6 所示流程图的内容。图 1-6a 所示为我国设备采购管理程序，图 1-6b 所示为国外设备管理采购程序。

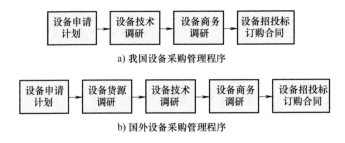

a) 我国设备采购管理程序

b) 国外设备采购管理程序

图 1-6　设备采购管理程序流程图

1.5　设备前期有形管理方法

设备的安装、调试、验收和设备的使用初期规范管理工作，均属于设备前期规范管理的重要内容，即设备全生命周期规范管理工作不可分割的内容。

1.5.1　设备安调验收管理流程

（1）设备安装的准备工作　实际上，设备安装就是按照购置的新到设备的工艺平面布置图及有关该设备的安装技术要求，将已到货并经开箱检查合格的外购设备（包括经过大修理、技术改造和自制的设备）安装在规定的该设备的基础上，进行定位、调试、验收、试运行等工作，按照该设备的技术标准，使该设备完全满足企业生产产品的工艺和技术要求。

如果设备的安装工作不在设备的招标内容之中，或者说，设备的安装工作需要另行招标，则可以参考图 1-7 所示的内容进行设备安装的招标管理工作。

设备安装准备工作的主要内容见表 1-14。

表 1-14　设备安装准备工作的主要内容

序　　号	主　要　内　容
1	按照设备安装平面布置图和设备外形尺寸核定设备安装位置
2	按照设备生产厂商提供的对设备安装基础的技术要求和基础图做好准备工作

（续）

序　号	主　要　内　容
3	按 6S 管理要求整理设备安装现场
4	制定设备安装工艺流程和设备安装网络图
5	确定设备的无负荷试运行、负荷试运行工艺程序，验收程序，检验标准和检验方法
6	按规范和标准确定设备的工作环境
7	按规范和标准确定设备所需的电源、水源、气源及各种能源的供应条件
8	培训设备的操作人员、工艺人员和维修人员
9	编制设备安装的工程预算

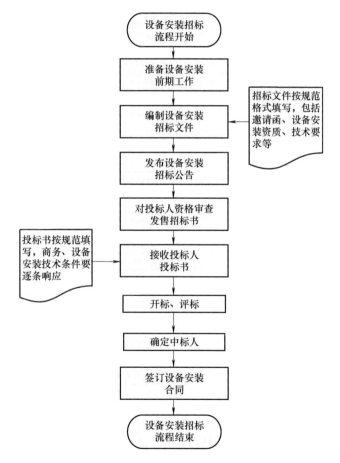

图 1-7　设备安装工作的招标管理工作流程图

　　设备的安装工作，特别是一些大型设备和成套设备的安装是一项复杂的工作，又伴随着设备安装现场管理和员工安全问题、健康问题、环境保护问题，因此，必须由专业设备安装部门来完成。设备安装管理工作流程图如图 1-8 所示。

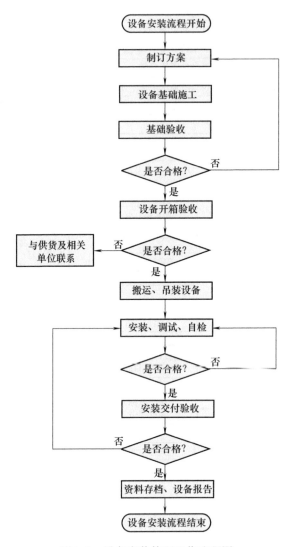

图 1-8　设备安装管理工作流程图

（2）设备安装、调试、验收规范管理　设备的安装、调试工作，特别是一些较复杂的设备或者是大型及成套设备必须由设备的生产厂家来进行，而对一些小型的、比较简单或技术含量比较低的设备，可以由设备的使用企业自己进行安装、调试。不管是什么样的设备，其中设备的调试管理工作都可以参考图 1-9 所示流程图的内容进行。

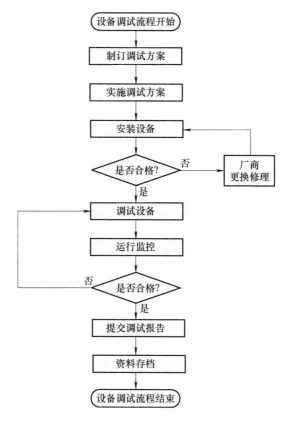

图 1-9　设备调试管理工作流程图

1.5.2　设备安装管理案例

有一个企业在一次进行新到设备安装时，曾经发生了这样一件不应当发生且完全可以避免的技术问题：

这个企业当时新购进了一台进口高精度、全功能、比较复杂的数控机械加工设备。按照设备安装图样及相应的技术要求，这个企业现有厂房地基的厚度达不到技术要求，也就是说，不能在现有厂房的地基上安装这台设备，而该企业又急需这台新设备尽快投入生产，在没有改变地基以达到技术要求的情况下，为了赶时间忽视了当时技术人员提出的建议，安装了这台新设备。

在这台设备经过安装、调试、验收、试运行后不久，就发现该设备在高速运行时出现明显振动，几个月以后又出现微量的、有明显变化的地基变形，从而又造成了设备自身的变形。出现这种情况后，又不得不对这台设备按照技术要求重新进行安装、调试。

但是，这台设备自身的变形已经无法完全改变，无法恢复到原有的技术状态。类似这样的教训我们是不是不应重犯?

设备安装一定要遵循相应的技术条款,不按科学办事,不执行规范、标准,给企业的回报就是"苦果"!

1.5.3　设备验收管理程序

机械加工设备验收管理程序,可按如图1-10所示的内容分阶段进行。

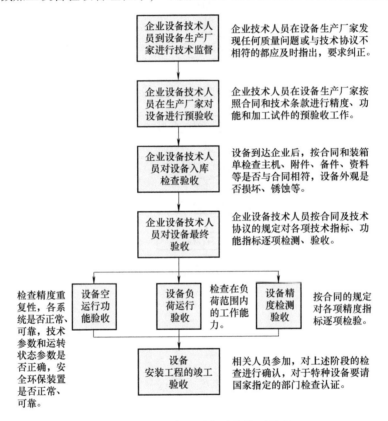

图1-10　机械加工设备验收管理程序

1.5.4　设备验收管理案例

多年前,某企业验收一台进口的卧式高精度加工中心设备时碰到了这样一个问题:

验收过程中在检查主轴精度时,近端跳动完全符合技术要求,而距离近端300mm以外的远端跳动超差了0.00015mm。技术人员向外商技术服务工程师提出了疑问,外商技术服务工程师在重新调整后现状没有改变。在此情况下,外商技术服务工程师提出在规定的0.008mm的范围内超差了这么一点点可以忽略不计的建议。当时技术人员非常客气地反问了一个问题："如果我们用这台设备加工的产品与之相关的精度指标也超差了这么一点点，这个产品的质量能保证吗？我们的客户能同意吗？"外商技术服务工程师不说话了，并且进行了主轴的更换，更换后各项技术指标完全达到了要求。

事后，这位工程师明确地说，技术人员提出的意见是对的。

这个案例告诉我们，在对设备进行验收时，我们应当本着对企业高度负责任的态度，在技术问题上不能有半点的虚伪和马虎，因为这是我们的职责。

1.5.5　设备使用初期管理方法

设备使用初期管理，是指从设备安装试运行，并经设备管理部门、工艺部门和设备使用单位共同验收后投入使用开始，直到该设备稳定生产这段时间的管理工作，根据不同类型的设备及设备的复杂程度，一般为 3~6 个月或更长时间，但不会超过一年期限。

设备使用初期管理以企业设备选型订货部门为主，以设备管理部门、设备安装部门、设备生产使用单位、工艺部门、工具部门、质量检验部门、仓储部门为辅进行配合。设备管理部门、设备生产使用单位、质量检验部门可以负责设备的安装、调试、验收和产品质量检验；设备的生产使用单位、工艺部门、工具部门可以负责设备的操作、工夹量具、加工试件工艺；设备管理部门和设备安装部门对设备在安装、调试时出现的设备质量问题要及时沟通、处理；设备选型和设备采购部门要及时联系设备生产厂家或设备供应商，及时解决设备在使用初期管理和设备保修期间出现的质量及与合同中技术协议不符的问题。

当然，要根据自己企业的特点制定各自的管理方式，在设备使用初期管理中也会有不同的管理分工，但这一时期的工作内容不会改变。

根据设备的"生命周期曲线"可知，设备在使用初期，往往会出现较多故障，而这些故障有些是由于设备的设计和制造本身的缺陷造成的，有些是设备安装质量不良造成的，也有的是对设备操作不熟练造成的。这段时间又容易出现交接过程中的责任不明确现象。因此，设备使用初期企业各参与部门的明确分工负责和各责任部门的相互配合是十分重要的。

设备初期管理的有效性对决定设备能否早日投入正常使用有着关键性的作用。设备使用初期管理的主要内容见表 1-15。

表 1-15　设备使用初期管理的主要内容

序　号	主　要　内　容
1	初期使用中设备的调整、试运行，使设备达到原设计功能
2	对设备操作人员、维修人员、管理人员使用、维护、管理的培训工作

（续）

序　号	主要内容
3	对设备使用初期的运行、技术状态变化进行监测、点检，对出现的技术问题进行分析处理
4	提高设备的可利用率、以及提高设备生产率的改进措施
5	对设备使用初期的信息反馈和信息管理，制定设备使用初期信息的收集程序，做好设备初期技术状态和故障的原始记录
6	设备的使用单位要提供与设备综合效率相关的各项记录
7	对设备零部件失效情况进行分析，提出改进方案和具体措施
8	定期或不定期地对设备进行紧固和调整，及时排除故障，使设备尽快达到稳定生产
9	对设备原设计或制造上的缺陷，及时与设备生产厂商联系沟通，以求得到改进和尽快解决
10	对设备使用初期所消耗的各种费用及产生的不同效果进行技术和经济分析，验证该设备是否达到预期的投资效果和经济效果，并做出相应的评价
11	评价设备使用初期的设备质量和工程质量
12	对设备使用初期收集的各类信息进行分析、处理、存档，包括设备的设计、制造中的问题，安装、调试、验收方面的问题，设备技术维修对策中的问题，设备规划、招标、采购方面的信息等，并将这些信息反馈给企业的各相关部门和有关责任人

1.6　设备前期无形与有形信息管理的实践

设备前期无形与有形信息管理的内容主要包括：设备规划方案的调研、制订、论证、决策；设备市场货源的调查、信息收集、整理、技术经济分析；设备投资计划的编制、费用预算、实施程序；设备招标、采购、订货、合同管理；自制设备的设计、制造；设备安装、调试、验收、试运行；设备使用初期规范管理；设备投资效果分析和评价等。

1.6.1　前期信息管理与反馈

设备前期无形与有形规范管理中的策划和选型时的决策工作至关重要，这是设备前期规范管理的决策点。要搞好这项工作就要建立设备生命周期的系统管理，其中就包括信息管理系统和网络信息管理系统。

我们可以把设备生命周期规范管理分成三个管理部分，即自制设备前期规范管理、外购设备前期规范管理、设备使用期规范管理，同时形成三个信息管理部分，如图1-11所示。

设备前期无形与有形信息规范管理是设备全生命周期规范管理信息系统中的一个分支，这个分支的信息主要来自设备规划部门、使用部门、管理部门、

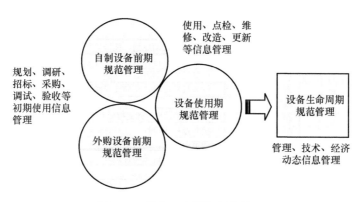

图 1-11　设备生命周期规范管理

采购部门、技术维修部门、仓储部门的反馈。这些信息直接为企业的设备规划、调研、招标、采购、仓储、安调、验收、使用、维修、生产部门等提供可靠的设备原始资料和依据。

（1）设备信息管理阶段工作　设备信息管理阶段的工作内容见表1-16。

表 1-16　设备信息管理阶段的工作内容

序　　号	工 作 内 容
1	对企业所需的设备信息进行收集和汇总
2	将所需设备的信息在企业内部传递到与之相关的各个部门
3	对所需设备信息进行分析和研究并建立设备信息资料档案

（2）设备信息内容　设备信息内容见表1-17。

表 1-17　设备信息内容

序　　号	内 　　容
1	企业所需设备的国内外科学技术信息
2	企业所需设备的经济信息和设备全生命周期费用分析
3	企业所需设备的管理信息、生产作业管理信息
4	企业所需设备的资产管理信息、备件管理信息
5	企业所需设备的政策、法规、条例、文件函件等信息

（3）设备信息反馈　设备前期规范管理中，信息反馈管理的主要内容如图1-12所示。图中表示的各阶段设备管理的凭证、数据、记录等，经过收集、传递、整理、分析和处理后建立的设备前期管理信息反馈系统。

通过向企业内部的有关部门和企业外部的相关设备制造厂商、代理商进行信息反馈，不断地对企业所需的设备进行计划—实施—记录—分析—总结—评价—反馈的闭环管理，形成良性的设备全生命周期管理循环系统。

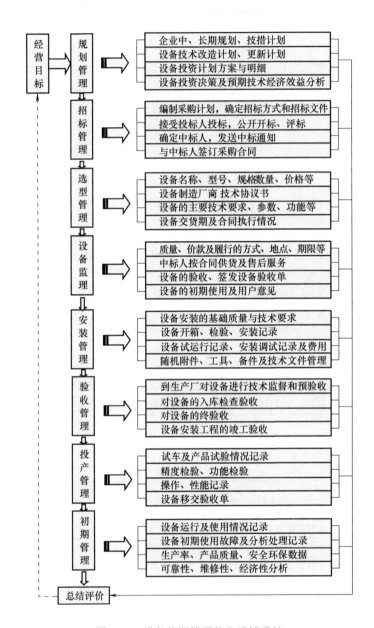

图 1-12 设备前期管理信息反馈系统

1.6.2 前期信息管理案例

记得有一次在给一些企业的设备管理人员进行设备管理知识集中培训时，

在课堂上我与学员们进行互动，我提了两个问题："能否告诉我，你们的企业是否建立了设备前期信息管理系统或者设备前期管理网络信息系统？如果建立了这样的信息管理系统，那么给你们的企业带来了什么样的效果？"

第一个问题归纳一下大家是这么回答的：

1）没有建立设备前期信息管理系统或者前期管理网络信息系统。

2）建立了，但是由于建立设备前期信息管理系统的部门及设备管理人员没有参加或者没有全过程参加设备前期管理工作，其他部门的参加人员没有提供相关信息。

3）建立了设备前期信息管理系统，而设备管理人员并没有将相应的信息按规范进行整理、记录，系统缺少维护。

4）建立了设备前期信息管理系统，设备管理人员也将相应设备前期管理的信息按规范进行整理、记录了，但是这些信息的作用并没有在企业内部很好地发挥出来。

5）建立了设备前期信息管理系统，并给企业带来了较好的经济效益。

第二个问题归纳一下大家是这么回答的：

1）由于企业有了设备前期信息管理系统，使企业完善了设备全生命周期管理，设备投资决策有了明确依据。

2）在设备前期信息管理中，尽管设备的招标工作还需要完善，但设备的招标给企业带来了品牌信誉和良好的售后服务。

3）由于企业具备了设备前期管理信息系统，因此设备的选型更加科学、合理和准确了。

4）设备的安装、调试和验收工作整体的规范管理和信息记录给设备的后期使用管理带来了便利条件。

5）由于完善了设备初期运行管理信息，使设备移交给最终用户后，设备的可靠性问题、维修性问题、生产率问题以及设备的操作问题等都会有根本性的改善。

由此可见，我们应当感觉到设备前期无形与有形规范管理中的设备信息管理系统的重要性。企业应当把设备前期规范管理中的设备信息管理系统充分完善起来、发挥起来、规范起来，并且不断地对这个信息管理系统进行改进、完善。

1.6.3　前期网络信息系统管理的实践

设备前期网络信息管理是设备全过程网络信息管理的重要组成部分，又是设备全生命周期管理的网络信息系统，即设备全过程网络信息管理的重要组成部分。设备前期网络信息系统的主要内容见表1-18。

表 1-18　设备前期网络信息系统的主要内容

子　系　统	模块和模型
企业设备规划管理子系统	企业对设备可行性分析和研究报告的生成模块
	企业对设备规划、决策后生成和建立的模型
	企业所需设备规划表格的生成模块
	对企业设备投资进行效益分析的模型
企业设备招标管理子系统	企业对设备招标和评标所有标准文件的生成系统
	企业对设备选型的决策模型
	企业对设备选型决策与分析报告的生成模块
企业设备订购合同管理子系统	企业设备订购合同谈判与执行的备忘录
	企业设备订购标准合同文本的自动生成系统
	企业设备订购合同的管理模块
	企业设备订购合同的执行监督模块
企业设备安装管理子系统	企业新设备安装准备的模块
	企业新设备安装、调试、验收报告的生成模块
企业设备监理子系统	企业设备监理文件的生成模块
	企业设备监理报告的生成模块
设备验收管理子系统	设备发货地设备的预验收或检查报告生成模块
	设备到货地设备的终验收或检查报告生成模块
	打开包装箱设备状态的检查报告生成模块
	设备安装、调试、验收对设备试生产方案的生成模块
	单体设备验收报告的生成模块
	设备在无负荷状态下试运行的验收报告生成模块
	设备在负荷状态下试运行的验收报告生成模块
	设备精度验收报告的生成模块
设备使用初期管理子系统	设备使用初期检查、点检、状态监控的表格生成模块
	设备使用初期实用性能总结报告的生成模块
	设备使用初期故障管理及故障状况报告的生成模块
设备前期管理评价子系统	专家对设备评价的综合管理模块
	计算机对设备的自动评价模块
	专家与计算机结合对设备的评价模块
设备前期财务管理子系统	设备前期管理的预算模块
	设备前期管理的收支模块
	设备前期管理的分析模块

　　要强调设备在投入生产使用初期网络信息反馈管理的主要内容，它主要包括设备的安装、调试、验收、无负荷试验、各种负荷试验、生产试运行、生产验证、精度性能状态、故障控制、状态监测、维护保养、人员培训及设备使用

信息反馈。

有些企业在采用设备前期信息化管理时，采用图 1-13 所示设备前期信息化管理框图的形式进行。

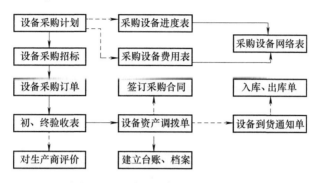

图 1-13　设备前期信息化管理框图

我们讨论企业的设备前期无形与有形规范管理，实际上是在讨论设备最终给企业带来的成果。

　　美国洛克菲勒基金会总裁朱迪斯·罗丁在大师管理经典《组织生存力》一书中这样论述成果："彼得·德鲁克在谈论我们追求的成果是什么时一开始就提出'成果是生存的关键'，他反复强调成果的重要性。如果说成果是我们的目标，那我们就必须学会用成果来检测我们的计划。"

让我们每位设备管理工作者把我们企业的设备前期无形与有形规范管理工作科学地做好，以收获我们希望得到的成果。

第 2 章

设备全面生产维护规范管理

一个高度重视产品质量的企业，它一定会加倍努力地不断去规范、去改进设备的现场管理，规范设备的使用与维护，实施全员生产维修或全面生产维护的规范管理，以确保企业对设备的有效利用价值。

对设备的全面生产维护，是设备使用期规范管理的重要工作；是延长设备使用寿命的客观要求，是充分发挥设备效能，提高设备利用率的基本条件。设备使用时间的长短，设备利用率和设备功能、精度等指标的高低，固然取决于设备本身的结构、功能和精度性能，但在很大程度上不能忽视对设备的正确使用和规范的维护工作。

我们说，正确使用设备，可以保持设备的良好状态，规范维护设备则会延缓设备的劣化时间，从而保障设备的安全运行。同时，还可以延长设备的使用寿命。

对设备的正确使用和规范维护，实际上也是一种对企业设备固定资产高度负责的态度，也是在为企业迎接新的挑战从设备管理的角度做好准备工作。

> 彼得·德鲁克在他的《动荡时代管理策略》中这样说："一艘长年行驶的船只，必须清理那些附在船底的藤壶，否则它们会降低船只的速度并减弱船只的机动性。"
>
> 在这本书中德鲁克又说："当天堂的甘露如雨水般降落时，一些人撑起了雨伞，另一些人则找来大汤匙。"

做任何事情都要有所准备，我们对设备进行正确使用和维护也一样要有所准备。

设备使用与维护管理就是企业全体员工对设备的使用、维护、润滑、点检、维修、故障、事故、状态监测等实行科学的管理，这是一个全员生产维护的工作。

2.1　设备维护管理与考核方法

我们知道，设备技术状态就是设备所具有的工作能力，这个工作能力包括设备的功能指标、技术指标、精度指标、工作效率和设备的安全性能、环保性能、人员健康、能源消耗等所处的当前状态。保持设备的工作能力处于良好状态，即"设备完好"。"设备完好"在许多企业至今仍作为考核设备管理工作的重要指标。尽管它是一个传统的设备维护保养考核指标，在设备管理人员中存在一些不同的看法，但"设备完好"本身没有错，把"设备完好"进行规范管理是摆在设备管理人员面前的一个重要课题。

设备在使用及运行过程中，由于企业的生产性质、生产产品的对象、工作条件、人为原因、工作环境等变化的各种因素对设备产生影响，使设备在设计制造时所确定的功能和技术状态有可能发生变化，从而造成设备的功能降低或技术状态劣化。为了延缓这个变化和劣化过程，预防和减少设备故障的发生，就要规范执行设备的操作、维护，正确合理地使用设备，同时要加强企业全员对设备的使用与维护管理，实施对设备全面生产维护的规范管理。

2.1.1　维护管理方法

要做到设备的规范维护，保持设备完好，是企业设备管理工作的主要任务之一。设备完好标准是衡量企业设备技术状态不可缺少的尺度。完好的设备才能提高设备的可利用率、利用率和综合效率。

设备完好标准在我国的许多企业中至今仍作为对设备管理工作的一项传统的考核指标，甚至是 KPI（Key Performance Indicators，关键绩效指标）重要考核指标。

设备完好标准在我国许多企业的长期生产实践中发挥了巨大的作用。但是，用现代设备管理的思维和理念来说，它是不是失去作用了？是不是可以丢掉了？当然，我们每一位设备管理工作者都应该认真思考一下、认真论证一下，因为它直接关系到设备管理工作的思维方向和管理方法。

设备完好就是指设备要处于完好的技术状态。设备完好标准是评定设备是否处于完好的技术状态和维护保养状况而制定的定性和定量考核要求的基本依据。完好设备应当遵循的基本原则主要有三项，见表 2-1。

表 2-1　完好设备应当遵循的基本原则

三项要求	内　容
第一条	设备性能良好，各项精度指标、功能指标、运行参数等，能稳定地达到或满足生产产品的工艺要求，设备的各项技术性能均可达到原设计或规定的标准，设备运行时，技术状态必须处于要求范围内
第二条	设备运行正常，各零件、部件齐全，设备的安全防护装置、环境保护装置必须达到国家规定的标准，设备的损耗、腐蚀程度不超过规定的技术标准，设备的控制系统、计量装置、传感器、仪器仪表、液压系统、气动系统、润滑系统、冷却及制冷系统等工作正常，安全可靠
第三条	各类型设备使用的原材料、燃料、动能、润滑油品等消耗正常，无漏油、漏水、漏气（汽）、漏电等现象，外排废油、废水、废气（汽）、噪声、废弃物等必须符合国家的排放标准，达到国家对环境保护和人员健康的各项要求，设备内、外表面清洁整齐

只要是不符合表 2-1 所列三条要求中任何一条内容的设备，都不能称为完好设备。多年来，各行业或企业的设备管理部门根据自身的要求，结合行业或企业设备的特点制定出了本行业或本企业的设备完好标准，并作为本行业或本企业检查设备是否处于完好状态的统一规范。

2.1.2 设备维护标准管理案例

装备制造企业金属切削机床中全功能卧式数控车床的完好标准主要指标见表 2-2。

表 2-2 全功能卧式数控车床的完好标准主要指标

序　号	完好标准框架内容
1	控制系统工作正常，各功能指标达技术要求
2	技术参数、精度指标必须满足生产产品的工艺要求
3	主传动系统、各坐标传动系统运转正常，满足各项技术要求
4	主操作系统、辅助操作系统工作正常，符合相应标准
5	液压、气动、润滑、冷却及制冷系统装置齐全，压力、流量符合技术要求
6	尾座、排屑装置工作可靠，达技术标准
7	中心润滑系统工作正常
8	弱电、强电系统完整、动作灵敏、运行可靠、技术指标符合相应的技术标准
9	各类仪表必须按规定进行定期校验，标识必须明确、无误
10	各坐标导轨无严重拉伤，无研伤和碰伤
11	各部位的内部、外部清洁必须达到规定的标准
12	设备的各个零部件、随机附件等必须齐全
13	设备的安全防护装置必须达到国家规定的标准
14	设备外排废油、水、气（汽）及噪声、废弃物符合国家排放标准和对环境的要求

2.1.3 设备管理考核及案例

当前，许多企业对设备管理考核采用各种形式，有的企业采用传统的设备完好率进行考核，有的企业采用设备可利用率和利用率进行考核，有的企业采用新度系数进行考核，还有的企业采用近些年发展起来的设备综合效率（Overall Equipment Effectiveness，OEE）进行考核等，考核的指标多种多样。

企业生产产品的设备，特别是企业主要生产产品的设备技术状态的完好程度，以设备完好率指标进行考核，目的在于促进企业加强设备管理，努力保持设备处于完好状态，保证企业生产的正常进行。根据各类设备完好标准，对企业设备进行逐台检查或监测所确定的完好台数与设备总台数之比，称为设备完好率，即

$$设备完好率 = \frac{设备完好台数}{设备总台数} \times 100\% \tag{2-1}$$

式中　设备总台数——包括企业在用的、备用的、闲置封存的和正在检修的全部主要生产设备，不包括尚未投入生产的设备；

设备完好台数——经检查符合完好标准的设备台数。

考核中，凡是主要项目中有一项不符合完好标准，或者次要项目中有两项不符合标准的，即考核为不完好设备。

完好设备台数应当是对企业所有设备逐台进行检查或监测的结果，不能像有的企业那样采用抽查或估计的方法进行推算。如果是正在检修的设备，在考核时应当按检修前该设备的实际技术状况来计算，检修完成的设备应按修理后的技术状况进行计算。

设备完好率作为设备管理工作考核指标的思考案例：

长期以来，设备完好率的考核作为一种静态的对设备管理工作的考核指标，在许多企业被广泛应用。简单地说，如果一个企业设备完好率的检查周期是一个月，那么，设备检查员所检查的设备完好状况的正在进行时，就代表了这台设备当月的设备技术状态，如果这台设备在检查之前或之后出现的与检查中相反的技术状态也不会计入考核，换句话说，仍为完好或不完好设备。因此，这样的设备完好率统计及考核是不科学的，也是不合理的。

我在一些企业进行设备管理工作调研时，经常会问到企业对设备管理部门的KPI指标问题，不少企业的设备管理工作者回答我的就是设备完好率，或者设备完好率是KPI指标之一。而对设备完好率的检查和考核过程就是上面所述的所谓的静态设备完好率考核。

这种设备完好率的考核，即使是采用的企业，也几乎没有一家企业认为是合理的，因为设备的完好率值基本上是"拍脑门"出来的数据。设备检查员到现场检查设备的完好状况，当他到现场时看到的设备状况和与他离开设备现场时的状况很可能是不一样的，而且这一次检查也不应该代表一段时间内设备完好率的状况。所以，一些企业设备完好率的月末考核或者年终考核会出现95%、98%、99%，甚至是100%的数据。

不认同还在继续使用，这正说明了设备管理工作在这些企业中的滞后和落后。采用设备完好率的考核必须要进行改革了！

这些年来，由于企业网络信息化的迅速发展，不少企业将设备完好率的统计与考核采用网络信息化系统来实现，这相对于上述完好率的静态统计与考核就成了一种设备完好率的动态管理。也就是说，设备的完好与否是在计算机网络信息化系统中用各种技术和方法随机监测进行记录的，再加上现场点检、检查，这样的设备完好率统计与考核就比较合理了。

对于设备完好率的统计与考核，许多企业仍在工作实践中继续探讨，随着科学技术的不断发展，科学、合理、适合企业自身特点的设备完好率统计与考核一定会"闪亮登场"。

2.1.4 利用率和可利用率考核及案例

设备利用率是反映设备工作状态及生产率的技术经济指标，主要是生产设备在数量、时间、能力等方面利用程度的指标。它包括设备数量利用指标：设备制度台时利用率、设备计划台时利用率；设备能力利用指标：设备综合利用率。设备利用率和可利用率各考核指标的计算式见表 2-3。我们常用的设备利用率是指设备制度台时利用率。

考核设备管理工作的一项重要指标，即设备可利用率，它包括设备有效利用率和在用设备可利用率。

企业设备管理部门在考虑设备的使用情况和设备的故障情况时，最关心的是设备的可利用率。也就是说，有些企业常常用设备的可利用率来考核设备管理部门的设备管理和设备维修水平。

表 2-3 设备利用率和可利用率考核指标

考核指标	计算公式
已安装设备利用率	已安装设备利用率 = $\dfrac{\text{实际使用设备台数}}{\text{已安装设备台数}} \times 100\%$ 式中 实际使用设备台数——报告期内曾经开动过的设备台数
设备制度台时利用率	设备制度台时利用率 = $\dfrac{\text{实际开动台时}}{\text{制度开动台时}} \times 100\%$ 式中 实际开动台时——设备实际工作时间，其中包括加班加点台时 制度开动台时 = 已安装设备台数×制度工作天数×每天法定工作小时 – 各类检修实际工时 式中 已安装设备台数——不包括封存设备台数 制度工作天数——日历天数 – 节假日天数 – 公休日天数 每天法定工作小时——国家劳动法规定的每天工作时间 各类检修实际工时——设备实际开动台时期间累计实际检修工时，每天各班制开动时间依据企业具体规定小时计算
设备计划台时利用率	设备计划台时利用率 = $\dfrac{\text{实际开动台时}}{\text{按计划班次可开动台时}} \times 100\%$ 按计划班次可开动台时 = 计划开动班次的设备台数 × 报告期工作天数 × 法定工作小时 – 计划开动期内累计设备修理台时数
设备综合利用率	设备综合利用率 = $\dfrac{\text{实际开动台时}}{\text{按计划班次可开动台时}} \times 100\%$
设备可利用率或有效利用率	$A = \dfrac{MTBF}{MTBF + MTTR + MWT}$ 式中 A——设备可利用率或有效利用率 $MTBF$——设备的平均故障间隔时间，它标志设备的可靠性 $MTTR$——设备的平均修理时间，它标志设备的维修性 MWT——设备的平均等待时间，它标志设备维修组织的效率
在用设备可利用率	在用设备可利用率 = $\dfrac{\text{制度可开动台时} - \text{维护修理停歇台时}}{\text{制度可开动台时}} \times 100\%$

> **设备利用率和可利用率作为设备管理工作考核指标的案例：**

有一次，我在一个企业走访时，与一位设备管理部门的领导讨论设备可利用率这个问题，这位部门领导非常感慨地给我讲述了这样一件事情：

在企业生产作业会上，主持会议的企业主管领导批评生产单位和设备管理部门，说设备的利用率不好是因为没有充分利用设备及充分发挥设备的作用，这里有人的因素，有设备的因素。主管领导本想对生产单位和设备管理部门"各打五十大板"。而生产单位的领导满是怨气地说，设备利用率低的主要原因是设备的故障率太高，几台重点设备的故障修理占去了大量时间。

设备管理部门的领导又非常委屈，他解释说，"设备发生故障非常正常，故障有多有少，有大有小，我们的维修人员及时抢修了，考核我们部门的设备完好率指标并没有超出。"

问题在哪儿呢？我对这位部门领导说，"这里的关键问题是企业是否对设备管理部门有设备可利用率的考核，如果有，可以用这项指标来量化。有了设备的利用率考核，就一定要有设备的可利用率即设备有效利用率考核，这也是对设备管理部门的考核。"

提高设备的平均故障间隔期（可靠度），减少设备的平均修理时间（维修度）和设备的平均等待时间，就可以提高设备的可利用率。提高设备的可利用率是设备维修工作的重要目标。

为了提高设备的平均故障间隔期，要考虑改进设备的可靠性设计，延长设备寿命。为了减少设备的平均修理时间，要改进设备的维修性设计，提高设备维修人员的修理技能，改革设备的维修方法，使设备的维修作业能在短时间内完成。为了减少设备的平均等待时间，从设备的维修工作方面来说，就要改进设备的维修工作方法和提高工作效率，以及改进设备的维修保养作业所必需的零件、工具、设备、图样、标准件的管理系统，从而使设备的维修保养作业能在计划时间内完成。

设备可利用率就是企业在要求外部各种资源得到保证的前提下，设备在规定的条件下和规定的时间内处于规定功能状态的能力。设备的可利用率是设备的可靠性、维修性和维修保障性的综合反映。

2.1.5 设备综合效率考核及案例

设备综合效率（Overall Equipment Effectiveness，OEE）是企业管理中的一种综合管理的评价类指标。OEE可以科学地表现企业的实际生产能力相对于理论产能的比率。OEE 也是 TPM（Total Productive Maintenace）所提倡和主张来度量企业管理水平的重要手段之一。

OEE 由三大块关键要素所组成，即设备的时间开动率、设备的性能开动率、所加工产品的合格品率，见表2-4。

表 2-4　OEE 的组成

OEE = 时间开动率 × 性能开动率 × 合格品率	
OEE 组成	计 算 公 式
时间开动率	时间开动率 $= \dfrac{开动时间}{负荷时间} \times 100\%$
负荷时间	负荷时间 $= \dfrac{开动时间}{计划利用时间} \times 100\%$ = 日历工作时间 − 计划停机时间
开动时间	开动时间 = 负荷时间 − 故障停机时间 − 设备调整初始化时间 = 计划利用时间 − 非计划停机时间
性能开动率	性能开动率 = 净开动率 × 速度开动率 $= \dfrac{完成的节拍数}{计划节拍数} \times 100\%$
净开动率	净开动率 $= 加工数量 \times \dfrac{实际加工周期}{开动时间} \times 100\%$
速度开动率	速度开动率 $= \dfrac{理论加工周期}{实际加工周期} \times 100\%$
计划节拍数	计划节拍数 $= \dfrac{开动时间}{标准节拍时间} \times 100\%$
合格品率	合格品率 $= \dfrac{合格品数量}{加工数量} \times 100\%$
公式展开后整理 OEE	OEE $= \dfrac{理论加工周期 \times 合格产量}{负荷时间}$ $= \dfrac{合格产品的理论加工总时间}{负荷时间}$

表 2-4 中 OEE 最后得出的结论表示了产品的实际产量与负荷时间内产品的理论产量的比值。

ＯＥＥ考核案例１：

有一个装备制造企业，某机械加工生产单元共由 5 台数控机床组成，对这个生产单元进行了一个工作日的生产数据统计和计算，见表 2-5，用 OEE 进行计算和评价。

表 2-5 某机械加工生产单元一个工作日的生产数据

合格品数	日历工作时间/min	计划停机时间/min	计划利用时间/min	非计划停机时间/min	更换调整时间/min	开动时间/min	完成节拍数	返修件数
152	2400	880	1515	190	20	1305	203	51

注：标准节拍时间 5min。

解：停机时间 = 非计划停机时间 + 更换调整时间

$$= 190\text{min} + 20\text{min} = 210\text{min}$$

开动时间 = 计划利用时间 – 停机时间

$$= 1515\text{min} - 210\text{min} = 1305\text{min}$$

时间开动率 $= \dfrac{\text{开动时间}}{\text{计划利用时间}} \times 100\%$

$$= \frac{1305\text{min}}{1515\text{min}} \times 100\% = 86\%$$

计划节拍数 $= \dfrac{\text{开动时间}}{\text{标准节拍时间}}$

$$= \frac{1305\text{min}}{5\text{min}} = 261$$

性能开动率 $= \dfrac{\text{完成节拍数}}{\text{计划节拍数}} \times 100\%$

$$= \frac{203}{261} \times 100\% = 77.8\%$$

合格品率 $= \dfrac{\text{合格品数}}{\text{完成产品数}} \times 100\%$

$$= \frac{152}{203} \times 100\% = 74.9\%$$

OEE = 时间开动率 × 性能开动率 × 合格品率

$$= 86\% \times 77.8\% \times 74.9\% = 50\%$$

即 OEE 为 50%。

ＯＥＥ考核案例 2：

与上例中相同的企业，有一台车削中心，一天工作时间为 8h，班前计划停机 15min，故障停机 25min，更换产品型号设备调整 40min，产品的理论加工周期为 9min/件，实际加工周期为 14min/件，一天共加工产品 23 件，有 1 件废品。计算这台设备的 OEE。

解：负荷时间 = 日历工作时间 – 计划停机时间

$$=480\text{min}-15\text{min}=465\text{min}$$

开动时间 = 负荷时间 - 故障停机时间 - 设备调整初始化时间

$$=465\text{min}-25\text{min}-40\text{min}=400\text{min}$$

$$时间开动率=\frac{开动时间}{负荷时间}\times100\%$$

$$=\frac{400\text{min}}{465\text{min}}\times100\%=86\%$$

$$速度开动率=\frac{理论加工周期}{实际加工周期}\times100\%$$

$$=\frac{9}{14}\times100\%=64\%$$

$$净开动率=加工数量\times\frac{实际加工周期}{开动时间}\times100\%$$

$$=\frac{23\times14}{400}\times100\%=80.5\%$$

$$性能开动率=净开动率\times速度开动率$$

$$=80.5\%\times64\%=51.5\%$$

$$合格品率=\frac{合格品数量}{加工数量}\times100\%$$

$$=\frac{23-1}{23}\times100\%=96\%$$

$$OEE=时间开动率\times性能开动率\times合格品率$$

$$=86\%\times51.5\%\times96\%=42.5\%$$

即 OEE 为 42.5%。

在这个装备制造机械加工企业，不管是一个生产单元，还是一台车削加工中心，它们都很紧张地工作了 8h，尽管它们的设备利用率和可利用率都很高，但是它们的 OEE 都分别只有 50% 和 42.5%。如果用 OEE 进行管理，在性能开动率、速度开动率及产品的合格品率上找到问题点，那么，设备的综合效率就会提高。

○Ｅ Ｅ 考 核 案 例 ３：

要提高 OEE 的水平，就要找出缺陷或者损失。图 2-1 所示为从不同角度分析设备运行时各种损失情况的框图。找出 OEE 与这些损失的关系，就可以提出相应的对策，从而提出改善或改进的措施和方法。

在与一些企业座谈设备管理工作时，当提到 OEE 这个问题时，不少企业的设备管理人员都会提出这些问题：

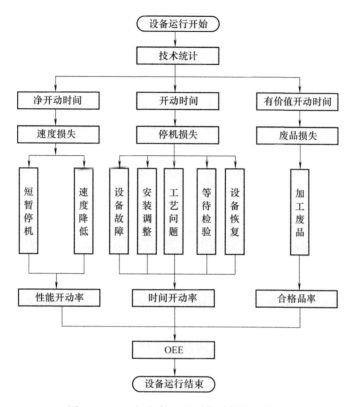

图2-1　OEE 与设备运行时各种损失的关系

1）OEE 在我们企业不适用。

2）用 OEE 计算单台设备还可以，要对一个生产单元、一个生产单位或一个企业用 OEE 来进行考核根本不可能实现。

3）设备管理工作与 OEE 是怎样的一种关系？

这三个问题实际上是一个问题：

OEE 不仅仅是设备管理方面的问题，而且是一个企业管理方面的问题。既然是企业管理，那就不是设备管理一个部门所能完成的，而是企业的所有部门共同来完成的。如果企业的各个部门在基础管理工作中不断完善、不断改进，从 OEE 中将会得到丰厚的回报。

说到基础管理工作，有些企业又说了，我们是几十年的老企业了，难道这点儿基础管理工作都没做吗？那么我们可以回忆一下，如下几点做到了吗？

1）企业每台生产产品的设备开动时间和生产产品时间的准确统计、管理和改进。

2）企业每台生产产品的设备日历工作时间和计划停机时间的准确统计、管理和改进。

3）设备在工作中的负荷时间、故障停机时间、设备调整初始化时间的准确统计、管理和改进。

4）企业每台生产产品的设备性能开动率的准确统计、管理和改进。

5）设备生产产品理论周期和实际周期的准确统计、管理和改进。

6）企业生产产品的总数量和生产合格产品数量的准确统计、管理和改进。

这些最基础的管理工作做到了，OEE 的最基础的管理才能够实现。基础管理工作深入了，OEE 的考核、管理才能深入下去。

2.1.6 可靠性与可靠度考核方法

用设备的可靠性来考核一个企业的设备管理水平，是对设备管理工作更高层次的要求。更确切地说，设备的可靠性是衡量设备使用与维护规范管理工作的可量化指标，或者说是衡量企业设备全面生产维护规范管理的可量化指标。

设备可靠性的定义是，我们使用的设备在规定的条件下和规定的时间内完成规定功能的能力。或者说设备在规定的时间内，完成规定任务的无故障工作的可靠性。设备的可靠性是设备质量的综合指标。

而设备可靠度的定义是，使用的设备在规定的条件下和规定的时间内保持工作能力的概率，设备可靠度是设备可靠性的可量化指标。

在设备使用与全面生产维护规范管理的工作中，我们常常要用设备的可靠性来进行分析，即用统计分析的方法对设备在给定使用期内，能在规定的使用条件下可靠工作的概率做出评价。

2.2 设备使用管理程序和岗位责任

设备在具有负荷下工作及运行时，发挥着规定功能的全过程，我们说，这就是设备的使用过程。规范使用设备是控制设备技术状态变化和延缓设备工作性能下降的重要环节。

设备在使用过程中，由于受到各种物理的、化学的作用，以及环境条件、使用方法、工作规范、工作时间等的影响，设备的技术状态发生变化，使设备的工作能力下降。这样，就必须根据设备的工作条件结合设备的性能特点及时掌握设备劣化的规律，规范使用和控制设备负荷及持续的工作时间，全面规范维护设备。而这些措施都要是由企业全面生产维护规范管理来完成的。

只有设备操作人员规范使用设备，才能保持设备具有良好的工作性能，充分发挥设备的工作效率，延长设备的使用寿命。也只有设备操作人员规范使用设备，才能减少和避免由于设备操作上出现问题而造成设备出现突发性故障。

由此，为了保证设备的正确使用和规范维护，企业需要制定规范性文件和制度，见表 2-6。

表 2-6　设备使用和维护的规范性文件和制度

序　号	规范性文件和制度内容
文件 1	制定设备使用程序及设备使用规范
文件 2	制定设备操作规程
文件 3	制定设备维护规程
制度 1	建立设备使用岗位责任制和设备操作岗位责任制
制度 2	建立设备维护保养制度，做好对设备预防维修和状态维修的前期工作

2.2.1　设备操作管理程序

对设备要定操作人员，操作人员在独立操作、使用设备之前，必须接受相关技术知识、业务能力的培训，以及安全、环保和素养方面的教育。设备的操作人员要学习设备的基本结构、性能和基本工作原理，还要学习设备的安全操作、设备的维护、保养等方面的技术和业务知识，同时要接受设备的实际操作与基本功能方面的培训。

经过上述教育和培训的设备操作人员，必须进行专门的设备技术知识和设备使用维护保养知识的理论与实际操作考试，合格后颁发相关的设备操作证后方可独立操作设备。凭操作证操作设备是保证正确地、规范地使用设备的最基本的要求。

对设备操作人员和维修人员要有计划地、经常地定期或不定期地进行技术培训，以提高这些人员对设备的使用和维护保养的能力。

设备操作规范管理流程如图 2-2 所示。

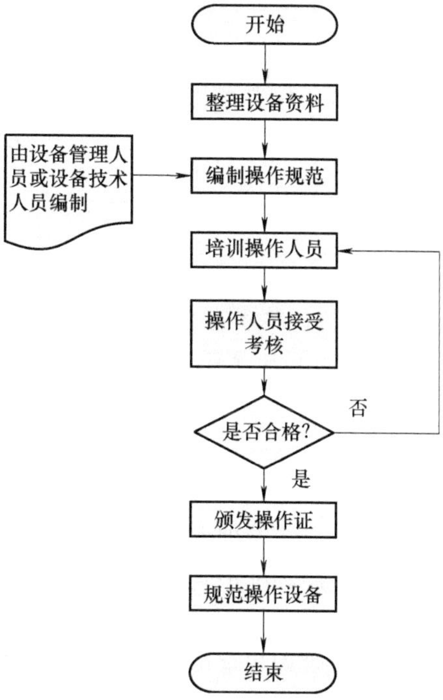

图 2-2　设备操作规范管理流程图

2.2.2　违规操作数控设备案例

小张和小李是一对热恋中的情侣，小张是一位帅气的小伙，小李是一位漂亮的姑娘。他们毕业于同一所大学，又一同来到同一个企业工作，被分配在同一个生产单位、同一个班组。工作后不久，在规定的时间内，小张考取了加工中心设备的操作证，小李考取了数控车床的操作证。

小张和小李所操作的数控机床并排安装在一条生产线上，两台设备是"邻居"，下班时他们在一起，上班时他们也天天见面，只是各自要忙于自己分内的工作。

这一天，正在忙于工作的小李接到一个电话，说一位朋友正在企业的大门口等她，有急事必须面谈。几分钟后，小李将加工完成的一件产品从设备上拆卸下来，又重新安装上一件待加工的半成品，然后小李关断设备电源，对正在旁边加工中心上干活的小张说了一下就匆匆地走了。

数控设备在加工产品时，需要按照事先设计的程序输入计算机控制系统中，设备按这个程序来加工产品，加工过程是自动完成的，因此，每加工一件产品都要有一个时间过程。

当小张看到自己操作的加工中心设备正在执行对产品的加工时，他萌生了一个想法，"帮女朋友干点活吧"。他看了看工序图样，然后打开设备电源开关，开始操作他并不熟悉的设备。当他操作设备的那一瞬间，设备事故发生了。这台数控车床的运行坐标以每分钟 40m 的速度与每分钟 1000r 的主轴相撞了，后果可想而知。

这是一件典型的无证违规操作设备而造成人为设备事故的案例。这个故事告诉我们，凭证操作设备，不仅仅只是操作设备要有操作证的问题，更重要的是，具有设备操作证，实际上隐含了所具备相应知识和设备操作技能的事实。

> 彼得·德鲁克在他的《非营利组织管理》中说："清楚界定培养员工的'禁忌'，远比阐明'准则'容易得多。"

2.2.3 全员生产维护管理方法

设备专业管理人员、设备技术人员与设备操作人员、设备维修人员相结合的设备使用和维护管理制度是我国企业设备管理的一个显著特点。这也是企业全面生产维护即全员参与的具体表现。

专业管理与全员管理相结合的设备管理制度，可以使全体员工关心和支持设备管理工作，全体人员参加设备的维护保养工作，这样既发挥了设备专业人员的作用，又充分调动了每位员工的积极性，从而达到全面生产维护的目的。

"三好""四会""四项要求""五项纪律"，这些我国企业总结出来的设备管理方面好的经验、好的管理方法，如今许多企业把它们都忘记了，或者丢掉了。我曾经多次到不同行业的企业去调研设备管理工作，看到和听到一部分设备管理人员认为"三好""四会""四项要求""五项纪律"老了、过时了、不中用了。真是这样吗？在有些朝气蓬勃的企业，它们并没有忘记或者丢掉这些好的经验、好的做法，而是与当今设备管理的新理念和新方法更紧密地结合起来，把企业的设备管理工作搞得有滋有味。

设备使用的"三好"内容见表2-7。设备操作人员的"四会"内容见表2-8。设备维护的"四项要求"内容见表2-9。设备操作的"五项纪律"内容见表2-10。

表 2-7　设备使用的"三好"

三　好	具 体 内 容
管好设备	设备操作人员应当负责保管好自己所使用的设备，未经相关管理人员批准，不准其他人员操作和使用设备，不得改动设备的功能和结构
用好设备	必须严格贯彻设备操作维护规程和设备生产产品的工艺规程，不超负荷、不超范围使用设备，并禁止任何不文明使用和操作设备的情况发生
修好设备	设备操作人员要密切配合设备维修人员，同时要提供设备在使用过程中的相关信息和技术状态，及时排除设备故障

表 2-8　设备操作人员的"四会"

四　会	具 体 内 容
会使用	设备操作人员应首先认真学习和掌握设备的操作维护规程，熟悉设备的技术性能、基本结构、工作原理，弄懂设备生产产品工艺和相应的附件，做到持证操作和正确使用设备
会维护	设备操作人员必须学习和严格实施设备的维护规程，保持设备的内外清洁、整齐、完好
会检查	设备操作人员要了解自己所操作设备的整体结构、基本性能和设备的易损零部件部位，熟练掌握自己所操作设备的日常点检、完好检查的项目、标准和方法，并且能够按照规范和要求进行设备的日常点检，学会及时发现设备隐患
会排故	设备操作人员必须熟悉自己所使用设备的特点，明确设备拆装的注意事项及能够鉴别设备的正常与异常现象和状态，要会做一般的设备调整和简单故障的排除，要协同和配合设备维修人员排除设备故障

表 2-9　设备维护的"四项要求"

四项要求	具 体 内 容
整齐	与设备配套的工具、附件放置整齐，设备零部件及安全防护装置齐全，各线路、管路完整、工作正常
清洁	设备内部和外表面清洁；各滑动部件、传动部件清洁、无碰伤；各部位无漏油、漏水、漏气（汽）现象；工业垃圾清扫干净
润滑	按规范加油、换油，油质符合要求，油箱、油壶、油杯、油嘴齐全，油标明亮，油路畅通；自动中心润滑系统的注油量和间隔时间符合技术要求
安全	实行定人定机责任制和交接班制度；熟悉设备结构、功能，遵守设备操作和维护保养规范，规范使用设备

表 2-10　设备操作的"五项纪律"

序　号	具体内容
1	实行定人定机，凭操作证规范使用和规范操作设备
2	保持设备干净、整洁，按规定、规范加注和添加、更换润滑油，要确实保证设备的规范润滑
3	严格遵守设备安全操作规程和交接班制度
4	管好自己所操作设备的附件和各类工量器具，定期保养、校验
5	发现设备异常要立即停机检查，自己不能处理的问题应当及时通知设备维修部门进行检查、维修

设备故障规范管理流程如图 2-3 所示。

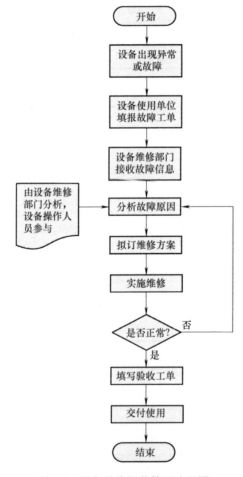

图 2-3　设备故障规范管理流程图

2.2.4 操作和维护规程

（1）设备操作规程 设备操作规程是设备操作人员正确掌握设备操作技能的技术性规范。设备操作规程是根据设备的结构、功能、技术要求和安全运行规范，对设备操作人员在全部或全过程对设备的操作必须遵守的事项、程序及动作等做出的规定。

设备操作规程的主要内容如图 2-4 所示。

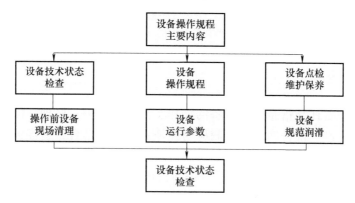

图 2-4 设备操作规程的主要内容

（2）设备维护规程 设备维护规程是对设备日常维护保养方面的要求和规定。

设备维护规程的内容主要包括：①设备要达到整齐、清洁、润滑、紧固、防腐、安全、环保；②通过"6S 管理"保持文明的设备现场管理。"6S 管理"即整理、整顿、清扫、清洁、素养、安全，主要内容见表 2-11。

表 2-11 6S 管理的内容

6S	概 括 内 容
整理	取舍分开，取留舍弃。即工作场所全面检查；区分要与不要的物品；清除（舍去）不要的，将要的有条理地摆放，并易于取用。目的是腾出宝贵的时间
整顿	有条理地摆放，取用快捷。即前一步骤整理的工作要落实；将要的物品放置整齐、有条不紊，并予以标识，使其一目了然。目的是免除寻找的时间浪费，提高工作效率
清扫	清扫垃圾，不留污物。即工作场所内外要建立清扫责任区；经常打扫、擦拭；调查污染源，并予以杜绝或隔离；清除脏乱和污染，保持清洁；建立清扫基准，作为规范。目的是保持清洁，提高品质
清洁	形成制度，保持成果。即将 6S 制度化、规范化，落实前 3S 工作，维持 3S 已取得的成果，防止退步；制定目视管理及看板管理的基准；制定 6S 实施与考核办法；高层主管经常带头巡查，带动全员重视 6S 活动。目的是保持 3S 已取得的成果，保持清爽洁净的工作场所和生活场所

（续）

6S	概 括 内 容
素养	自主管理，养成好习惯。即制定企业相关规则、规定；制定礼仪守则；教育训练；推动各种激励活动；自觉遵守企业既定的各项规定、制度及标准，养成良好的习惯，自我管理、自主要求，进而养成自动自发的精神。目的是提升员工素质，养成良好的习惯，使员工更具有执行力，便于组织制度有效贯彻落实
安全	安全第一，预防为主。即安全第一，做好安全的预防措施，发现安全隐患，应予以及时消除；物品堆放、悬挂、安装和设置不存在危险和隐患；正在维修的设备挂上标识；危险物品、区域、设备、仪器、仪表有特别提示；保障企业财产安全，保证员工在工作中的健康与安全，杜绝事故苗头，避免事故发生。目的是确保生命财产安全

2.2.5　设备岗位责任

设备岗位责任是指企业对设备的操作、使用、维护、修理、保管等工作建立的岗位责任制。设备岗位责任制应与经济责任紧密结合，这样会有利于设备岗位责任制的落实。

强调建立设备操作人员的岗位责任制，是为了加强设备操作人员的责任心，督促岗位人员履行使用设备的职责，避免发生人为设备事故。

设备操作人员岗位责任制的主要内容见表2-12。

表2-12　设备操作人员岗位责任制的主要内容

序　号	主 要 内 容
1	上岗前必须按规定穿戴好劳动保护用品
2	遵守"定人定机""凭证操作"制度，按"四项要求""五项纪律"和设备操作维护规范，正确使用、维护自己操作的设备
3	对设备要进行日常"点检"，并认真做好记录，做到按照设备要求进行班前正确润滑，班后及时清扫、清洁
4	参加"三好""四会"活动，搞好设备的日常维护和定期维护工作，做好整理、整顿、清扫、清洁、素养、安全的6S工作，配合设备的维修人员监测、检查和修理自己所操作的设备
5	管好设备附件、资料、工具等专用物品
6	认真执行交接班制度，并按规定和要求填写交接班记录，交接班记录中必须记录设备工作情况的内容
7	参加所操作设备的安装、调试、验收、试运行的前期工作及涉及的各项修理工作
8	设备出现异常时，操作人员要按规定采取相应措施，及时向设备管理或设备维修部门发送信息
9	操作人员有权抵制违章作业的指令

（续）

序　号	主　要　内　容
10	设备若发生事故，操作人员应按规定切断设备电源，保持事故现场，及时向有关部门报告；分析设备事故时，操作人员应如实说明事故经过，承担相应的责任，从中吸取教训

2.2.6　交接班制度及案例

只要企业是实行两班及以上工作制度，设备操作人员就要执行交接班管理制度。上一班操作人员在下班前首先完成对设备的日常维护保养，然后将本班设备的运行情况、故障及维修情况等记录在"交接班记录表"上，并向下一班接班人介绍设备运行情况，并且当面检查设备，交接班后在交接班记录表上签名，交班人方可离岗，接班人方可上岗。

如果上一班不能面对面与下一班交接，那么，交班人可做好设备的日常维护保养，并将设备的运行情况、故障及维修情况等记录后，交本班负责人签字代表。

下一班接班人员如果发现设备有异常现象，而且交班记录不明确，或者设备未按规范维护保养，即可拒绝接班。如果交接班不明确，接班人接班后发生的问题或事故，那么就要由接班人负责了。

数控设备交接班不规范案例：

那是多年前冬季的一天，接近午夜时分，某企业上晚班的设备维修人员告诉值班人员说，生产现场一台卧式加工中心出事故了。听到这个消息后值班人员立刻赶到设备现场，到了事故现场，看到的是让值班人员吃惊的一幕：出事的卧式加工中心的机械手抓着一把刀具与工作台上的工件碰到了一起，半成品工件已经面目全非，机械手尽管仍抓着刀柄，但长长的刀具已经断掉，机械手已经明显变形。

设备事故现场保护得很好，这给分析事故原因带来了便利条件。

对事故现场认真看过以后，值班人员要求看交接班记录，在设备运行一栏中清楚地写着："设备运行一切正常"。在产品加工记录一栏中也明确地记录着："一切正常，请接着加工"。值班人员问操作人员，交班时有没有其他交代，回答说"没有"。这时值班人员指着断开掉在排屑器上的铣刀头对操作人员说："请查一下加工这道工序应当选用的刀具。"

查出来的结果让人哭笑不得，原来上一班的操作人员在下班前更换刀具时将刀具的位置搞错了，也就是说将这道工序使用的刀具插在了别的工序的刀具位置上，而别的工序的刀具插在了这道工序的刀位上。操作人员换完刀具没有做认真检查，更重要的是，也没有在交接班记录上说明更换了刀具。由此酿成了不该发生的设备事故。

这件设备事故告诉我们，交接班及交接班记录是多么的重要，我们一定不要忽视这个问题。

企业在用的设备必须有交接班记录本，并应保持清洁、完整，有页码记录。设备管理人员和维修人员应随时查看交接班记录本，从中分析设备技术状态，为设备状态规范管理和设备故障维修提供信息。

企业应当建立交接班管理制度和交接班记录档案管理制度，设备管理或设备维修部门也应有交接班或设备维修记录，以记录设备故障检查、维修情况，为下一班人员提供信息。设备管理部门和设备使用单位的主管人员要定期抽查交接班制度的执行情况。

如果企业采用的是一班制，虽不进行交接班手续，但也应有设备运行记录和设备发生异常时的故障情况记载，特别是对精密、大型、稀有、重点或关键设备必须记载其运行情况，以掌握技术状态信息，为设备管理、设备检查、设备状态监测、设备修理提供信息和依据。

2.3 设备维护管理流程和案例

为了防止设备性能劣化或降低设备故障的概率，按事先制订的计划或相应技术条件的规定进行技术规范管理，包括全员对设备的点检、检查、调整、润滑、清洁、管理等一系列工作，称为对设备维护规范管理。对设备进行维护规范管理是设备自身运行的客观要求，也是保证设备处于完好的技术状态，保证设备的设计使用寿命以及延长设备使用寿命所必须进行的日常工作。

2.3.1 维护管理流程

设备维护规范管理流程如图 2-5 所示。

一个企业如果把设备维护工作按照规范去做了、做好了，就可以明显减少设备的停机损失和设备的维修费用，同时还可以降低设备生产产品的成本，保证设备生产产品的质量和数量，从而达到提高设备生产率的目的。

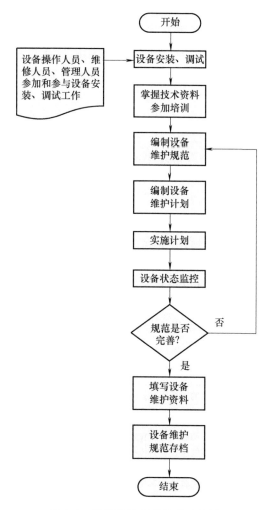

图 2-5　设备维护规范管理流程图

2.3.2　故障管理案例

我在前些年对某些企业的设备维护保养工作专门做了一些调查工作，其中包括对设备维护保养不规范而造成的设备故障问题。

当时某企业具有一定数量数控机床，但由于维护保养不规范而造成的设备故障占整个设备故障的 60% 之多。这是一个惊人的数据，这个数据是经过几年的认真统计做出来的。当时有些人接受不了这个数据，也有人提出了质疑。但从大量的数据和统计的科学性、合理性方面来看，当时企业数控设备故障率居高不下的主要问题就是设备的维护保养不到位、不规范。

抓住了这个主要问题，企业采取了一系列行之有效的措施，其中包括开展TPM全面生产维护工作，更重要的是规范并严格执行设备的维护保养条例。通过这些工作，经过一段时间后，企业数控机床的故障率有了明显的下降。数控机床的可利用率、利用率有了显著的提高，企业的经济效益也出现了明显提升。

这个案例告诉我们对设备维护规范管理是非常重要的。设备维护按规范去做了、做好了，"从管理中要效益"就不是一句空话。从另一个角度来说，数据的积累、大数据在设备维护规范管理中的重要性是不可忽视的。

2.3.3 维护管理及案例

设备维护工作包括对设备日常维护、定期维护、日常点检、定期点检、精密点检，其中还包括对设备的润滑系统和冷却系统的维护保养等工作。

（1）日常维护　设备日常维护包括每个工作班维护和周末维护，这项工作由设备操作人员负责进行，对设备日常维护是设备维护的基础工作，要做到制度化和规范化。日常维护按规范去做了，就可以防止设备故障，推迟劣化，延长设备寿命，减少设备事故的发生。设备日常维护内容见表2-13。

表2-13　设备日常维护内容

日常维护	具 体 内 容
班前	看懂设备生产产品的图样资料；查看交接班记录；对设备进行班前维护和点检；检查设备的安全装置是否可靠；检查设备运行是否正常，润滑系统等是否工作正常
班中	注意设备在运行中的噪声是否在规定的范围内；注意设备的温度、压力、液位是否正常；注意设备的电气系统、液压系统、气动系统是否正常；注意设备的各类仪表指示是否正确；注意设备的安全保险、环境保护是否符合要求。设备在运行中要严格按照该设备的操作规程正确操作和使用
班后	关闭设备的开关，设备上的所有旋钮、按钮、手柄等在正确位置；按规范维护设备；按6S管理做好清现场工作；填写交接班记录，办理交接班手续

周末和节假日前，用适当的时间对设备进行维护。周末对设备的维护保养应由设备操作人员进行，主要内容见表2-14。

表2-14　周末设备维护保养的主要内容

项　　目	主 要 内 容
设备外观	擦拭设备各传动及外露部位，清扫工作现场。按6S管理要求达到内洁外净，周围环境整洁
设备的操作系统	设备的各部位技术状况良好，紧固松动部位，调整配合位置，检查保险装置。设备的各传动部件噪声符合规定的要求，安全可靠

（续）

项　　目	主　要　内　容
设备液压和润滑系统	清洗设备上的各润滑装置、防尘装置、过滤装置，添加各类润滑油液或更换润滑油液；检查设备的液压系统。是否更换液压油以达到油质符合技术要求为准，要保证油路畅通、无渗漏、无损伤
设备电气系统	擦拭设备的电动机、外露线管，检查设备的绝缘、接地，使设备达到完整、清洁、可靠。可由设备电气维修人员配合完成

（2）定期维护　设备定期维护是以操作人员为主，维修人员为辅进行的，以保持设备整齐、清洁、润滑、紧固、防腐、环保、安全、良好。设备定期维护是设备管理部门根据不同类型设备及运行环境，以计划形式下达并具体实施的。

对于机械制造企业的机械加工设备，一般来说，两班制运行的设备约一两个月进行一次，环境较恶劣条件下生产的设备每月进行一次，其作业时间按设备的复杂程度来确定。不同类型的企业也可根据设备类型的不同和划分来确定设备的定期维护时间。设备定期维护的主要内容见表 2-15。

设备通过定期维护后必须达到：设备内外清洁，设备表面呈现本色；设备的油路畅通、油标明亮；设备的操作系统灵活、安全可靠、运行正常。

表 2-15　设备定期维护的主要内容

序　　号	主　要　内　容
1	拆装部分防护罩和部件，按规范擦拭设备内外
2	检查、调整设备各运动部位的配合间隙，更换需要的易损件
3	检查设备油路，增添需要的油量，清洗设备的各过滤装置并检查各部位压力表校验时间，如需要则进行校验，更换冷却液并清洗冷却液装置
4	按规范清洗设备的各滑动表面
5	由电气维修人员清扫、检查，调整设备的电气线路及各电气装置

设备维护管理案例 ①：

有一次，我应邀到一个企业调研、检查设备现场管理工作，当我走进一个400 多 m^2 的厂房时，我看到一台成套设备的液体管道、阀门、泵等有许多泄漏点，但并未见现场有维修人员维护和修理设备。于是我指着设备其中的一个泄漏点问陪同人员：

"设备泄漏了，已经漏成这样了，怎么没人修理？"

"还没到维护和检修时间。"陪同人员非常淡定地回答我。

我感到奇怪，又问道："为什么设备漏成这样了还不立即进行修理？还要等时间?"

"现在修理没有费用。"陪同人员不屑一顾地回答我。

"那如果设备漏得不能工作了也要等费用吗?"我惊奇地又问。

"如果设备不能用了就停下来等费用。"陪同人员继续回答。

我有些尴尬,仍奇怪但肯定地说:"这说明设备管理上有问题了,应当认真考虑修正了。"

"是这样的,我们也感到管理上有问题了,但是如何纠正?从哪儿下手?我们还需要考虑。"陪同人员挠挠头说。

我看到设备现场维护和管理得很差,设备的日常保养和定期保养根本没按规范去做,管理上问题太多。

"我建议你们从规范设备维护保养、规范设备维修做起,从降低设备故障做起,否则企业的正常生产无法进行!"我肯定地说。

"维修费用与设备修理要配套管理、匹配使用,绝不能设备出故障了再等费用。这种管理岂不是太落后了!"我看了看陪同人员不客气地说道。

看来规范设备维护、规范设备修理在某些企业真需要作为课题来做了。

设备维护管理案例 2:

各类设备维护的具体内容和要求,可根据企业设备的不同特点、不同结构参照相关规定制定。表2-16、表2-17和表2-18列出了机械制造企业中全功能数控车床的一、二、三级保养规范,即日保、月保和定期保养的具体内容,仅供参考。

由于各个行业或企业的设备类型不同,它们的设备维护形式和维护要求及标准会有差异。在制定设备维护保养规范时,可根据自己企业的特点,设备的结构、性能统筹考虑。

表 2-16　数控车床一级维护保养规范

序号	时间	内　　容	要　　求
1	班前	1) 检查各按钮,指示灯	位置正确、可靠
		2) 检查集中润滑系统、液压系统油位	油标液位应不少于下限以上 1/3
		3) 检查压缩空气输入端压力	气路畅通,压力正常
		4) 检查液压表、气压表、集中润滑压力表	指示灵敏、准确
		5) 检查卡盘和尾顶尖的液压夹紧力	安全、可靠
		6) 检查机床地线	完整、可靠
		7) 检查各坐标回基准点(或零点)状况,并校正工装或加工零件基准	准确无误
		8) 机床主轴低、中速运行 10~15min	温升正常、无异常

（续）

序号	时间	内　　容	要　　求
2	班中	1）执行数控车床操作规程 2）操作中发现异常，立即停机检查	严格遵守 处理及时，不带故障运行，并严格执行
3	班后	1）清理切屑，擦拭外表及外露的滑动表面加机油 2）检查各按钮、开关是否在合理位置，各移动部件是否移动到合理位置上 3）切断电源 4）在记录本上做好机床运行情况的交接班记录	清洁、防锈 严格遵守 严格遵守 严格遵守

表 2-17　数控车床二级维护保养规范

序号	部位	内　　容	要　　求
1		完成一级保养内容	符合一级保养规范
2	主轴箱	1）擦洗箱体，检查制动装置 2）清除主轴锥孔表面毛刺	清洁、可靠 光滑、清洁
3	各坐标进给传动系统	1）清洗丝杠，调整斜铁间隙 2）检查、清洗导轨和毛毡 3）检查各坐标限位开关、减速开关、零位开关及机械保险 4）对于闭环系统，检查各坐标光栅尺	清洁、间隙适宜 清洁无污、无毛刺 清洁无污、安全、可靠 清洁无污、压缩空气供给正常
4	刀架	1）检查、清洗刀盘各刀位槽、刀位孔及刀具锁紧机构 2）检查定位机构	清洁、可靠 安全、可靠
5	尾座	1）分解、清洗套筒、丝杠等 2）检查调整尾顶尖与主轴的同轴度	清洁、无毛刺 符合要求
6	液压系统	1）清洗过滤器 2）检查油位 3）检查液压泵及油路 4）检查压力表	清洁无污 油标液位应不少于下限以上 2/3 处 无泄漏，压力、流量达要求 压力指示符合要求
7	气压系统	1）清洗过滤器 2）检查气路、压力表	清洁无污 无泄漏，压力、流量达要求
8	中心润滑系统	1）检查油泵、压力表 2）检查油路及分油器 3）检查油位 4）检查清洗过滤器、油箱	无泄漏，压力、流量达要求 清洁无污、油路畅通、无泄漏 润滑油加至油标上限 清洁无污

（续）

序号	部位	内　容	要　求
9	冷却系统	1）清洗冷却液箱，必要时更换冷却液 2）检查液泵、液路、清洗过滤器 3）清洗排屑器、检查排屑器上各按钮开关	清洁无污、无泄漏 无泄漏，压力、流量达要求 位置正确、可靠，排屑器运行正确可靠
10	整机外观	1）全面擦拭机床表面及死角 2）清理电气柜内灰尘 3）清洗各排风系统及过滤网 4）清理机床周围环境	漆见本色、铁见光 清洁无污 清洁、可靠 符合定置管理及 6S 管理要求

表 2-18　数控车床三级维护保养规范

序号	部位	内　容	要　求
1		完成二级保养内容	符合二级保养规范
2	主轴箱	1）检修主轴箱 2）检查、调整主轴制动装置 3）检查清除主轴锥孔表面，调整主轴间隙	清洁、可靠 灵活、可靠 表面光滑、无毛刺，间隙适宜
3	各坐标进给传动系统	1）如果坐标伺服电动机是直流电动机，清理炭灰并调整电刷 2）检查各坐标定位精度、重复定位精度和反向误差	清洁、可靠 符合要求
4	刀架	检查各刀位的定位精度	符合要求
5	尾座	分解、清洗尾座，清除套筒锥孔表面毛刺	清洁、表面光滑
6	液压系统	1）清洗液压油箱 2）检修清洗过滤器、需要时更换过滤器 3）检修液压泵和各液压元件 4）检查油质，需要时进行更换 5）检查压力表，需要时进行校验	清洁无污 清洁无损 灵活可靠、无泄漏、无松动，压力、流量达要求 符合规范 合格，并有校验标记
7	气压系统	1）检修、清洗过滤器，需要时更换过滤器芯 2）检修各气压元件和气路	清洁无损 灵活可靠、无泄漏、无松动，压力、流量达要求
8	中心润滑系统	1）检修油泵、过滤器、油路、分油器、油标等 2）检查压力表，需要时进行校验	清洁无污、油路畅通、无泄漏，压力达要求，润滑时间准确 合格，并有校验标记

（续）

序号	部位	内　　容	要　　求
9	冷却系统	1）检修冷却液泵、各元件、管路，清洗过滤器，需要时更换过滤器芯	无泄漏，压力、流量达要求
		2）清洗、检修排屑器，检修传动链，操作系统	清洁无污，各按钮、开关工作正常可靠，排屑器运行正常可靠
		3）检查压力表，需要时进行校验	合格，并有校验标记
10	整机外观	1）清理机床周围环境，机床附件摆放整齐	符合定置管理及 6S 管理要求
		2）检查各类标牌	齐全、清晰
		3）检查各紧固件、连接件，安全防护装置	齐全、可靠
		4）试车：主轴和各坐标从低速到高速运行，主轴高速运转不少于 20min	运转正常，温度、噪声符合国家标准要求
11	精度	检查主要几何精度	符合出厂公差标准

设备维护管理案例 3：

有一件使我印象非常深刻的事情。那是 2014 年 3 月份，我参加对一个油田公司的各采油厂进行设备大检查工作，检查的各个单位或各个点是企业按计划安排好的，由于油田公司的性质，采油厂的各单位、各采油点的距离都比较远，因此，每检查完一处，我们检查组的成员都会在继续前行的汽车上进行沟通与交流。

这一天，我们在几个采油大队的几个山区的点进行设备检查，当我们检查完一个点去另外一个点检查时，看到远处半山上有几口采油井正在工作，我突然萌生了一个想法，去那里看一下，于是我的提议大家同意了。

这是一个非常整齐、干净的场院，场院内有正在运行工作的五口采油井，一个储油罐；一个小平房内有一个油气锅炉间，一间厨房，一间卧室，床头柜上摆放着一家三口的"全家福"照片。到处都整整齐齐、干干净净，看得出来这是按 6S 管理要求做的。让人更感到意外的是，这些设备维护保养得非常到位，我仔细检查每一台设备，并没有找出维护保养不到位的地方。更让人吃惊的是所有这些工作全由一个人来做！

小伙子不到 30 岁，他告诉我，他在深山的这个采油工作点已经工作两年多了，最长的一次他连续工作三个多月才下山与妻子、孩子团聚。一个人要负责五台采油机、一台储油罐、一台锅炉的操作、维护、一般故障的维修，竟然还把这些设备维护保养得这么好！我感动了，大家都感动了。如果我们所有的企业员工都能做得像这个年轻人这样，那还会有什么样的设备不能维护好呢？

2.3.4 重点设备全面生产维护管理方法

我们说，精密、大型、稀有设备是依据设备的复杂程度、几何精度及设备重量作为划分标准的。或者说，精密大型、稀有设备是以设备本身具有的技术特征作为划分依据的。

重点设备是企业根据自身的生产经营需要，确定为对设备生产产品的质量、成本及设备自身的安全、环保以及对设备维修方面有重大影响的设备。重点设备将随企业的生产结构、生产计划、生产产品工艺要求的改变而定期调整，重点设备是设备维修与设备管理的重点。

（1）"五定"规范管理　精密、大型、稀有和重点设备的"五定"规范管理的主要内容见表2-19。

表2-19　精密、大型、稀有和重点设备的"五定"规范管理

序　号	主 要 内 容
1	确定设备的使用及操作人员
2	确定设备的点检、维修、检修人员
3	确定设备的操作规范和维护规范
4	确定设备的维修方式及优先维修和提供备品备件
5	确定设备的点检、巡检、状态监测人员

（2）维护规范管理　精密、大型、稀有和重点设备维护规范管理的主要内容见表2-20。

表2-20　精密、大型、稀有和重点设备维护规范管理

序　号	主 要 内 容
1	严格按照设备说明书的技术要求规范安装、调试设备
2	对环境有特殊要求的设备，它们的恒温、恒湿、防震、防噪声、防尘，企业都要采取相应的技术措施，确保设备的性能和精度不受影响
3	设备在日常维护保养中不允许拆卸零部件，设备在运行中如有异常现象，要立即停机，并填写工单，由设备的维修人员进行故障检查、分析和修理，不允许设备带故障运行
4	必须严格按照规定程序规范地操作设备，不允许超性能、超负荷使用设备
5	设备上使用的润滑油、液压油，必须按规范经检验合格后，按规范过滤加入设备的润滑系统、液压系统中使用；系统工作中的润滑油、液压油也要定期检验合格后继续使用
6	设备如长期不工作，同样也要定期进行维护保养，必要时对设备要进行送电和空运行
7	设备的专用附件、专用工具，应按规范管理，保持清洁，防止锈蚀，专用附件、专用工具不允许挪作他用

2.3.5 维修责任管理方法

在设备维修责任管理中，许多企业采取设备区域维修责任制。将设备的维修人

员按企业生产区域设备拥有量或设备的类型划分成若干区域，明确分工；要求设备维修人员负责督促、指导所辖区域内的设备操作人员正确操作、合理使用、规范维护设备；设备维修人员对设备要进行点检、巡检工作，及时掌握设备的技术状态；对区域内的设备完好率、设备可利用率、故障停机率等考核指标，定期加以评定。

在实行设备区域维修责任制时，设备维修人员负责企业一定生产区域内的设备维修工作，包括与设备的操作人员共同做好设备的日常维护和定期维护，负责设备状态的定期点检、检查、监测和设备修理，及时排除设备故障，利用设备维修窗口，排除通过点检、检查发现的设备故障隐患，并负责统计区域内的设备完好率、故障停机率、设备可利用率、设备利用率等考核指标。将区域设备维修与经济技术指标相结合，加强对设备全面生产维护的规范管理。

区域维修责任制管理方法的具体方法见表 2-21。

表 2-21 区域维修责任制管理方法

序 号	方 法
1	负责区域内的设备规范管理，进行设备的点检和巡回检查制度，发现设备故障及隐患要及时排除，做好记录
2	监督设备操作人员规范使用设备，指导、督促搞好设备的日常维护和定期维护工作
3	定期进行点检作业、维护检查，并且按照设备评分标准给负责区域内的设备评定考核分数
4	定期点检、检查设备外观、润滑系统、主要精度、工作状态等，做好设备的动态管理工作
5	及时维修设备的随机故障
6	对发生事故，并且已经召开了设备事故分析会的设备，应当及时修理
7	进行设备的液体、气体的防漏、治漏工作
8	将各种设备维修的原始记录认真整理、保存，作为设备维修的技术档案进行规范管理，知识共享应当是企业设备维修管理工作中的一项重要内容

设备维修责任管理案例：

我曾经去过的一个企业，设备维修责任管理采取的不是设备区域维修责任制，而是按设备的维修部位来划分维修责任的。即设备的机械、液压、气动等由机械维修人员维修；设备的强电、弱电等由电气人员维修。机械维修和电气维修划分为两个部门来管理，各部门负责各自的设备维修部位。

如果在区域维修责任制中，按机械、电气维修来划分责任是没有问题的，而上述这种设备维修责任的划分会带来如下一些问题：

1）设备如果出现不是明显的机械或电气故障时，部门之间的"扯皮"永无休止。

2）影响设备故障的及时排除，从而影响企业生产的顺利进行。

3）给设备维修用的实验设备、备件、工具带来管理上不必要的麻烦。

4）从人力资源管理的角度来看，对人才资源的管理是一种浪费，同时也不利于对员工的培养。

5）从现代企业管理的角度来看，这种管理既不科学又不可能做到规范管理。

2.4 设备事故及处理管理方法

设备事故是指设备因非正常损坏而造成该设备停产或效能降低，设备的停机时间和经济损失超过规定限额。设备事故分为一般事故、重大事故、特大事故三类。设备事故的分类标准由国务院有关部门确定。对重大、特大设备事故的发生和处理，必须及时上报地方各级企业主管部门和国务院行业主管部门，并定期统计上报。

设备事故调查管理流程如图 2-6 所示。

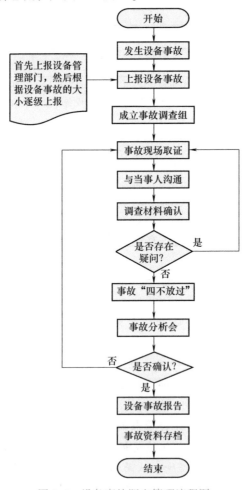

图 2-6 设备事故调查管理流程图

2.4.1　事故分析流程和处理 "四不放过"

（1）设备事故分析流程

1）设备事故一旦发生，应立即切断发生事故设备的总电源，完整保留事故现场，按照设备分级管理的有关规定逐级上报。对设备事故要进行调查、分析和处理，从中吸取教训。

一般设备事故由事故单位负责人组织有关人员，在设备管理部门参与下进行调查，分析事故原因。重大及特大事故由企业主管领导组织设备管理部门、技安部门和有关部门的负责人、当事人及相关人员进行分析。

进行设备事故分析时要注意表 2-22 所列的几个问题。设备事故分析管理流程如图 2-7 所示。

表 2-22　设备事故分析要注意的问题

序　　号	注意的问题
1	及时进行设备事故分析，设备事故分析工作进行得越早，原始数据记录得越详细，分析设备事故的原因和提出防范措施的根据就会越充分
2	保护事故发生的现场，严禁破坏事故现场，不移动、不挪用、不接触设备事故部位的任何部位，以免发生次生问题，给分析设备事故的原因带来不利因素
3	认真、严格地查看设备事故现场，并进行详细记录、拍照、录像或采取其他相应的措施
4	需要拆卸发生设备事故的相关零部件时，要避免使设备零部件产生次生损坏
5	要详细了解和观察发生事故设备的环境，与有关人员沟通、交流，以便得出设备事故的真实情况
6	不要凭主观想象和单方面意见就做出发生事故原因的结论，一定要根据详细、客观的调查情况，以及对设备测定和监测的相关数据进行认真分析和判断

2）企业内部发生设备事故的单位或部门，应在发生设备事故后的 72h 内认真填写好设备事故报告单，并报送企业设备管理部门。一般设备事故报告单由设备管理部门签署意见，重大及特大设备事故报告单应由企业主管领导批示。

3）特大设备事故发生后，应报告上级主管部门。设备重大、特大事故应在季报表内附上处理结果上报上级主管部门。

4）对设备事故分析、处理后进行设备修复，设备修复后，按照规定填写设备修理记录，由设备管理部门和生产管理部门共同负责计算设备发生事故所造成的实际损失，同时记录和载入设备档案。

5）设备管理部门每季度都要统计上报企业发生的各种设备事故，并记入历年设备事故登记册内，即进入设备档案管理。

（2）整理设备事故原始资料　设备事故原始资料包括设备事故报告、设备

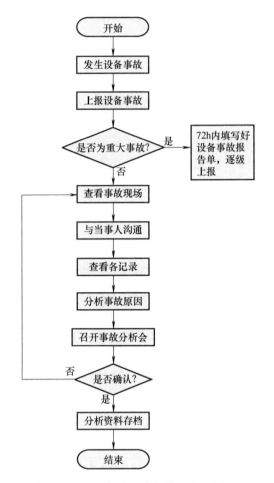

图 2-7　设备事故分析管理流程图

事故记录、设备事故分析会内容及会议记录，具体内容见表 2-23。

表 2-23　设备事故原始资料

序　号	原始资料
1	发生事故的设备的名称、型号、编号、规格和发生设备事故前的技术状态
2	设备事故概况
3	设备事故发生的时间、地点、经过及责任人、当事人
4	事故造成设备损坏情况及发生的原因，分析处理结果
5	设备事故分析会内容及会议记录
6	发生事故的设备在修复前、修复后的主要精度、性能的检测记录

（3）设备事故发生的性质分类　设备事故按其发生的性质可以分为三类，

见表 2-24。

表 2-24　设备事故分类

分　类	具体内容
设备责任事故	由于人为原因造成的设备事故，如违反设备操作规范，违反设备的使用、维护规范，设备生产产品的工艺不合理，设备维护、修理出现问题等，致使设备损坏停机或者设备的功能和技术指标降低，属于设备责任事故
设备质量事故	由于设备的原设计、制造、安装等，致使设备损坏停机或者设备的功能和技术指标降低，属于设备质量事故
设备自然事故	因遭受各种不可抗拒的自然灾害，如洪水、地震、台风、雷电等，致使设备发生损坏而停产或造成设备的功能和技术指标降低，属于设备自然事故

（4）设备事故处理"四不放过"　任何设备事故都要查清原因和责任，对事故责任者按情节轻重、责任大小、认错态度，按照规章制度、法律法规分别给予责任人批评教育、行政处分或经济处罚，触犯刑律者要依法处理。

设备事故处理要遵循"四不放过"原则，即事故原因分析不清不放过；事故责任者与相关人员未受到教育不放过；没有防范措施和整改措施不放过；责任者未受到相应处理不放过。

2.4.2　事故分析处理案例

在我了解的处理设备的一般事故中，绝大多数设备事故的当事人都会积极配合调查事故的原因或起因，也会完整保留设备事故现场。而有的个别当事人或责任人不但不如实反映发生设备事故的原因或起因，而且还故意改变设备事故现场，给调查事故、分析事故带来困难，使设备不能尽快投入生产，影响了企业的生产秩序。这样的设备事故当事人或责任人改变事故现场、伪造一个假的事故现场总存在这样的心理：

1）设备事故的发生不是我人为造成的，而是设备自身的原因造成的。

2）设备的当事人或责任人操作设备完全按规范进行，没有违规操作设备，而是设备出了故障造成了设备事故。

3）害怕承担经济责任，给个人造成经济损失。

4）害怕受到行政处分，对自己今后的工作产生影响。

5）"面子"上过不去，在同事面前羞愧、"抬不起头"。

然而，当出现这样的情况时，我们都会经过认真调查、技术分析，找出真正的原因，真正做到"四不放过"。目的只有一个：尽可能减少设备事故，降低由此带来的费用，保证企业生产的顺利进行。同时，做好当事人和责任人的思想工作，放下包袱，为今后更好地工作作为一个新起点。

很多企业由于设备事故处理得当，当事人和其他员工都受到了教育，并且从中吸取了教训，企业设备的人为事故逐年减少，成效非常显著。

2.4.3 事故损失评估方法

设备事故停产和修理时间的评估可参考表 2-25 所列的内容。设备事故损失评估方法见表 2-26。

表 2-25 设备事故停产和修理时间评估

时间评估	具体内容
停产时间	从设备发生事故被损坏停工时开始，到经过调查、分析、处理，直到设备修复后投入使用时为止的时间
修理时间	从对事故设备修理开始，到事故设备全部修理完成，验收合格并交付生产使用时为止的时间

表 2-26 设备事故损失评估方法

评估方法	计算公式
事故设备修理费用的评估	$$S_X = X_c + B_j + G_f + G_s$$ 式中 S_X——事故设备修理费用（元） X_c——修理材料费用（元） B_j——备件费用（元） G_f——工具及辅助材料费用（元） G_s——修理工时费用（元）
设备事故停产损失费用的评估	$$S_T = T_s C_b$$ 式中 S_T——设备事故停产损失（元） T_s——停机小时（h） C_b——每小时生产成本费用（元/h）
设备事故损失费用的评估	$$S_S = S_T + S_X$$ 式中 S_S——设备事故损失费用（元）

我们知道，对设备的使用和维护管理是企业设备现场规范管理的重要工作，而在设备的现场规范管理方面，特别是在设备的使用和维护管理方面，企业都制定了一系列的规章、制度和管理方法，并且积累了许多经验，同时为企业的设备管理工作起到了不可忽视的作用。

有些企业利用网络信息化对设备全面生产维护进行管理，采用设备维护四大标准体系，即设备点检标准体系、设备维修技术标准体系、设备检修作业标准体系和设备润滑标准体系。

在进行设备的点检、维修、检修、润滑的工作流程中，每一步产生的工单要按照标准详细记录设备的技术状况，并与标准体系进行对比和分析，以检查责任员工的工作情况和设备运行的技术状态。集成的标准体系也为设备资产管理或设备信息化资产管理提供了第一手材料。

> 彼得·德鲁克在《卓有成效的管理者》中说："许多卓有成效的管理者在个性、能力、工作种类、工作方式、岗位、性格、知识及兴趣上都有天壤之别，但它们的共性是：拥有把对的事情做好的能力。"

我们说，把正确的事情做好是取得成功的秘诀，也是企业优秀管理者必备的素质。

现代企业对设备规范管理、对设备全面生产维护已经开始按照不同设备类型的要求，向经济性、有效性及可靠性为中心的精益、绿色方向发展。近些年来推广的全员生产维修或全面生产维护工作，就是强调设备的现场管理、规范设备操作和企业全体员工参加的设备使用、维护、修理制度，并且已经初见成效。

第 3 章

设备规范润滑精细化管理

一个能够把设备看作生命的企业，就会把抓好设备规范润滑精细化管理工作看作是延长设备生命周期，降低生产产品成本，提高企业经济效益的重要手段，从而视为保护企业生命的不可忽视的全员参与的重要工作之一。

对设备运行机械的摩擦表面供给需要的润滑油，从而使机械摩擦面之间形成润滑膜，减少设备运行机械的相互摩擦而产生的磨损。这种变干摩擦为润滑剂分子之间的摩擦，降低设备运行机械的磨损，延长设备使用寿命的技术称为设备润滑。

设备规范润滑精细化管理是采用管理的手段，按照设备润滑技术规范的要求，实现设备的合理润滑，并且降低能耗、节约用油及润滑材料，保证设备正常、安全地运行。设备润滑管理是企业设备管理工作的重要组成部分，它的任务非常明确，就是要减少设备磨损，降低设备故障，延长设备使用寿命。

不要把设备润滑管理看作是一项简单的工作，更不能将其看作是一项没事找事、可做可不做、可管可不管的工作。

> 阿尔伯特·哈伯德在他的《自动自发》中说："这个世界为那些具有真正的使命感和自信心的人大开绿灯，无论出现什么困难，他们总是相信能够把心目中的理想图景变成现实。"
>
> 他还说："生命中最巨大的奖励并不是来自财富的积累，而是由热忱带来的精神上的满足。"

企业宣传案例：

有一次，在一个企业，当我刚刚走进一个分厂厂房的大门时，在一个宣传栏里就看到有这样一段话，使我记忆尤为深刻：

"不要事事等人交代，一个人只要能自动自发地做好一切，哪怕起点比别人低，也会有很大发展，自发的人永远受组织认可。"

我在想，我们搞设备润滑管理和设备润滑工作的人员对待自己的工作是不是也能这么去考虑、这么去做呢？

设备润滑工作及润滑管理是一项企业的设备管理人员、操作人员、维修人员、点检人员以及每一位员工都必须参与的一项非常重要的管理工作。要确保企业的各类机械设备始终处于良好的润滑状态，防止设备发生润滑故障，否则就会使设备故障频繁发生，加速设备技术状态的劣化。

设备润滑管理流程如图 3-1 所示。

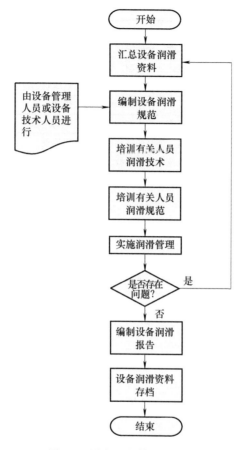

图 3-1 设备润滑管理流程图

3.1 设备规范润滑精细化管理的主题

企业的设备管理部门要对本企业各种类型设备的润滑管理工作负责。

3.1.1 润滑管理的内容

企业设备润滑管理的主要内容见表 3-1。

表 3-1 设备润滑管理的主要内容

序 号	主要内容
1	健全企业设备润滑管理组织机构
2	规范设备润滑管理人员、技术人员、操作人员及相关人员的各自职责

（续）

序　号	主要内容
3	规范设备润滑油从入库、仓储管理到出库、使用过程的技术状态监测
4	规范设备润滑油更换计划的编制、管理、实施
5	规范设备润滑油及润滑用各类材料消耗的计划编制和定额管理
6	规范设备润滑油的配置、代用与相应的技术管理
7	规范报废润滑油的回收、再生利用、报废处理的过程管理
8	规范设备润滑用工具、器具的计划编制和使用管理
9	规范对设备润滑系统技术状态、故障、漏油的监测和排故措施
10	规范润滑油仓储安全防火管理制度
11	规范对润滑管理人员、技术人员、设备操作人员和相关工作人员的润滑技术、业务方面的培训

3.1.2　违反润滑管理制度的案例

说到设备润滑管理工作，特别是设备润滑油从入库、入库管理、出库到使用过程的技术状态监测管理，许多企业并没有认真去做，甚至有管理制度也不去执行。

记得有一次我到一个企业调研、检查设备管理工作，当检查到设备润滑油管理工作时，我看到放置润滑油的房间的墙上整整齐齐挂着"设备润滑油入库管理规定"和"设备润滑油出库领用管理规定"。

当我正在阅读这两个管理规定时，看到两位员工正从车上卸下一种设备润滑油往这个润滑油定置牌处摆放。此时，有一位员工手里拿着一张小票来领润滑油，嘴里还说着："这个牌号的润滑油终于来了！"这时设备润滑油管理人员接过小票说："对不起，让你久等了，现在我就给你发油。"说着就从刚到的润滑油桶中往这位员工带来的小桶里开始抽油。

我看到这一切后，指着墙上挂着的管理制度问设备润滑管理人员："怎么刚到的润滑油不按制度检验、过滤就发放了？"

润滑管理员扭头看了看我，用陌生的眼光看着我说："没关系，刚到的新润滑油，不会有问题。"

我又问："新润滑油就敢保证没有问题了？运输过程可能发生或出现的变化就不考虑了吗？"

"我们是长期固定送货，质量没问题。"润滑管理员没有正面回答我的问题而又不屑一顾地说。

我马上又问："这些管理制度是起什么作用的？"

润滑管理员说："对制度不能太死板了，要灵活运用，这不是提高工作效率吗?"

我无言以对,我还能说什么呢!

对待设备润滑管理工作,我们应当检查一下自己,我们到底做得怎么样,是不是对我们企业的设备润滑真正负责任了,对我们的设备负责任了,对我们的设备所加工的产品负责任了。

3.1.3 润滑管理及案例

现代设备润滑管理的核心是润滑的规范化,润滑规范最基本的内容之一就是设备润滑的"六定"(定人、定时、定点、定质、定量、定法)管理。在过去长期的生产实践中人们总结出了机械设备"五定"(定人、定时、定点、定质、定量)管理。根据设备规范润滑的特点和不断细化管理的要求,又总结出了设备润滑"六定"要求,具体内容见表3-2。

表3-2 设备润滑六定管理

六 定	内 容
定人	规定对每台设备进行润滑的负责人,确定责任人的责任
定时	规定设备加油、换油的时间,确定润滑油加换时间
定点	规定设备润滑部位、名称、加油滑油点数,确定润滑到位
定质	规定设备每个润滑加油点所加润滑油的种类、名称,确定油品质量
定量	规定设备润滑油每次加、换油的数量,确定润滑油的数量
定法	规定设备润滑油的注油方法,取得最佳润滑效果,确定注油方法

设备自动润滑系统工作案例:

说到"六定"中的定时和定量,在机械加工类的数控机床、自动化机械加工生产线,以及许多大型成套机械设备等目前都采用自动中心润滑系统。

自动中心润滑系统是根据设备的特点、结构、运行方式等,在这些自动中心润滑系统中选用液体润滑油和半固体润滑油对设备进行自动润滑的。

自动中心润滑系统是采用定时、定量的方式对设备进行自动润滑的,即从设备接通电源或开机运行的那一刻开始,由该设备的控制系统指挥自动中心润滑系统对设备进行第一次润滑,即此时自动中心润滑系统开始对设备进行润滑工作,当工作到控制系统设定的润滑定量时间完成后,自动中心润滑系统停止对设备的润滑工作。当控制系统设定的润滑定时时间一到,第二次自动定量润滑又开始工作。

自动中心润滑系统就是这样定时、定量地对设备不断循环地进行润滑工作,直到设备被关断电源或停止运行时,自动中心润滑系统方停止工作。

3.1.4 润滑"三过滤"和油品选用"三要素"管理

润滑"三过滤"指的是润滑油入库过滤、发放过滤、加油过滤，具体内容见表3-3。

表3-3 设备润滑"三过滤"规范管理

三级过滤	内　容
入库过滤	入库润滑油要进行第一遍过滤存放，过滤掉生产、运输过程中产生的水分和机械杂质
发放过滤	领用润滑油时要进行第二遍过滤，过滤存放过程中产生的水分、杂质
加油过滤	向设备上加润滑油时要进行第三遍过滤，过滤运输过程中和前两遍没有过滤掉的水分和机械杂质

润滑油品选用"三要素"见表3-4。

表3-4 润滑油选用"三要素"

三　要　素	内　容
要素一	根据设备结构、特点和实际工况选用润滑油品
要素二	设备生产厂商说明书中指定或推荐选用的润滑油品
要素三	润滑油生产厂商推荐选用的润滑油品

3.1.5 润滑培训管理案例

我到过一个具有20多年历史的装备制造企业，那天下午下班前，当我与这个企业的同行走进这个企业的一个机械加工车间时，看到一排擦洗干净的普通车床，我微笑着问一位正在收拾东西准备下班的员工："你好，你的设备日保养已经完成了吗？"

员工回答："是的。"

"还有什么问题吗？"他反问。

"车床的导轨、丝杠为什么不加润滑油呢？"我指着他身旁的设备问。

"要加润滑油吗？"这位员工感到奇怪地问。

我纳闷了，"难道设备的日保养规范中没有规定吗？"我又问。

"设备日保养规范？有这样的规范吗？"很明显，他不知道。

"我们一直都是这样做的。"看来这位员工说实话了。

这个案例告诉我们，设备润滑管理、润滑技术的培训必须规范，必须到位，必须使企业每位设备操作人员、管理人员、维修人员知道如何对自己使用的设备进行规范的日常维护保养和润滑工作，否则设备的使用寿命要大打折扣了。

3.2 设备润滑管理制度

为了规范企业的设备润滑管理工作，并能规范管理以确保企业设备的正常使用和生产正常有序运行，企业应当健全设备润滑管理规范。

设备润滑管理规范是根据机械摩擦、磨损理论，运用管理的手段，按照设备技术规范的要求，实现设备的合理润滑，达到设备正常、安全运行，延长设备使用寿命的管理方法。

3.2.1 数控车床润滑油管理案例

我曾经碰到过这样一件事，有一个企业，由于企业的相关部门对设备润滑油在管理上出现了问题，造成一位数控车床的操作人员误将设备切削用油液当作设备润滑油加到了他所操作的数控车床自动回转刀塔的油箱内，而这台设备的自动回转刀塔是用单独的液体润滑油进行内部润滑的。

几天后，自动回转刀塔的油箱内和润滑管道内由于两种不同型号的油液的化学变化，使油液形成了半固体形态，这种状态不但不能给设备起到润滑作用，相反会给设备起到相反作用。

这不但给生产和设备造成了损失，同时也给这台设备的维修带来了不少的麻烦，需要拆卸零部件、清洗管线，导致长时间的停工、停产。就是因为设备润滑油管理不规范而给企业带来了完全可以避免的经济损失。

3.2.2 润滑油管理程序

设备润滑油管理规范在制定时要注意表 3-5 所列的几项内容。

表 3-5　设备润滑油管理规范制定要注意的内容

序　号	具 体 内 容
1	企业润滑油的供应部门要根据设备管理部门及生产单位提出的设备润滑油品的申请计划定期采购、及时供应
2	入库润滑油要经企业油品检验部门对润滑油的主要质量指标检验合格后方可入库管理
3	仓储润滑油要进行过滤后方能发放
4	对可以代用的各类润滑油，以及国内可以代用的进口润滑油，要提前做好技术上的准备工作，准备好采用合适的代用润滑油，预防供应脱节和节约成本
5	入库润滑油进行仓储时，要规范管理，避免高温、氧化
6	仓储过程要对润滑油定期化验，掌握变化规律，保证油品质量
7	发放润滑油时，要规范发放，要做到标识清楚，防止错装、混装
8	润滑油要存新发旧，注意存储时间，避免润滑油品久存变质

　　设备润滑油是需要规范管理的，因此在编制管理规范时要有严格的要求，否则润滑油的管理就会出现漏洞，就可能给企业带来不必要的损失。设备润滑油管理程序如图 3-2 所示。

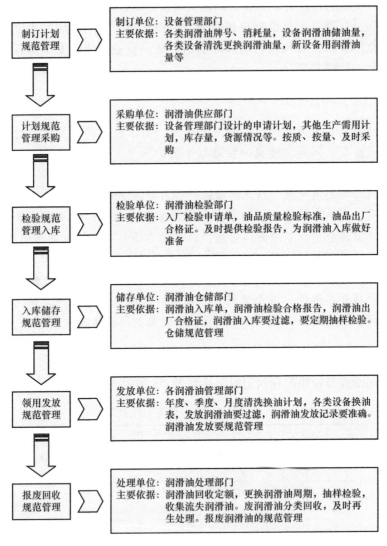

图 3-2　设备润滑油管理程序

　　润滑实施管理部门和各实施分管单位要按照工作分工，负责各种润滑油的收发与保管，报废油的回收与再生、利用，有些企业还包括了设备用切削液和工艺用油的配置、发放、回收与再生、利用。

3.2.3 润滑实施管理制度

企业设备润滑实施管理部门要编制本部门及单位的管理规范。设备润滑实施部门管理制度的主要内容见表3-6。

表 3-6 设备润滑实施部门管理制度的主要内容

序 号	主 要 内 容
1	与润滑有关的各类设备、仪器要符合安全管理规定，符合相关环境保护条例，严格遵守安全防火管理制度和环境保护条例
2	各类润滑油要分类经过滤后加入各容器，调换容器时，仍要进行过滤。各类容器要专用，要标明油品牌号，分类防尘、防污染存放
3	按"6S"管理进行定置管理，保证润滑实施单位润滑油的规范管理，做到清洁整齐，账册明晰
4	收发润滑油时，必须做好记录，定期分析各类润滑油品的消耗情况和使用的技术状态，定期汇总上报设备管理部门及相关部门
5	做好各类废油的回收工作，回收的各类废油要分类标识和定置存放，为废油再生或统一回收做好准备
6	按工艺要求配置机械加工设备所用的切削液和其他工艺所用的油品，设备润滑技术人员要负责油液配方和技术指导，要定期检测油品质量
7	对设备润滑管理人员、技术人员以及润滑工作人员、设备的操作人员要定期进行业务和技术方面的培训

3.2.4 更换润滑油管理流程

> 彼得·德鲁克在《管理的实践》中认为："管理是一种意识与动力，能够使静态的组织转变成为活生生的存在。"

同样，我们要把管理的规划功能、组织功能、领导功能、控制功能等应用到企业的设备润滑各项管理制度中，并贯彻这些管理规范。

（1）制定管理制度 设备更换润滑油也必须制定相应的管理制度，以此来规范对设备进行更换润滑油时的操作，同时约束相关人员的工作责任。更换润滑油管理规范可按表3-7所列的内容进行编制。

表 3-7 更换润滑油管理制度的主要内容

方 法	现 象	措 施
润滑油状态监测	避免润滑油物理和化学的因素造成油质劣化后达不到质量要求	更换润滑油

（续）

方　　法	现　　象	措　　施
定期维护与计划检修周期相吻合	润滑油生命周期到了或需要油品检验	减少停机时间，更换润滑油
新设备、大修后和技术改造后的设备	润滑油失效	更换润滑油
抽样进行油品检验	润滑油合格与不合格	合格的过滤后加入，不合格的更换润滑油

　　更换润滑油工作以润滑工作人员为主，但设备操作人员必须配合，必要时设备维修人员也要做相应的配合，更换润滑油的工作结束后，要进行验收，并填写该设备的更换润滑油管理表。

　　（2）实施工艺流程　设备更换润滑油的工艺流程如图3-3所示。

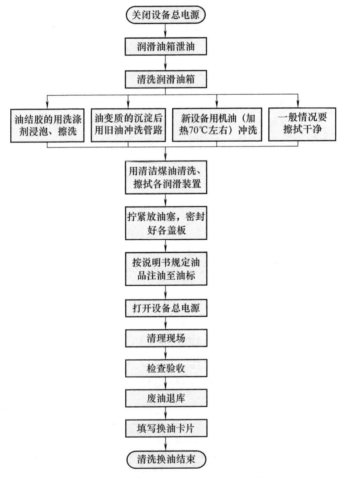

图 3-3　设备更换润滑油工艺流程图

3.2.5　更换润滑油案例

我曾经在某企业看过对一台设备进行润滑油品更换的全过程，当我看到员工们将已经放出的旧的润滑油准备往废油桶中倾倒时，我往前赶了几步看了看油桶内的旧润滑油，轻轻地说道：

"慢点！这些润滑油不能用了吗？"

"旧油，定期更换！"有一位现场工作的员工这样回答我。

"这些油看起来还可以用，是不是应当化验一下再决定是否更换？"我又问。

"不用！到更换时间了，不用费那些事。"这位员工又满不在乎地低着头回答。

"还是化验一下吧，如果这些润滑油还可以用不是节约了吗？"我又不厌其烦地说。

这时，我看到另一位员工低声对这位员工说着什么。

"好吧。"他回答我。

"不过要费些事。"他又说。

"费些事是值得的。"我又肯定地说。

后来我知道，经过滤化验后这些旧油品是合格的，可以继续使用。

所以说，定期更换润滑油时，要根据设备的使用情况、设备现场的环境、润滑油的使用周期，经化验后再决定是更换还是经过滤后再使用，因为化验油品的费用要远远低于更换润滑油的费用。

3.2.6　润滑工作安全操作制度

设备润滑工作安全操作制度是非常重要的，不管是哪一类型的行业，不管是成套设备还是单一设备，设备润滑工作安全操作规范都是要强调的重要内容，具体内容见表3-8。

表3-8　设备润滑工作安全操作制度主要内容

序　号	主　要　内　容
1	对设备每日进行润滑巡检、点检时要注意安全，穿戴好防护用品，按规范安全操作
2	设备工作中和设备停机前，严禁用手或任何工具伸入设备的油箱内或润滑点进行检查和测量
3	设备在更换润滑油前，必须关闭设备总电源，并且悬挂明显的警示标牌
4	按操作规程和工艺流程对设备进行清洗换油，必要时设备维修人员现场配合
5	检查设备润滑系统或自动中心润滑系统的工作状态时，操作人员配合润滑工作人员工作
6	注意润滑油容器、润滑油车的运输安全，保证润滑油容器、润滑油车的操作安全

（续）

序　号	主要内容
7	在气候条件不允许的情况下，严禁对室外高空设备进行更换润滑油和与润滑工作相关的作业
8	严格遵守防火规定，润滑工作中，切勿用汽油擦洗设备的任何部位及润滑油容器、润滑油车的任何部位
9	设备润滑工作现场应当遵守"6S"管理规范

润滑工作安全操作案例：

记得有一次在一个企业进行设备现场考察时看到了这样一个场面：润滑人员正在给一台设备更换润滑油，更换润滑油车需要外接电源，长长的外接电源电缆横穿人行通道。

这时，一位员工手里拿着图样边看边在人行通道上行走，忽然听到"哎呀"一声大叫，紧接着又听到"扑通"一声，这位员工重重地摔倒在地上，电缆也从外接电源插座上拔了出来，同时润滑油车也停止了工作。

几分钟后，120救护车到了现场。事后我们得知这位摔倒的员工的一个小腿摔骨折了。

这个案例告诉我们，润滑工作要把自身安全和他人安全放在第一位。一定要注意规范操作。

3.2.7　润滑油仓储管理制度

设备润滑油仓储规范管理中非常重要的一项内容就是要建立仓储防火制度，其主要内容见表3-9。

表3-9　设备润滑油仓储防火制度的主要内容

序　号	主要内容
1	防火设施、消防器材必须符合消防管理要求，定期检查、定期更换
2	各类电器、照明设施的安装必须符合防爆要求
3	严禁火种进入油库内
4	无关人员不得进入库内
5	库内严禁存放易燃、易爆物品
6	燃点低的润滑油不准露天存放，应设有防范措施
7	对不遵守防火制度的人员要依法、依规处理
8	库内各类防火设施、消防器材必须安放在指定地点，定人、定置规范管理

（续）

序　号	主　要　内　容
9	润滑油库人员必须熟练掌握所有防火设施、消防器材的使用方法
10	设备润滑油品仓库在按照仓库规范管理的基础和前提下，要进行"6S"管理，把"6S"管理也要体现在设备润滑油仓储管理上

3.3　设备润滑工作管理规范

设备润滑工作面比较宽，涉及的各方面人员比较多，这里只重点论述设备润滑技术部门工作规范管理、设备润滑技术人员工作规范管理、设备润滑工工作规范管理、设备维修人员润滑工作规范管理和设备操作人员润滑工作规范管理的相关内容。

3.3.1　润滑技术部门工作管理规范

设备润滑技术部门工作管理规范框图，如图3-4所示。

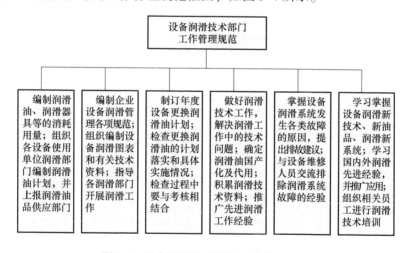

图3-4　设备润滑技术部门工作管理框图

设备润滑技术部门在不同的企业，有不同的名称。有的企业将其称为设备润滑站，有的称为设备润滑管理室，还有的将这部分职能归到设备管理部门的其他部门。

3.3.2　润滑技术人员工作管理规范

设备润滑技术人员工作管理规范如图3-5所示。设备润滑技术人员在设备润滑工作中扮演着非常重要的角色，因此要有责任担当。

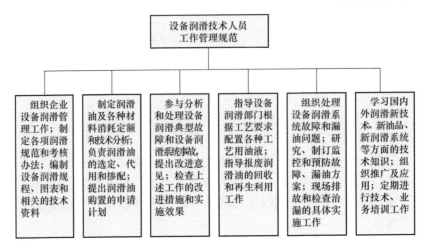

图 3-5　设备润滑技术人员工作管理框图

3.3.3　润滑工工作管理规范

设备润滑工工作管理规范如图 3-6 所示。

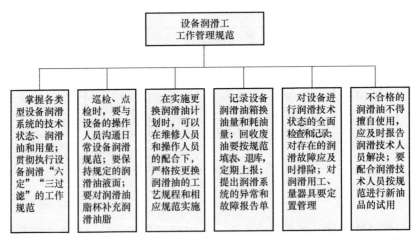

图 3-6　设备润滑工工作管理框图

3.3.4　维修人员润滑工作管理规范

设备维修人员润滑工作管理规范如图 3-7 所示。

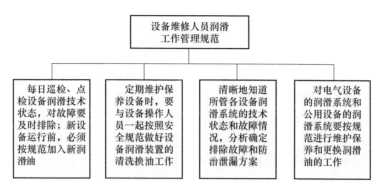

图 3-7 设备维修人员润滑工作管理框图

3.3.5 操作人员润滑工作管理规范

设备操作人员润滑工作管理规范如图 3-8 所示。

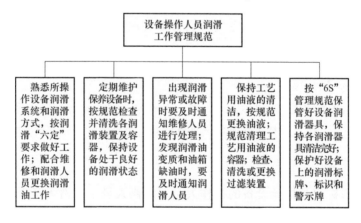

图 3-8 设备操作人员润滑工作管理框图

在我去过的企业中，有相当一部分企业在需要润滑的设备上都有明显的标识，有润滑图表、润滑警示，包括润滑油牌号、用油量、添加润滑油周期和更换润滑油周期，重点设备上还有责任人。这些标识管理和看板管理给我留下了深刻的印象。

3.4 设备润滑标识和看板管理方法

设备润滑管理图表是为了使设备润滑目视管理工作规范化、制度化、标准化而建立起的具有指导、计划、记录和统计作用的图表。

3.4.1 润滑工作细化管理案例

有目标才有希望，对于设备润滑规范管理工作也是这样。几年前，我到过一个大型国有企业，这家企业的设备管理部门专门设置了一个设备润滑工作管理站。我利用工作沟通、交流的机会特意去看了这个设备润滑管理站的工作情况。

当看到各类设备润滑管理图表时，我非常惊讶。不同形式的总体图、表用镜框镶起来挂在墙上，还有企业设备润滑的详细资料，包括企业的几千台机械加工设备的各类详细润滑资料整整齐齐地摆放在二十几个资料柜内。我随意翻看了一下，内容主要包括：

1）设备润滑规范管理卡片，有图式润滑管理卡片，框式润滑管理卡片，还有表格式润滑管理卡片等。

2）设备更换润滑油管理卡片，包括设备名称、润滑油品牌号、代用润滑油品牌号、更换润滑油周期等。

3）设备更换润滑油计划管理表，包括年度设备更换润滑油计划表，季度设备更换润滑油计划表，月份设备更换润滑油实施计划表，年度、季度、月份设备润滑用油量统计表等。

4）设备润滑材料管理表，包括设备润滑材料申请表，设备润滑材料年度、季度统计表等。

对设备润滑管理工作如此认真、细致，使我感动了。可以说，对待润滑管理工作他们是用心了。认真对待工作只能把事情做对，用心对待工作才会把事情做好。

3.4.2 润滑标识管理及案例

设备润滑标识是指导设备的操作人员、维修人员、润滑人员对设备正确合理润滑的基础技术管理资料。它以设备润滑"六定"为依据，图文并茂地显示出润滑"六定"的内容。

设备润滑标识管理是开展设备润滑规范管理的基础工作，同时也是设备润滑规范化管理的一种方法。

不同行业、不同类型的企业使用不同类型的设备，概括起来主要可以采用表 3-10 所列的三种设备润滑标识的形式。

表 3-10　设备润滑标识形式

序　号	具体内容
1	图式设备润滑图表
2	框式设备润滑图表
3	表格式设备润滑图表

设备润滑标识管理案例：

如果能用视图清晰地表示出一台设备全部润滑点的位置，则可采用图式设备润滑图表进行标识，如图 3-9 的示例所示。

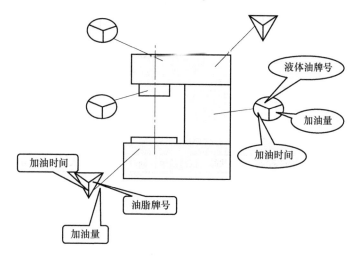

图 3-9 设备图示润滑标识管理

润滑点比较集中的设备可采用框式设备润滑图表进行标识，如图 3-10 的示例所示。

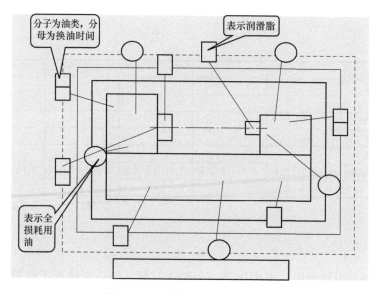

图 3-10 设备框式润滑标识管理

对于有些设备，润滑部位不易在视图上表示清楚，或者对添加润滑剂有一定要求，可采用表格式设备润滑图表进行标识化管理，如图 3-11 的示例所示。

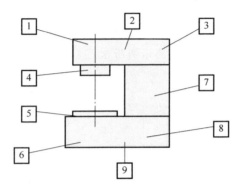

六定	定点	定质	定量	定期	定人	定法
序号	润滑部位	润滑油品	润滑油量	润滑周期	润滑人员	润滑方法

图 3-11   设备表格式润滑标识管理

3.4.3   更换润滑油管理用表

更换润滑油管理用表由设备润滑技术人员设计，设备润滑工实施记录，实施工作中还要提供检查设备存储润滑油部位的耗油情况，以及更换润滑油周期的执行和具体实施情况。更换润滑油管理用表见表 3-11。

表 3-11   更换润滑油管理用表

单位：

设备名称			设备编号			设备型号			
注油部位									
油品牌号									
代用油牌号									
油箱容量									
换油周期									
换油或添油记录	时间	注油量	时间	注油量	时间	注油量	时间	注油量	时间	注油量

责任人：   时间：

3.4.4   计划换油管理用表

在设备润滑管理中，表格化是一个细节问题，但是它体现了规范化和精细化，在设备润滑管理工作中特别能够体现这一点。

（1）年度设备计划更换润滑油管理用表　企业年度设备计划更换润滑油规范管理的一个示例见表 3-12。设备润滑技术人员根据每台设备更换润滑油表的记录，以最近一次更换润滑油的时间为基准，同时还要参照设备更换润滑油周期的管理规定，以及设备开动时间和润滑油品质化验报告，确定每台设备更换润滑油的具体周期。

表 3-12　年度设备计划更换润滑油管理表

单位：

序号	设备编号	设备名称	设备型号	油箱位置	油品牌号	用油数量	换油周期	上次换油时间	计划月1—12	备注
1										
⋮										
N										

责任人：　　　　　　　　　　　　　　　　　　　　时间：

（2）月度设备计划更换润滑油管理用表　企业月度设备计划更换润滑油规范管理表见表 3-13，它是设备润滑人员执行设备更换润滑油的依据，是设备润滑技术人员参照设备年度计划更换润滑油管理用表和设备的月检修计划而设计的，由设备维修部门和设备润滑人员具体实施。

表 3-13　月度设备计划更换润滑油管理表

单位：

序号	设备编号	设备名称	设备型号	油箱位置	油品牌号	代用油品	用油数量	辅助材料		备注
								名称	数量	
1										
⋮										
N										

责任人：　　　　　　　　　　　　　　　　　　　　时间：

（3）设备用润滑油数量统计管理用表　设备用润滑油数量统计管理表见表 3-14，它为编制企业年度、月度设备用润滑油数量计划提供了数据，同时为平衡企业设备月度更换润滑油的具体数量提供了比较准确的参考数据。在企业设备润滑规范管理工作中可供参考。

在具体实施工作中，对设备计划用润滑油量与设备实际用润滑油量要进行对比分析，以便找出较准确的数据来指导下一步工作，做到规范管理。

彼得·德鲁克对管理的本质进行了精辟的论述："管理是一种实践，其本质不在于'知'而在于'行'；其验证不在于逻辑，而在于成果；其唯一权威就是成就。"

他又说："管理是一种工具。因此，管理有其技能，有其工具，也有其技术。"

在企业的规范润滑精细化管理工作中，我们应当管理好这项工作，用好技能、用好工具、用好技术。

表 3-14   设备用润滑油数量统计管理表

单位：

月份	年更换润滑油设备台次		年更换润滑油数量		年添加润滑油数量		年维护保养用润滑油数量		年润滑用油总数量		备注
	计划	实际	计划	实际	计划	实际	计划	实际	计划	实际	
1											
2											
3											
4											
5											
6											
7											
8											
9											
10											
11											
12											
全年合计											

责任人：   时间：

3.5   设备润滑油和辅助用品管理方法

通过对设备润滑油和辅助材料消耗定额的计算，可以计算和汇总出全年企业损耗润滑油量和辅助材料消耗量，以及企业各设备使用单位的定期用润滑油量和辅助材料使用量计划。

3.5.1   润滑油消耗计算及案例

本节我们主要叙述设备更换润滑油数量定额的计算、设备润滑油箱正常添加润滑油数量定额的计算、设备日常维护添加润滑油数量定额和单台设备润滑油年定额用数量的计算。

设备润滑油消耗管理案例：

记得好多年以前，某企业设备润滑管理站的设备润滑技术员打破常规，将本企业所有机械加工设备的更换润滑油量定额、设备润滑油箱正常添油量定额、设备日常维护加润滑油量定额、单台设备润滑油年定额用量按照规范全部按实际情况准确计算出来，供下一年度采用。过去一直沿用的传统的靠估算出来的各类数据一律作废。

从那以后，每年年底以前，设备润滑技术员都会将下一年度的各类数据及表格整理出来，并形成了制度和规范。具体的计算参见表 3-15。

表 3-15　设备润滑油品消耗计算

名　称	公　式
更换润滑油数量定额	$$Q_换 = \sum_{i=1}^{n} C_i M_i$$ 式中　$Q_换$——全年设备润滑油箱更换润滑油品数量（kg） n——储润滑油品的部位数量 i——某一储润滑油品的部位（从 $1\sim i$） C_i——第 i 个储润滑油品的部位当年更换润滑油品次数 M_i——第 i 个储润滑油品部位的储润滑油品数量定额（kg）
润滑油箱添加润滑油数量定额	$$Q_添 = 12K \sum_{i=1}^{n} M_i$$ 式中　$Q_添$——设备润滑油箱全年添加润滑油品数量（kg） K——每月添加润滑油系数（对于机械加工设备，一班制，箱内封闭润滑：$K = 0.02\sim0.03$；两班制，箱内封闭润滑：$K = 0.03\sim0.05$；一班制，箱外泵送循环润滑：$K = 0.03\sim0.04$；两班制，箱外泵送循环润滑 $K = 0.05\sim0.07$）
单台设备润滑油年定额数量	$$Q = Q_换 + Q_添 + Q_浇$$ 式中　Q——单台设备润滑油品年定额用数量（kg） $Q_浇$——设备浇油润滑油箱全年添加润滑油品数量（kg）

3.5.2　辅助用品消耗管理用表及案例

这一节主要叙述设备日常维护保养擦拭用品定额、设备定期修理擦拭用品消耗定额、设备维修人员日常修理设备擦拭用品消耗定额。

设备擦拭用品消耗管理案例：

有一次，我在一个企业讲授设备管理课，当讲到设备润滑管理的设备擦拭用品这一部分内容时，有一位学员问我这样一个问题："企业所用设备擦拭用品一年能用多少？还需要定额？还需要计算吗？"

对于这个问题，针对他们的企业我是这样回答的：

"像你们这样的企业，有3000台机械加工设备，每台设备擦拭用品一年消耗的费用也不多算，只算为100元，那么你们这个企业一年所消耗的擦拭用品费用就是300000元！如果再加上各类生产辅助设备、动力设备、计算机等，就远远不止这个数了。"

（1）设备日常维护保养擦拭用品定额　一个企业设备的日常维护保养擦拭用品可按各部门、各单位的最基层单位班组来计算总用量，领用和节约额也都按班组计算。日常维护保养擦拭用品应合理地分配到每一台设备。

设备每日维护保养擦拭用品定额表见表3-16，擦拭用品的用量按每班两班制计算，擦拭用品的单位为kg/10F$_机$擦拭用品消耗定额，表中擦拭用品的数量仅供参考。

表3-16　设备每日维护保养擦拭用品定额表

（单位：kg/10F$_机$）

品　　名	单件及小批量生产	中批量生产	大批量生产	备　　注
擦布	0.2	0.4	0.8	
单位：		责任人：	时间：	

（2）设备定期修理擦拭用品消耗定额　设备进行定期修理时，设备每10F$_机$擦拭用品消耗定额可参考表3-17。

表3-17　设备定期修理擦拭用品消耗定额表

（单位：kg/10F$_机$）

品　　名	清洗换油维护保养	设备小修设备项修	设备中修设备安调	设备大修
擦布	0.5	0.8	1.0	1.5
单位：		责任人：	时间：	

（3）设备维修人员日常修理设备擦拭用品消耗定额　设备在日常维修时，设备维修人员日常修理设备擦拭用品消耗定额可参考表3-18。表中擦拭用品的数量是按每10F$_机$擦拭用品消耗定额分配的。

表3-18　设备维修人员日常修理设备擦拭用品消耗定额表

（单位：kg/10F$_机$）

品　　名	维修钳工	维修电工	维修工程师	备　　注
擦布	0.3	0.2	0.02	
单位：		责任人：	时间：	

3.5.3　报废油品管理及案例

企业应当按环保要求将更换下来的设备各类报废润滑油全部回收，经再生后继续使用。剩余的残渣应交环保部门处理，企业不能随便丢弃、排放、掩埋或燃烧。

设 备 报 废 油 品 管 理 案 例：

在多年以前的一个设备管理培训班上，当讲到设备润滑管理报废油品、报废冷却液如何处理问题时，我提问道："如果你们的企业有报废油品和报废冷却液，你们会如何处理？"回答的结果真让我吃了一惊！

有说倒进雨水井内的；有说倒进煤堆烧掉的；有说挖个坑埋起来；也有说交给个体收购的；还有说集中起来交给环保部门的。

那么，谁说的对呢？

我跟大家说："倒进雨水井里或倒进污水井里都会污染河流；倒进煤堆里烧掉会污染大气；挖个坑埋起来会污染土地和地下水；交给个体你都不知道他给弄到哪儿去了；目前只有一条道，那就是交给环保部门进行科学、合理的处理。"

大家听了以后，又有人说："交给环保部门费用太高了，企业有些承受不起。"

"承受不起也得交给环保部门，否则环境要受到污染了，那可是贻害子孙万代的事情。"我最后强调说，"价格不合理可以向有关部门反映，但无论如何不可以自行随意处理！"

这里的报废润滑油再生，就是通过特定的方法，将报废润滑油中的有害成分或劣化物除去，使报废油恢复到原始状态油品的质量。

报废润滑油过滤或再生方法见表 3-19。

表 3-19　报废润滑油过滤或再生方法

方　　法	内　　容
机械法	采用沉降的方法、离心分离的方法、过滤的方法
物理法	采用蒸馏的方法、白土吸附精制的方法和水洗的方法
化学法	采用溶剂精制的方法、硫酸精制的方法、碱精制的方法、加氢精制的方法

3.6　设备润滑油应用管理

将润滑油加入设备运动部件的摩擦表面，可以减少运动件的相对摩擦和磨损。合理选用润滑油，可以大大减少设备的相对零部件运动时产生的摩擦，降低零部件磨损。随着企业使用的高性能、高精度、高效率的设备越来越多，对润滑油的耐高温、耐高压、耐高速、耐腐蚀等性能方面的要求就会越来越严格。

3.6.1　润滑油应用案例

在某企业曾经遇到过这样一件事，一位卧式加工中心设备的操作员工来到一台数控车床旁，对数控车床的操作员工说："把你设备上用的润滑油借给我一点，下次还你。"

"拿去。"数控车床的操作员工一边忙着自己的工作一边用手指着设备旁边的一个小润滑油桶，漫不经心但很慷慨地回答。

此时，我正好从这里走过，听到了他们刚才的对话。我想了解一下情况，于是问这位卧式加工中心的操作员工："你操作的设备，自动中心润滑系统需要加润滑油了吗？"

"是的，需要加润滑油了。"加工中心操作员工小心但很有礼貌地回答。

我非常了解他们各自操作的设备，又问："你知道你所操作的设备是加什么牌号的润滑油吗？"

"这不都是润滑油吗，难道不能加吗？"这位操作员工尽管有些心虚，但还是小心地问我。

"我们不是在培训时都讲过，润滑油不能乱加吗？乱加会造成不良的后果。不是强调一定要按照设备的使用说明书上要求的润滑油牌号来加吗？"我反问完后又不厌其烦地给他讲了一遍设备的润滑原理和润滑油的作用。

由此看来，对于设备润滑油的合理选用必须要经常讲，必须要让设备的操作人员懂得设备润滑的原理和润滑油的性能和作用，否则对设备不但起不到润滑作用，反倒会使设备加速磨损，起到相反的作用。

3.6.2　设备润滑类型

在相对运动的两个接触表面之间加入润滑油，变直接干摩擦为润滑油分子之间的摩擦，从而达到减小运动摩擦件磨损，延长设备使用寿命的目的。

从广义上讲，设备润滑是一种减少设备运动零部件摩擦和磨损的技术，它不仅包括使用润滑油，还包括对设备摩擦副材料的表面改变性质，或者采用具有自身润滑效果的摩擦副材料技术。从摩擦角度来讲，设备中摩擦副的摩擦可分为表 3-20 所列的几种方式。

表 3-20　设备中摩擦副的摩擦方式

划分摩擦副状态	摩擦方式
运动形式	滑动摩擦和滚动摩擦
运动状态	静摩擦和动摩擦
润滑状态	干摩擦、流体摩擦、边界摩擦

从对设备润滑的角度讲，按照润滑膜状态的不同，设备润滑可分为液体润滑、半液体润滑、边界润滑。具体内容可参见表 3-21。

表 3-21 设备润滑的种类

润滑种类	内 容		摩擦因数
液体润滑	润滑油形成的油膜能够把设备运动的零部件摩擦表面隔开，使油膜内层产生液体分子摩擦，以液体摩擦代替干摩擦	静压润滑是由设备运动的零部件外部向摩擦表面间供给具有一定压力的流体，人为地将压力油输入到运动的零部件润滑表曲之间，靠压力油的静压力平衡外负载，而使两表面分离	0.001 ~ 0.008
		动压润滑是利用设备运动的零部件摩擦副表面的相对运动，把润滑油带入来不及摩擦面之间，由黏性流体的内摩擦力作用而形成润滑油膜压力平衡外负载，而使运动的零部件两表面隔开	
半液体润滑	润滑剂在设备运动的零部件摩擦表面间形成比边界润滑要厚的油膜，但由于运动零部件摩擦表面具有相对粗糙不平的特性，或者零部件负荷与运动速度的变化，使局部运动的零部件摩擦表面出现边界润滑或干摩擦		0.01 ~ 0.05
边界润滑	润滑剂中的极性分子吸附在设备运动的零部件摩擦表面，从而形成一层极薄的油膜，称为吸附油膜。吸附油膜达到饱和时，极性分子紧密排列，分子间内聚力使油膜具有一定的承载能力，防止运动的零部件两摩擦表面直接接触。当设备零部件摩擦副相对滑动时，吸附膜也随之相对滑动，起到了润滑作用，降低了摩擦因数。影响吸附膜润滑性能的因素有极性分子的结构和吸附量、温度、速度、载荷等。极性分子中碳原子数目增加时，摩擦因数降低；极性分子达到饱和时，油膜的润滑性能稳定；当工作温度超过一定界限时，吸附膜散乱或脱附，形成干摩擦，润滑失败，吸附膜的摩擦因数则随速度增加而下降，直到某一定值		0.05 ~ 0.1

3.6.3 润滑脂的应用

按照设备的运行状况选择润滑脂可参考表 3-22 所列的内容。

表 3-22 按照设备的运行状况选择润滑脂

润滑方式	润 滑 脂
滚动摩擦	选择黏附性好，有足够胶体安定性的润滑脂
滑动摩擦	选择滴点较高，黏附性较好的润滑脂
集中润滑	当设备运动的零部件是用润滑脂泵进行自动或半自动集中润滑时，选择锥入度大的润滑脂
低速重载	选择锥入度小、黏附性好、极压性优良的润滑脂
高速轻载	选择锥入度大、机械安定性良好的润滑脂

当设备运动的零部件选用滴点高于最高工作温度20℃以上的润滑脂时，即当设备润滑点的工作温度超过润滑脂温度的上限后，由于润滑脂的基础油蒸发损失、氧化变质、和胶体萎缩等分油现象加速，温度每升高10~15℃，润滑脂氧化速度就增加1.5~2倍，润滑脂的寿命也将降低1/2左右。设备润滑点的工作温度还随设备周围环境介质温度的变化而变化。

此外，设备的负荷、速度、运行时间、润滑脂装填量等因素，也会对设备润滑点的工作温度产生一定影响。周围环境温度高和机械运转温度高的设备，应选用耐高温的润滑脂，一般润滑脂的温度都应低于其滴点20~30℃。

按照设备工作环境选择润滑脂可参考表3-23所列的内容。

表3-23 按照设备工作环境选择润滑脂

工作环境	润滑脂
潮湿环境	选用抗水性强的润滑脂，如钙基、锂基复合钙、复合磺酸钙润滑脂
高温环境	选用耐热性好的钠基油脂或锂基油脂
尘多环境	选用锥入度小和含石墨添加剂的润滑脂
苛刻环境	选用加有防锈剂的润滑脂，而不宜选用抗水性差的钠基油脂
化学介质	选用抗化学介质的合成润滑脂，如氟碳润滑脂等

3.7 设备润滑油代用和添加剂应用管理

在设备润滑管理工作中，常需要使用代用的润滑油来解决设备的润滑问题。一般情况下，在没有所需的润滑油时，可先选用代用润滑油。

当设备所需的代用润滑油明确后，可先试用，试验效果满足技术要求后再正式使用。而掺配的润滑油则一定要经过品质分析、抽样检验、设备试用，确定完全能够达到所需润滑油的技术指标和性能要求后方可正式在设备上使用。

3.7.1 润滑油代用管理及案例

设备润滑油代用管理案例：

说到设备润滑油的代用和掺配，使我想起了这样一件事，那还是20世纪80年代初期的事情。当时，有一个机械制造企业从工业发达的国家进口了几台全功能数控机床，这几台全功能数控机床的自动中心润滑系统在使用说明书中推荐选用的润滑油都是当时欧美的几家石油公司生产的不同型号的润滑油。

当时我国改革开放刚刚开始不久，在国内没有其推荐的进口润滑油产品，而且随设备所购置的润滑油也只能使用短短的两三个月。因此，解决这些设备润滑油的问题成了当时急需解决的课题。

为了不影响生产，在国内市场上分别购买了几种国产和进口润滑油，设备润滑管理站的设备润滑技术员一起分析、研究、实验，最终用代用和掺配两种方法解决了那几台数控机床的润滑油品问题，并在设备的长期运行中证实了所采用得代用、掺配的润滑油，在质量上是没有问题的，这些设备一直处在正常工作状态。

这说明进口设备使用的进口润滑油也是完全可以代用或掺配的，并且在早期就得以实现，那么现在就更不是问题了，但必须规范使用和管理。

在设备润滑油代用规范管理工作中，要考虑代用的润滑油与设备原用润滑油的各项技术性能和指标是否符合或者接近设备对润滑油的技术要求。

1）按照技术性能指标，首先要在同类润滑油中选用，如果在同类润滑油中找不到各项技术性能指标都符合要求的，再考虑从其他类型的润滑油中选用。

2）对于普通性能或普通精度的设备，不管是单一设备还是成套设备，代用润滑油的黏度指标不要超过原用润滑油品黏度的 20%。对于高性能、高精度或特殊用途的设备，在选用润滑油品时，它的黏度指标要选用稍低的油品。对于工作温度变化大、环境条件不太好的设备，要选用黏度性能、温度性能较好的油品。较长时间在低温环境下工作的设备，要选用凝点低于工作温度 15℃ 左右的油品。较长时间在高温环境下工作的设备，要选用闪点高于工作温度 25℃ 左右的油品。

3）设备代用润滑油的选用可参考表 3-24 所列的内容。

表 3-24　设备代用润滑油的合理选用

序号	内　　容
1	按照设备使用说明书所规定的，并参照有关资料选择代用润滑油
2	某些进口设备，如果选择不到合适的国产润滑油，应根据进口润滑油的技术指标和设备的工况条件，选用国产的近似润滑油代用
3	某些进口设备使用说明书中未提及或未规定润滑油，可化验、分析随该设备带来的润滑油，并将所得到的参数和相关技术数据作为该设备选用润滑油的依据
4	某些进口设备在使用说明书中未提及或未规定润滑油的技术参数，同时又无随机润滑油，这时可根据该设备的结构、性能及润滑部位和该设备的工况条件合理选择代用润滑油进行试用，做到符合设备润滑要求后，方可定为该设备正式使用的润滑油

3.7.2　添加剂应用管理及案例

以设备安全运行为目的，为了改善润滑油的性能及质量而添加一种或几种适量的化学物质，我们把这种物质称为润滑油添加剂。润滑油添加剂的作用和机理如图 3-12 所示。

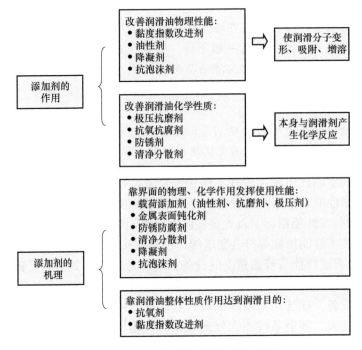

图 3-12　润滑油添加剂的作用和机理

润滑油添加剂的作用案例：

有一次，我在给某企业的设备润滑管理人员进行设备润滑和设备润滑管理知识培训时，有一位学员问了我这样一个问题：

"是不是所有的设备润滑油都必须加添加剂呢？"

我告诉他："是的。"

"那么润滑油添加剂有什么作用呢？"又有人这样问。

我又回答说："从设备润滑油添加剂的作用来说，它可以改善润滑油的物理性能和化学性质，前者是为了使润滑油中的润滑分子变形、吸附、增溶，后者是为了使润滑油和添加剂产生化学反应。"

"那么，从润滑油的机理来说，又要达到什么目的呢？"有位学员又问。

我接着说："从润滑油添加剂的机理来说，靠界面的物理和化学作用发挥润滑油在设备润滑工作中的使用性能；还要靠润滑油整体性质的作用达到对设备运动零部件润滑的目的。这就是设备润滑油添加剂的作用和机理问题。"

"明白了这一点，我们就会努力正确使用润滑油添加剂。"我又说。

常用设备润滑油添加剂的名称、性能和用途见表3-25。

表 3-25　常用设备润滑油添加剂

名　称	性　能	用　途
清净分散剂	把润滑油在高温使用过程中产生的胶质和积炭从设备运动零部件的摩擦面上清洗下来。它常常用来清除缸壁和活塞环上的漆膜和积炭，还可以将油中的胶质等分散在油中，防止产生大颗粒	汽油机、柴油机的润滑油
抗腐蚀添加剂	改善润滑油的抗氧化及抗腐蚀性能，延缓润滑油的氧化反应，延长润滑油使用寿命	内燃机油、液压导轨油、齿轮油、切削油等
抗磨添加剂	提高润滑油在高温下的润滑性能，保持设备运动零部件的润滑油膜，提高润滑油的抗磨性、抗烧结性，减少设备磨损	齿轮油、导轨油、重型机械轴承用油等
油性添加剂	在低温、低负荷下能牢固地吸附在金属表面而形成润滑油膜，减小摩擦因数，提高润滑性能	液压油、导轨油、主轴油、汽轮机油、齿轮油等
抗氧化添加剂	具有抑制润滑油氧化的作用，可延长润滑油的使用寿命	液压油、汽轮机油、变压器油、燃料油等
黏度指数添加剂	可在黏度较低的基础润滑油中加入这种添加剂，这样不仅可以提高润滑油的黏度，而且能增加润滑油的黏度指数，提高润滑油的黏度性能	内燃机油、液压油等
防锈添加剂	含有防锈添加剂的润滑油，能在金属表面形成防护膜，在金属表面起作用，防止金属生锈或腐蚀	防锈油、封存油、润滑防锈两用油、液压油、导轨油、汽轮机油、切削油等
降凝添加剂	能吸附石蜡结晶表面，从而防止低温下减缓润滑油石蜡结晶的形成，改善润滑油的低温流动性	可用于冷冻机油、变压器油、内燃机油、液压油等
抗泡沫添加剂	降低润滑油在工作中形成泡沫的稳定性，改善润滑油的起泡倾向，使润滑油面的泡沫快速破灭	汽轮机油、内燃机油、液压油等

3.8　设备润滑方式与方法

适时、适量、准确地向设备的运动零部件及摩擦件提供润滑油是设备润滑管理中最重要的工作。除了设备在运行工作中选择合适的润滑油品外，还应有科学、合理的润滑方法，以保证润滑油的可靠供给。

阿尔伯特·哈伯德在他的《自动自发》中有这样一段话："无论从事什么职业，都应该精通它。让这句话成为你的座右铭吧！下决心掌握自己职业领域的所有问题，使自己变得比他人更精通。如果你是工作方面的行家里手，精通自己的全部业务，就能赢得良好的声誉，也就拥有了一种潜在成功的秘密武器。"

3.8.1　润滑方式

设备润滑按润滑油的利用情况可分为分散式润滑和集中式润滑两大方式，而这两类润滑方式又可分为全损耗润滑方式和循环润滑方式。还可以根据设备润滑油品类型分为液体润滑（油液润滑）方式、半固体润滑（油脂润滑）方式、固体润滑（二硫化钼、石墨、聚四氟乙烯润滑）方式、气体润滑（喷雾润滑）方式等，如图 3-13 所示。

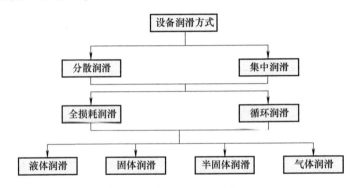

图 3-13　设备润滑方式分类

在各类型设备中，分散润滑方式主要是利用设备上的分散润滑点对设备的各个部位进行润滑。这种润滑方式包括了全损耗性润滑油不回收的润滑方式和循环润滑的润滑油回收方式。

我们常常使用油壶和油枪对设备的油孔、油嘴、油杯及设备的滑动表面进行手工加注润滑油的不回收润滑方式。在多种类型的设备上还经常采用油绳润滑、飞溅润滑、油浴润滑、喷雾润滑等循环润滑的润滑油回收方式对设备进行润滑。

集中润滑方式采用对不同设备上的润滑点分别操作手动润滑泵、半自动润滑泵及全自动润滑泵进行供油润滑。这种润滑方式常用于整台或成套设备及生产线设备的润滑。

集中润滑方式又分为全损耗性润滑油不回收的润滑方式、循环系统循环润滑的润滑油回收方式，以及静压润滑方式。

3.8.2　润滑方法

设备的润滑方法有液体润滑油润滑方法和脂类润滑油润滑方法两种。

对设备的液体润滑，一般内摩擦因数比较小，并且有润滑与冷却两种功能，清洗换油时不需拆开设备的部件，应用方便。其主要方法又分为间歇无压润滑、间歇压力润滑、连续无压润滑和连续压力润滑等。

脂类润滑常常用于在高压下工作的运动零部件的摩擦副，也适用于具有变动载荷、振动和冲击的设备。但是，由于润滑脂内摩擦因数高，因此在长期较高温度条件下工作时，润滑脂会因温度的影响而流失和变质以致丧失润滑脂的润滑性能。脂类润滑的主要方法同样有间歇无压润滑、间歇压力润滑、连续无压润滑和连续压力润滑等。

设备润滑方法分类如图 3-14 所示。

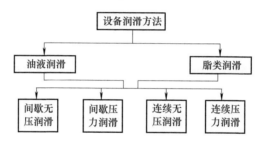

图 3-14　设备润滑方法分类

3.9　设备润滑状态监测管理方法

润滑油在使用过程中，性能将逐渐劣化，表现为酸值上升、黏度变化、颜色变化，以及防锈性、抗氧化性和消泡沫性下降。若继续使用已经劣化的润滑油，将会引起设备故障。因此，必须加强设备润滑状态的监测工作。

3.9.1　日常与定期润滑状态监测管理方法

（1）设备日常润滑状态监测　设备的操作人员在班前或班中检查加注润滑油时，应查看设备的润滑系统工作是否正常；设备维修人员、点检人员和设备润滑人员日常对设备进行巡回检查或点检时，要有重点地查看各类设备的主要润滑部位是否处于正常技术状态，排除设备的润滑缺陷和润滑故障。

（2）设备定期润滑状态监测　由设备维修人员、点检人员与设备润滑人员逐台全面检查设备的润滑技术状态，做出记录；出现设备润滑缺陷和故障要及时修理，使设备处于良好的润滑技术状态。对在用润滑油要实行定期抽样化验，按质更换和加注润滑油的监控工作和常态化工作。

在用润滑油的技术状态监测方法见表3-26。

表3-26   在用润滑油的技术状态监测方法

项　　目	监测方法	监测内容
外观	监测油品颜色，有无雾状、混浊、灰尘等	空气泡、水分、灰尘、油的劣化
嗅味	与新油品比较油品的味	油品的劣化
酸性度	pH值试纸	油品的劣化
斑点法	将油品滴在滤纸上，放置一定时间，监测浸润情况	油品的浸润中心若出现透明的浓圆点，即为磨耗粉末，表明油品已经劣化
热爆裂试验	在热钢板上滴油，观察是否有爆裂声音	水分
快速黏度检测	简易黏度计	黏度

对在用设备润滑油进行技术状态监测是设备润滑管理工作的重要手段之一。借助这种方法可以监测在用设备润滑油是否劣化，以此来确定合理更换润滑油的时间和周期。

3.9.2　规范润滑的条件

设备良好润滑技术状态应具备表3-27所列的条件。

表3-27   设备良好润滑技术状态应具备的条件

序　　号	内　　容
1	所有润滑部位要按照"六定"要求，即定人、定时、定点、定质、定量、定法加注润滑油
2	润滑系统各零部件无缺陷、无故障
3	润滑部位及零部件、传动件等润滑技术状态良好
4	润滑油不能变质、不能超劣化标准，要符合设备的润滑技术要求
5	不允许设备有任何滴漏润滑油的现象

3.10　设备润滑系统故障分析方法

3.10.1　常见设备润滑系统故障

设备在运行中，如果其润滑系统出现故障，就会造成设备润滑技术状态出现问题，甚至导致设备自身的性能和精度指标受到影响，更为严重的还会造成设备停止运行，给企业的生产造成不良后果。

设备润滑系统的故障主要可归纳为设计制造缺陷、使用保养不善、设备漏油、设备润滑系统故障、设备润滑系统老化等方面的因素。常见设备润滑系统的故障如图 3-15 所示。

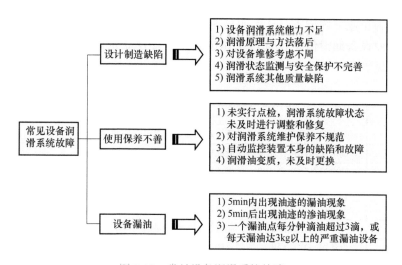

图 3-15　常见设备润滑系统故障

3.10.2　建立换油管理制度

根据企业的特点和设备类型的划分建立规范的更换润滑油管理制度，以这样的管理方法来保证设备的正常运行。表 3-28 列出了规范更换润滑油而实施的一些管理制度，即固定周期更换润滑油制度、人工静态状态监测更换润滑油制度和自动动态状态监测更换润滑油制度。

表 3-28　更换润滑油管理制度

序　号	名　　称	说　　明
1	固定周期更换润滑油制度	按照不同类型的设备所确定的固定换油时间更换润滑油
2	人工静态状态监测更换润滑油制度	用理化分析、目测诊断、专用仪器监测等方法，对润滑油进行监测
3	自动动态状态监测更换润滑油制度	将自动油质状态监测仪器安装在润滑系统中，对润滑油进行动态监测

3.11 信息化管理的设备润滑工作

利用信息化技术和互联网＋，通过对设备润滑油的技术分析，开展设备润滑技术状态监测，从而延长设备使用寿命；将定期更换润滑油改为按质更换润滑油，可为企业节约成本，从而明显地提高企业的经济效益。

在企业设备润滑信息化管理工作中，首先要建立企业设备润滑规范及相应的标准，见表 3-29。

表 3-29　设备润滑信息化管理的设备润滑标准

序　号	润滑标准
1	确定单项设备，以单项设备为基础制定同类设备的润滑标准
2	确定润滑部位，制定各润滑部位的润滑标准
3	确定设备的润滑环境，根据环境制定相对应的润滑标准
4	确定添加润滑油的方式，制定与之相对应的添加润滑油方式的标准
5	确定检查设备润滑周期，制定设备润滑周期标准
6	确定设备用润滑油牌号，制定相应的润滑油牌号标准
7	设备第一次加润滑油数量及相应标准
8	更换润滑油数量和更换润滑油周期标准
9	添加润滑油数量和添加润滑油周期标准

设备是企业赖以生存的物质基础，因此要搞好设备规范润滑精细化管理，对设备润滑实施现代化、科学化的管理，以保证设备的安全有效运行。认真开展设备规范润滑精细化管理的状态监测，并把这种规范的、精细化的管理建立在科学的基础上。相信在设备润滑油的分析上进行状态监测的技术，必将会更广泛地应用在企业之中。

> 彼得·德鲁克在他的《21 世纪的管理挑战》中有这样一段精粹的论述："核心优势就是能将企业的特别能力与顾客所重视的价值有机地结合在一起。"

不断地进行技术创新是企业保持长久市场竞争优势的重要途径。企业只有把"技术领先"这个企业发展的核心竞争力放在首位，才会立于不败之地。做好设备管理和设备技术工作的方方面面，包括设备的润滑、润滑管理及设备润滑的各项技术指标，就能保证设备的正常运行，就会给企业生产出高质量的产品提供保障。

第 4 章

设备技术状态规范管理

一个能够真正面对市场经济的企业，它一定会把设备管理的新理念、新方法贯穿到整个系统工程中，并把设备的技术状态规范管理与时俱进，放在提升企业设备管理工作的重要位置上。

设备技术状态是指设备所具有的工作能力。它包括设备的性能、精度、效率、运行参数、安全、环保、能源消耗等所处的状态及变化情况。设备的工作能力是评价设备技术水平的一种尺度，它包括输出参数和保证完成输出参数的能力。

设备技术状态规范管理，就是通过对设备的点检、检查、监测等手段，收集、分析和处理设备技术状态变化的信息，及早发现或预测设备功能失效和故障，适时地采取维修或其他应对手段，将设备功能缺陷和故障消灭在萌芽之中，以保证设备处于良好的技术状态。

设备是企业为满足生产产品的工艺要求，或者是为完成工程项目的预定功能而配备的，设备的技术状态将直接影响生产产品的质量、产量和成本等经济指标的实现。设备不仅体现它在企业生产中存在的价值，而且是企业生产产品能否正常进行的重要基础条件。

说到设备技术状态规范管理，就会很自然地想到设备的点检、设备的状态监测和设备的故障诊断技术。

> 大师管理经典《组织生存力》中吉姆·库泽斯说："我发现，优秀的管理者总是在围绕'如何为顾客创造价值'这一问题来开展工作，他们所做的一切，都是为了帮助顾客创造价值。"

我们讨论现代设备技术状态规范管理，是为了研究企业如何使设备发生最少的故障，而发挥最大的可利用价值，制造出顾客满意的产品。设备点检、设备状态监测和设备故障诊断技术正是为了满足设备技术状态规范管理这一企业设备现场管理的重要内容，不要忘了，我们搞这项工作就是为了企业生产出合格的产品，就是为了企业的顾客。

设备点检是为了维持设备原有的性能，按照设备的特性，通过人的"五感"和监测仪器，按照预先设定好的技术标准和监测周期，对设备规定的部位或者规定的点进行精心的、逐项的周密检查，查找这些"部位"或者"点"有无差错现象、有无缺陷和隐患、有无劣化或不良部位，使其得到早期发现、早期预防、早期修复。日常点检是以人的"五感"为主进行监测和检查的，而定期点检除了用人的"五感"进行监测和检查外还要用仪器进行监测和检查。

设备的状态监测就是利用相关的监测仪器对正在运行的设备整体或局部进行监测，掌握设备的磨损、劣化、腐蚀的程度，对设备在运行过程中物理现象的变化进行的监测和检查，或者对设备的某种情况而采取的一种预防性措施。状态监测是对设备实施状态维修的基础，目的是随时监视设备的运行状况，以防止设备突发故障，掌握设备的劣化规律，合理安排设备的维修计划，以确保设备的正常运行。

设备的状态诊断技术是在设备运行中，定量地把握设备的性能、强度和劣化状态等，并以当前设备的性能、强度和劣化状态等为基础，对设备的可靠性、安全性和设备寿命进行预测，掌握设备的运行状况，判定设备所产生故障的原因和部位，预测或预报设备未来状态的一种技术。在设备诊断中，为发现设备异常现象，要监测和检查的项目有设备的振动、声音、传热、温度、压力、电压等。

设备点检、状态监测、故障诊断技术是为了改进设备的管理手段，完善设备的维护保养制度，提高设备的完好程度而产生和发展起来的。对设备点检、状态监测、状态诊断技术的管理，实际上就是实施对设备状态规范管理的重要手段和主要内容。

设 备 点 检 案 例：

写到这儿，我突然想起几年前的一件事，有一位在化工厂搞设备点检和状态监测的员工这样对我说："我们天天与设备打交道，天天对设备进行点检，进行状态监测和故障诊断，多少年了，从未间断过。可企业领导重视的是生产，每天抓的是生产，对我们从不过问，也不知道我们这样做，领导是不是能认可？是不是也能为我们证明点什么？"

我们是在为设备的技术状态而工作，实际上就是在为设备所具有的工作能力，包括设备的性能、精度、效率、运动参数、安全、环保、能源消耗等所处的状态及变化状况而工作着、忙碌着，我们应当为此而感到自豪。

> 阿尔伯特·哈伯德在他的《自动自发》中有这样一段话："也许某些行业中的某些工作看起来并不高雅，工作环境也很差，无法得到社会的承认，但是，请不要无视这样一个事实：有用才是伟大的真正尺度。"

4.1 设备技术状态管理的实践

设备技术状态规范管理，实际上就是随时掌握设备在运行中状态变化的综合管理过程，使设备在运行中不会因为设备技术状态的变化造成故障停机，同时要使设备的维修达到及时和经济最佳化。

4.1.1　设备技术状态管理及案例

企业发展的一个重要标志就是设备的技术进步，现代化企业正朝着集机械、电子、液压、光学、信息科学、计算机技术、材料科学、生物科学、管理学等最新成就为一体的方向发展，企业更加注重精密化、信息化、全球化、智能化、绿色化、服务化。设备的这些变化对于提高企业生产产品的质量，提高企业生产率，降低企业生产成本都起到了积极作用。但另一方面，设备一旦发生故障，即会给企业造成停工、停产，其经济损失要比过去低生产水平时大得多。因此，为确保企业各类设备的安全运行，提高设备的可靠性，就必须加强设备的运行管理，加强对设备故障的早期诊断和预防。要用变革的思想把设备技术状态规范管理渗透到我们的现代设备管理工作之中。

> 彼得·德鲁克在《下一个社会的管理》中说："要成功地管理变革，最有效的方法是主动创造变革。"在《管理的实践》中又说："企业的技术变革越不显著或突出，整个组织墨守成规的可能性就越大。"

每个企业都要不断地主动创造变革，因为只有不断变革和创新，企业才能保证永葆青春。墨守成规，实际上就是自己给自己"挖坑"，掉到自己"挖"的"坑"中是有苦说不出的，因此，企业必须时刻强调变革和创新。

设备技术状态管理案例：

我曾经看到过这样两个企业，各自有一个设备管理与设备维修团队。一个团队没有认真地、真正地进行设备点检、设备状态监测和深入地进行设备故障诊断，在设备维修工作中完全扮演着"消防队"的角色，设备的使用单位在电话上或者局域网络中一经报出设备发生故障的信息，设备维修人员就会立刻赶赴生产现场抢修设备。如果多台设备同时或在相近的时间段发生故障，那么"救火"就来不及了，只能"排队"等候"灭火"了。

而另一个团队，由于企业认真开展了设备点检、设备状态监测和深入地进行设备故障诊断，并且把它们落在实处，设备的故障率大大降低了，做到了设备的状态维修、预防维修、事后维修很好地结合起来。设备一旦发生故障，通过信息化管理有序地进行修理，企业的生产运行始终处于良好状态。

4.1.2　设备技术状态管理效能

设备技术状态规范管理效能见表4-1。

表 4-1 设备技术状态规范管理效能

序　号	内　　容
1	防止设备突发故障和设备事故的发生，建立各类型设备的维护标准，在设备维修体系中开展对设备的预防维修、状态维修和可靠性维修
2	以求得到科学的、合理的确定不同类型设备的修理间隔期，同时确定设备的各项修理内容
3	科学预测设备的各部件及主要零部件的生命周期，按照对设备备件管理的要求，搞好企业设备备件的采购、仓储、生产和管理
4	通过对设备的点检、设备的故障诊断信息，来认真评价设备的安装、调试、验收后的质量以及设备本身的出厂质量，为改善和改进设备的设计、制造、安装、调试工作，同时也为提高设备换代产品的质量提供科学、有实用价值的依据

4.1.3　设备技术状态管理实践

（1）设备技术状态管理与设备管理　设备技术状态管理不仅要对设备缺陷、设备不良或设备故障进行识别和鉴定，同时包括对设备定量测定的各种信息数据进行科学分析和预测，必须与设备生命周期的全过程联系起来。如果只抓住某一特定时间和环节的设备缺陷、不良或故障，很难做出对症的诊断。要根据设备全过程规范管理的理论把设备整个生命周期作为设备技术状态管理的范围。

设备技术状态管理，不是只把设备管理中的一般技术综合起来，而是要发挥设备管理中全系统的作用，把历史上收集的设备技术状态数据以及与之相关的所有数据都储存起来，要利用这些大数据对设备缺陷、不良或故障做出诊断，做好设备生命周期各个环节的管理工作。

彼得·德鲁克在他的《创新与企业家精神》中这样说："从数学的角度而言，'杯子是半满的'和'杯子是半空的'这两句话没有本质的区别。但是，它们的含义却是完全不同的，因此，所导致的结果也完全相反。如果一般的认知从认为杯子是'半满的'转变为'半空的'，那么这里就孕育着重大的创新机遇。"

彼得·德鲁克在这里把"杯子是半满的"转变为"杯子是半空的"，来激励人们去找出差距，去发现创新的机遇。我们在这里引用这句话，是想说明要注重设备技术状态规范管理，就要注意发挥全系统的作用，把过去收集的数据储存起来，这些大数据是说明问题的依据，是找到问题的依据，不能只顾当前的数据，要把"半满的"转变为"半空的"，来把我们的设备技术状态管理搞好。设备技术状态管理工作做好了，也就充实了我们的设备管理工作。

设备技术状态管理案例：

我最初是做数控设备维修技术和精密设备维修技术工作的，这项工作我做了三十年。由于工作上的习惯，我每次对设备排除完故障，都要认真做好对该设备全过程维修的记录，把已经修理好的设备从"设备故障现象""设备故障分析""涉及的设备参数"到"排除设备故障"等都分条、分类认真地记录下来。

这些设备维修记录和数据给我后来的设备维修、设备管理工作带来了极大的便利，特别是给后来企业进行的设备技术状态监测提供了大量理论数据，为企业六西格玛管理、全面生产维护管理带来了重要数据和理论依据，效果极其明显。

（2）设备生命周期各阶段技术状态的管理工作　设备技术状态规范管理工作可以用于设备生命周期的各个阶段。这些阶段具体划分为：规划、设计、制造阶段；安装、调试、验收、试运行阶段；使用、维护保养、修理阶段；技术改造、报废、更新阶段，如图4-1所示。要注意的是，设备生命周期各阶段技术状态管理均可以进行量化测量或检测。

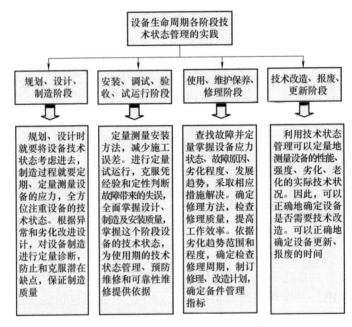

图4-1　设备生命周期各阶段技术状态管理框图

设备技术状态规范管理一定要注重设备数据的收集、整理、储存和不断的充实、完善，以此来达到设备技术状态规范管理的目的，完善设备管理工作。

（3）设备技术状态工作的实践步骤　设备技术状态工作的实践步骤见表4-2。

表 4-2　设备技术状态工作的实践步骤

序　号	步　骤
1	明确企业各类设备的技术状态、工作条件、工作环境、使用情况和在生产产品中的位置
2	明确点检、状态监测、故障诊断的设备，根据企业自身的条件和特点，先在典型设备上进行试点，经试点总结经验后，逐渐推广到其他设备
3	明确设备需要点检、状态监测、故障诊断的点，测定设备参数和基础数据，确定设备的点检周期、状态监测周期以及故障诊断周期
4	根据设备点检、状态监测、故障诊断的内容，明确对设备的监测方式和测量方式，选取合适的方法、手段和仪器对设备进行技术状态监测
5	建立设备点检、状态监测、故障诊断的组织机构、团队和计算机网络信息化系统，设计和制定记录报表管理程序、工作规范及工作责任制等
6	对相关人员进行技术培训，使设备的点检人员、操作人员、技术状态监测人员和管理人员、维修人员按不同程度的要求，学习和了解设备的性能、结构及设备的点检、状态监测、故障诊断技术，以及设备的点检、状态监测、故障诊断仪器的规范使用、维护、保养等
7	总结设备技术状态规范管理工作中的实践经验，不断摸索各类设备零部件的工作规律、设备机理和技术状态的最佳监测方法
8	进行设备的可靠性、维修性研究，为设备的制造厂商提高设备的可靠性、维修性设计，不断提高质量，提供科学依据，为不断提高设备技术状态水平、拓展设备的应用范围提供具有实际意义的依据

4.1.4　设备技术状态管理的发展

设备技术状态监测可分为设备点检、"五感"监测、便携仪器监测、在线监测、远程监测、简易诊断和精密诊断。

设备技术状态管理的发展见表4-3。

表 4-3　设备技术状态管理的发展

时　间	维修方式	内　容
20 世纪 60 年代以前	事后维修为主	设备的技术状态以定期检查为主
20 世纪 60 年代中期 ~ 20 世纪 80 年代中期	技术状态监测	• 对设备运行状态采用简易诊断技术，以诊断设备运行状态是否正常的简单状态监测 • 定量监测设备技术状态，预测设备异常现象对设备正常运行的影响 • 状态监测和诊断的方法有震动法、油磨屑分析法、声响法、压力法、应力测定法、流量测定法、红外诊断技术、声发射法等 • 开展信息处理技术，利用模型分析监测信号，对设备异常或故障的特征信息，提取特征值，检测设备异常或故障 • 现代信号处理技术引用到设备技术状态管理，以信息处理技术为基础，构成了现代设备技术状态管理及故障诊断技术

（续）

时　　间	维修方式	内　　容
20 世纪 80 年代以后	人工智能理论	以信息处理技术为基础的传统设备状态监测技术逐渐向基于智能监测技术方向发展
2000 年以来	设备高速化、自动化和网络信息化	监测设备故障征兆的发生与发展，诊断设备故障的原因、部位、程度，采取措施防止和控制设备突发故障的出现

4.2　设备技术状态检测管理

对设备技术状态检测，实际上是对设备运行状态的动态规范管理方式，这种方式显现出了设备管理工作中的一种科学的管理方法。

> 彼得·德鲁克在他的《动荡时代管理策略》一书中说："预测未来是自找苦吃，打理好手头上最有前途的事情，比什么都重要。"

对任何工作都要脚踏实地，要用心做好每一项工作，就一定会在自己的工作中取得成功，取得成就。

4.2.1　设备技术状态检测和分类管理及案例

对设备的检测，实际上就是对设备的运行参数、工作性能、功能指标等进行检查和测量，以便掌握设备技术状态的变化、劣化程度和规律等，并针对设备出现的问题及时进行改进和维修工作，提高对设备故障的维修质量和缩短对设备故障的维修时间。

设备技术状态检测管理案例：

我在某些企业见到过这样一种现象，设备维修人员没有真正理解设备技术状态监测的目的，而把它作为一种形式，把应当检测的设备运行参数性能等项目照抄以前的数据。

在一个企业还出现过这样令人深思的事情。检查工作的那一天是星期二，可是在公示的设备技术状态巡检表中，星期三的巡检工作已经做完并且全部标记为巡检到位完成了、合格了，还签署了姓名。当我指着这个巡检表要大家看时，企业陪同的检查人员非常尴尬，但不知当时他们是怎么想的？

这样的设备技术状态检测的巡检工作起到的作用是什么呢？这种虚伪的、造假的做法给企业正常生产带来的后果又是什么呢？后果的责任又有哪一位来承担呢？我们的企业形象又是什么呢？

是自欺欺人？还是作秀？还是有什么其他的目的？这是不是值得我们每一位设备管理工作者认真思考呢？

我们应当把设备技术状态检测作为设备的基础管理工作，一定要落到实处，并且建立起严格的考核和监督制度，要让每一位员工都知道设备技术状态检测的重要性。

设备技术状态检测管理的分类方式见表4-4。

表4-4 设备技术状态检测管理的分类方式

分 类	检 测	内 容
按检测时间间隔分类	日常检测	由设备操作人员或设备专职维修人员及设备点检人员每天对设备进行使用维护的一项重要检测工作。目的是及时发现设备运行前及运行中的异常和故障，并予以排除
	定期检测	在设备操作人员的参与下，由设备专职维修人员或者设备点检人员按计划定期对设备的性能、参数、精度等进行全面检查和测量。发现的问题除当时能解决或排除的外，均应作为制订检修计划的依据
按技术功能分类	功能检测	对各类型设备的各项性能或功能的检查和测定。也是为确定设备是否能实现一种或多种功能而进行的定量检测
	精度检测	对与精度有关的各类设备及对这些设备生产的产品实际精度进行检查和测量，目的是确定这些设备精度的劣化程度，为设备的调整、修理、验收、报废、更新提供依据，以保证生产产品的质量

4.2.2 设备技术状态点检管理

设备点检管理的目的是对设备进行认真的检测、诊断，尽早发现设备的缺陷、隐患和劣化或不良部位，判断并排除设备隐患。一旦发生设备故障，要尽快确定对设备的修理内容和范围，编制出工程实施、备件供应等精确合理的设备维修计划，这也是设备规范管理最基本的要求。

设备点检管理流程如图4-2所示。

当前，开展以设备点检为基础，以设备状态监测为手段的状态维修是设备管理和设备维修方式改革的方向。在设备使用时期，维修管理是设备管理的主要内容，为了克服预定周期的弊端，应采取状态维修。状态维修的基础是对设备进行点检，掌握设备状态，为维修工作提供有价值的依据。

（1）设备点检规范管理的特点 设备点检规范管理的特点见表4-5。

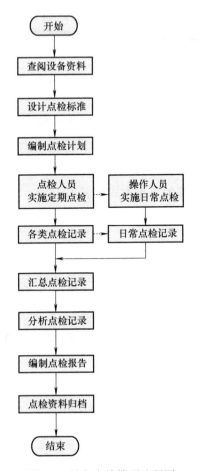

图 4-2　设备点检管理流程图

表 4-5　设备点检规范管理的特点

序　号	特　　点
1	设备管理思想的一种转变
2	以管理为主，实现设备操作人员参加及企业全员管理的目的
3	实现设备维修的最佳化目标
4	标准化的设备基础管理和设备维修方法

（2）设备点检分类　点检是针对设备运行时影响产品质量、产量、成本以及影响安全、环境、员工健康的设备相关部位进行点检，即确定对设备点检的项目及检查内容。开展对设备的点检工作，首先要制定设备点检标准和设备点检表。

设备点检标准应列出设备的点检项目、部位、参数、周期、方法、工具、仪器，以及点检的判断标准、处理意见等，作为开展对设备的日常点检和定期点检的规范和依据。

设备点检表是根据设备点检标准制定的一种设备检查记录表，设备检查人员及专职或兼职点检人员按规定对设备的检查部位、要求的内容、规定的方法和规定的时间进行规范点检。

有些企业已经把设备点检用网络信息化进行管理，因为他们认识到设备点检管理是一种及时掌握设备运行状态，指导设备状态维修的一种严肃的科学管理方法，点检建设的工作重点是实现对设备管理标准化、规范化、信息化。

设备点检网络信息化案例：

图4-3所示为设备点检采用网络信息化的一个案例。从现场点检工作开始，通过点检仪器上传并做好缺陷记录、抄表记录、温度记录、振动记录、到位记录、漏项记录等，再通过接口传至设备点检管理系统中心进行超标数据报警处理、工时统计、工作记录，生成设备状态日报表等，然后进行趋势图分析、频谱分析、缺陷分析等。这些点检工作所对应的是点检标准、点检项目、点检路线和点检区域。

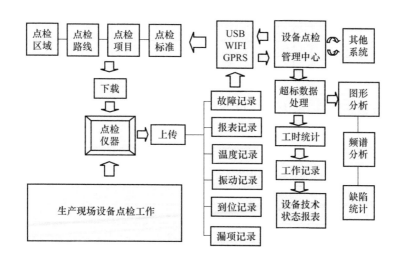

图4-3 网络信息化点检系统案例

设备点检分类如图4-4所示。设备日常点检表的格式见表4-6。

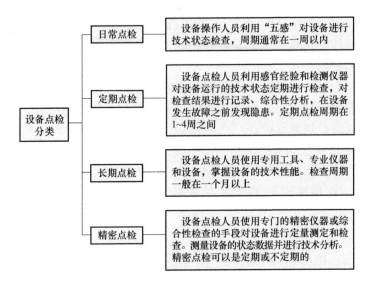

图 4-4　设备点检分类框图

表 4-6　设备日常点检表

填写日期：　　　年　　月　　日

设备名称	设备型号		设备编号		使用单位		点检人员		
序号	点检部位内容				点检日期及记录				
1		1	2	3			28	29	30	备注
N										

负责人：

（3）设备点检的主要环节　设备点检的主要环节见表4-7。

表 4-7　设备点检的主要环节

序　　号	点 检 环 节
1	确定点检设备和设备中检测的点
2	确定设备点检项目
3	设计设备点检标准
4	确定设备点检类型
5	确定设备点检周期
6	确定设备点检方法
7	确定设备点检条件
8	确定设备点检人员

（续）

序　号	点检环节
9	设计设备点检表
10	进行设备点检记录
11	进行设备技术状态分析
12	进行设备点检管理工作，规范设备点检管理
13	进行设备点检人员的素质教育和技术培训、管理培训工作

设备点检制度是企业推行设备预防维修的基础工作和最基本的设备管理手段。如何有效地展开设备点检工作，是设备管理人员需要重点关注的工作。随着推行设备信息化管理的深化，对于某些企业来说，要从对设备完全的事后维修模式转移到状态维修模式，或者是预防维修、状态维修、事后维修三者结合的模式上来。

设备信息化系统中的点检子系统，可以提供一整套的设备点检方案，即可以提供离线式的手持设备巡检方法，也可提供在线式、免到现场式的数据采集方法。并且随着检测手段的不断提高，新的检测方法将不断涌现。

手持式点检仪支持点检部位提醒、自动采集等；可输出异常告警、漏检提醒等数据报表。当前，设备信息化管理系统的点检子系统的主要内容见表 4-8。

表 4-8　点检子系统的主要内容

点检内容	具体含义
点检标准	建立设备点检部位的点检规则，包括标准值、最低值、最高值、点检周期
点检设置	设置周期、部门、观察码等设备点检的基础数据
点检路线	设置点检路线，可点检多个区域、设备、点检部位
点检计划	系统根据点检周期，生成点检计划表，下载到点检仪上，指导点检位置
点检记录	点检结果，在线传入系统形成点检记录，也可点检后手工导入或录入系统

某些企业在进行设备点检工作时常常出现一种现象，特别是对设备的日常点检还没有进入信息化系统时，企业的设备管理部门不知是管理不到位，还是不闻不问，或者只是做做样子。看得出，点检表中规定点检的项目都是坐在办公室里完成的，因为通篇的"√"都是连续集中画出来的。这种自欺欺人的做法只能是坑了企业、害了自己。

阿尔伯特·哈伯德在他的《自动自发》中有这样一段叙述："职业是人的使命所在，是人类共同拥有和崇尚的一种精神。从世俗的角度来说，敬业就是敬重自己的工作，将工作当成自己的事，其具体表现为忠于职守、尽职尽责、认真负责、一丝不苟、善始善终等职业道德，其中柔和了一种使命感和道德责任感。这种道德感在当今社会得以发扬光大，使敬业精神成为一种最基本的做人之道，也是成就事业的重要条件。"

4.3 设备技术状态监测管理

设备技术状态监测是对设备整体或局部在运行过程中物理现象的变化进行的检查和测量。目的是随时监视设备的运行状况，监控设备异常，防止突发故障，掌握设备劣化规律，合理安排设备维修计划，确保设备的正常和安全运行。

4.3.1 状态监测方法与案例

设备技术状态监测分为设备主观技术状态监测和设备客观技术状态监测两种方法，这两种监测方法中分别又包括了在线设备技术状态监测和离线设备技术状态监测。具体的设备技术状态监测方法如图 4-5 所示。

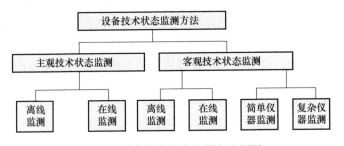

图 4-5　设备技术状态监测方法框图

（1）设备主观技术状态监测方法　设备主观技术状态监测方法是以人的经验为主，通过人的"五感"直接观察设备当前的技术状态，是凭感官经验主观判断设备当前技术状态的监测方法。

设备的操作人员、维修人员、检查人员或设备的点检、巡检人员对设备故障征兆和现象，通过自己的感官可以看到、听到、闻到、摸到、尝到（加工食品设备）。设备的管理人员应与设备的操作人员和设备的维修人员沟通，了解设备的技术状态，多方面了解、观察、分析、判断设备的缺陷、隐患、劣化或不良症状，从设备的先天素质、生产工艺过程、被加工产品的质量、设备磨损及老化状况、设备维修情况及水平、设备操作人员技术水平以及设备周围环境因素等诸多方面进行综合分析和判断，防止设备突发故障。

设备主观技术状态监测的经验是各行各业的设备管理工作者和设备技术人员在长期的生产活动中逐渐积累起来的。他们对这些设备掌握了许多经验式监测的方法。

设备技术状态监测管理案例：

记得在一个机械制造企业，我看到一位师傅正在一台小型立式加工中心设备的主轴箱旁边，手握一把螺钉旋具在主轴箱上的几个点认真地用耳朵放在螺钉旋具把上来回地听着什么。我看着他听了一会儿，放下手中的螺钉旋具，看着这台设备好像还在想着什么。这时，我走了过去，问这位师傅："您好！您听到了什么？"

这位师傅看了看我，友好地说："您好！"

然后他走近我，说："我听了这台设备主轴箱上的几个点，听上去声音有些问题。"

"主轴有问题了？"我看了看这位师傅，又看了看还在运行的设备后问。

他点了点头，回答我说："是的，主轴轴承有些问题，尽管声音稍微有些变化，如果不及时修理的话主轴就要出问题了。"

由于在这方面我也有一些经验，于是我又问："你这么肯定？"

他非常自信地点了点头，并指着主轴对我说："这个主轴是三点支承，应当是主轴末端轴承出了问题。"

我当然知道，从技术角度来说，主轴上几个支点的轴承只要任意一个轴承出了问题，全套轴承都得进行更换。

这时，这位师傅对我礼貌地说："我得回去查一查库房里有没有这类轴承，需要马上更换了。"他又对这台设备的操作人员说："等正在加工的产品加工完成后就把设备停下来，待我来后对设备进行修理。"

利用这段时间我又去看看其他设备，一个多小时后，我又来到这台设备的现场，看到刚才那位师傅和另外一位设备维修人员已经将主轴拆卸下来了，操作人员打下手。我走进这台设备的主轴，看到果然是那个轴承出了问题，维修人员正在利用相关仪器和工具对主轴进行更换新的轴承。

这个案例告诉我们，由于对设备进行了点检，甚至是非常传统的经验式的"五感"点检方法，尽管如此，还是早期发现了设备隐患，又及时对设备进行了修理，没有造成大的设备故障，使这台设备很快又投入了生产。这就是对设备规范点检加上有经验的点检人员带来的设备管理的魅力和企业效益。反之，这台设备如果没有发现问题，那么，后果将会发生较大设备故障和更长的设备修理时间，企业受到的损失会更大，花费的费用会更多。

（2）设备客观技术状态监测方法 设备客观技术状态监测方法是利用各种工具、量具、复杂仪器对设备的技术状态进行监测的方法。

无损检测技术是不损伤被检查设备的部件、组件和零件或者设备结构构件的前提下，检测其内部或外部缺陷的技术，具体内容见表4-9。

表4-9　设备客观技术状态的无损检测技术

序　号	检 测 技 术	序　号	检 测 技 术
1	超声波检测技术	6	γ射线扫描技术
2	射线探伤检测技术	7	油液检测技术
3	渗透检测技术	8	温度检测技术
4	磁粉检测技术	9	声音检测技术
5	涡流探伤技术	10	振动检测技术

现在还出现了许多专业性较强的设备技术状态监测仪器，如智能振动数采分析仪、自动故障诊断仪、现场动平衡仪、激光对中仪、红外热像仪器、水分仪、差压仪、转速仪、检漏仪、铁谱分析仪、闪频仪、轴承检测仪等。

简单的设备状态监测工具和仪器有：各种测量长度、直径、间隙的尺类，以及温度仪、听诊器、内窥镜、测振仪器等。用这些工、器具直接接触被监测物体的外表面、内表面，获得设备零部件的磨损、变形、间隙、温度、振动、损伤等缺陷、隐患、劣化或不良现象的信息。

4.3.2　状态监测的实践与案例

状态监测的实践及具体内容见表4-10。

表4-10　状态监测的实践及具体内容

监测方法	内　容	分　项
直接监测	"五感"监测，凭经验判断设备的技术状态；借用简单的工具、测量仪器进行监测	人的"五感"、听诊器、点温仪等
温度监测	设备在运行中出现温度异常的状态监测	接触型：用温度计、热电偶、测温笔等简单仪器直接接触设备零部件被测表面进行技术状态测量
		非接触型：用红外点温仪、红外热像仪、红外扫描仪等仪器进行遥控监测
振动和噪声监测	用监测仪器对设备在运行过程中的连续振动和噪声进行监测，也可用噪声计量计、声级计单独测量噪声	进行总的噪声或振动强度的测定，初步判断设备是否有故障
		进行频谱分析，进一步判断设备故障发生的具体位置
油液监测	润滑油在设备中循环或不循环地流动，必然会携带设备零部件运动状态的大量信息，这些信息可以提示设备零部件磨损类型、程度的技术状态	用铁谱分析仪、光谱分析仪等对设备进行技术状态监测

（续）

监测方法	内　容	分　项
泄漏监测	液体或气体从设备上的管路、装置出现的裂缝、空隙逸出或进入，进行测量	简易监测：用肥皂水、氨水监测设备的常用液体、气体管道有无泄漏
		仪器监测：利用氧气浓度计、超声泄漏探测仪等对设备的管道有无泄漏进行监测
裂纹监测	各类仪器监测	用渗透液、磁性探伤、超声波等方法对零部件是否出现裂纹进行监测，X光射线监测零部件大面枳裂伤。声发射技术、涡流检测法监测零部件的裂纹
腐蚀监测	用腐蚀检查仪器监测	对易腐蚀的设备进行腐蚀状况监测

▲ 设 备 技 术 状 态 管 理 案 例：

对设备技术状态监测的设备或仪器，以及相应的设备和仪器的用途、使用方法等，设备管理人员要清楚，否则可能会出现概念性的错误。

有一次，在一个机械加工制造企业，在陪同人员的带领下，我到设备部门的冷却液配液站，去看那里的工作情况。

我看到一台正在工作的处理冷却液的设备，问陪同的设备管理人员："这台设备是干什么用的?"设备管理人员和这台设备的操作人员几乎同时回答我："这是一台冷却液再生设备，生产现场使用过的不合格的冷却液经这台设备再生处理后，即可继续使用。"

这台设备是我熟悉的设备，它并不是一台冷却液再生设备，因为它不能改变冷却液的化学成分，而只能将冷却液进行技术状态监测后把没有变质、含有杂物和赃物的冷却液在这台设备上过滤一下，即采用物理的方法使冷却液的清洁度达到标准后，继续在设备上使用。"再生"并不是它的功能。

随后我纠正了他们的提法。

这个案例告诉我们，设备管理人员和监测设备及相应设备的操作人员要清楚监测设备及相应设备的作用是什么，对监测的对象最终达到什么样的目的，一定要非常清楚，否则会给企业带来不必要的损失。

4.3.3　状态监测管理与案例

（1）设备检测　对设备上影响生产产品的质量、产量、成本、安全和设备正常运行部位的技术状态进行日常点检、定期点检、长期点检、精密点检等，及时发现设备的异常状态，并对设备及时进行修理或技术处理。

设备检测是为了掌握设备的实际技术状态和完好状况而进行的检验和测量工作。它包括设备到货检查，预防维修检查，安装、调试和修后验收检查，设备使用期内的一切检查。

（2）设备监测 利用相关的监测仪器全面地、准确地把握设备的磨损、老化、劣化、腐蚀的部位和程度，以及其他状况而采取的一种预防性措施。设备监测是实施状态维修的基础工作。

对设备进行日常点检、定期点检、长期点检、精密点检，是为企业了解设备在产品生产过程中的技术状态的行之有效的作业方法。采用状态监测及诊断技术来预防设备故障、设备事故的发生，并以此为设备的状态维修、可靠性维修提供明确、可靠的依据。

设备技术状态监测表见表 4-11，可供参考。

表 4-11 设备技术状态监测表

序号	设备编号	设备名称	设备型号	投产时间	制造厂商	使用单位	点检监测	简单工具监测	复杂仪器监测	监测时间	备注
1											
⋮											
N											

监测人：

企业要培训专职设备技术状态监测的技术人员，合理选择监测工具、量具、仪器和方法，经试验后付诸实施。实施中，要责任到人，要有规范，要制定出企业每台设备的技术状态监测登记表，见表 4-12，可供参考。

表 4-12 设备技术状态监测登记表

设备编号		设备型号		使用年限		使用单位		监测人员	
序号	监测内容		监测要求		监测方法		监测结果		备注

监测人： 监测时间：

◤ 设 备 状 态 监 测 管 理 案 例：

设备技术状态监测在企业设备管理工作中是一项不可缺少的重要工作，是企业设备管理的一项重要内容。但是，在我去过的某些企业，他们还认识不到这一点，仍然把大量的时间花费在对设备的事后维修上。或者状态监测只是做了很肤浅的工作，"消防队员"当习惯了，不愿意或不习惯投入一些资金对设备实行真正意义上的"状态监测"，特别是对企业的重点设备或关键设备实行状态监测。"状态维修"还缺少概念、缺少信心、缺少决心！

转变观念，走真正意义上的状态维修、可靠性维修的规范管理的路，是摆在我们企业面前的一个重要课题。走状态维修、预防维修、事后维修三者相结合的路是企业设备管理的一种好方法。

（3）设备在线监测　化工、石油、煤炭、冶金、矿山、电力等行业，由于生产工艺连续，组成成套设备流水作业，要求设备的可靠性高，因此，这些行业已经广泛应用设备的诊断技术，在这些行业中，很多企业都采用了设备在线监测诊断系统。

机械制造等行业，也已经或正在逐步地将现代设备诊断技术及现代设备在线监测诊断系统用于它们的机械设备上。无可争议，设备的在线监测诊断系统已经是企业设备管理工作不可缺少的重要技术手段。

> 彼得·德鲁克在他的《巨变时代的管理》中说："善于利用结构性趋势的人很容易获得成功。如果想要对抗趋势，不仅极其困难，也是毫无前途的。"

图4-6所示为计算机控制在线监测设备技术状态框图。图4-7所示为设备的在线状态监测与故障诊断系统组成的示意框图。

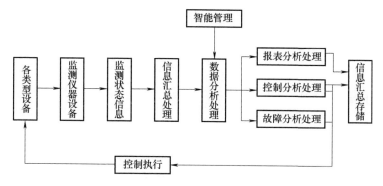

图4-6　计算机控制在线监测设备技术状态框图

由于大型设备和重点或关键设备对企业的生产影响非常大，因此对这些设备实施在线监测诊断的要求要比一般设备高一些。设备在线监测技术状态诊断的特点见表4-13。

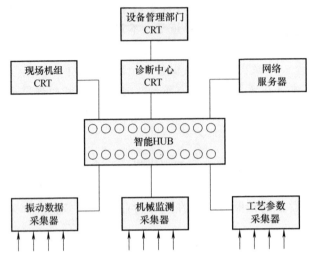

图 4-7　在线状态监测与故障诊断系统组成示意框图

CRT—显示器　HUB—插孔

表 4-13　设备在线监测技术状态诊断的特点

序　号	特　　点
1	监测的设备数据有振动量、噪声、轴位移、相关的工艺参数等
2	配备全息谱小波分析技术等多种信号分析法
3	较强的数据库管理和分析能力
4	网络功能，形成网络化分布式在线监测诊断系统
5	各类数据采集器对所监测设备的各个监测点进行检测
6	设备监测点的数据按时间自动存入数据库，以滚动压缩模式进行存储
7	设备的诊断中心利用软件对所监测设备的各种数据进行分析和预报

电动机在线监测管理案例：

　　对大中型电动机进行状态监测和故障诊断时，采用电动机在线综合诊断系统可通过在线监测的电流、电压数据，诊断电源品质、电压与电流谐波、定子电气与机械故障、转子条故障、气隙故障，还有电动机的轴承故障、对中与平衡故障、驱动装置故障等。这个诊断仪器小巧手持，自动化操作，可自动识别电动机的转速与极频，软件自动确认转子条与定子槽隙数目。输入轴承型号，软件即可自动确认轴承故障，自动确认电动机的静态与动态磁偏心问题。

　　目前电动机在线综合诊断系统可利用智能诊断进行交流电动机转子故障分析、交流电动机转子气隙与磁偏心分析、交流电动机定子分析、变频装置故障分析、耦合与负载机械特性诊断（对中、平衡、轴承、齿轮、松动等）、直流调速系统故障分析、同步电动机诊断、直流电动机电枢诊断、电源供电品质分析等。

电动机在线综合诊断系统具备了电流、电压分析技术，采取电压与电流同步频谱分析，进而细化区分机械、电气、供电故障。还具备了全面电量分析功能，记录多种电参量，软件直接出具报告，对供电品质、运转工矿全面评估。

针对信息化管理系统中的设备状态监控，有些企业将管理执行系统和状态监测所提供的信息进行整合，对设备运行状态、生产运行及设备技术状态的异常报警和绩效考核指标进行实时展示，采用多种模型进行逻辑运算及分析，根据异常报警和分析结果自动在执行系统触发后续工作，提高故障和维修工作处理效率，降低生产损失和管理成本。采用成熟的商品化软件（内置大量的系统集成接口、工作逻辑和预制模板），加快工作实施进度，降低工作成本，为企业打造智能工厂的基础平台，实现智能工厂的监测数据实时变化、异常报警自动化、数据信息可视化、绩效指标模型化、统计分析智能化。

4.4　设备状态诊断技术管理的实践

通过设备技术状态监测，判断设备机械运行是否正常，为故障诊断提供数据和信息。设备故障诊断技术是判断设备在运行中是否存在潜在的故障，判断设备故障性质、位置、原因、严重程度、故障变化和对故障劣化趋势做出中长期预报。

在设备运行中，定量地把握设备的性能、强度和劣化状态，以此结果为基础，对设备的可靠性、安全性和寿命进行预测。在设备故障诊断中，常常对设备的振动、声音、传热、温度、压力、流量、电压、电流、油液等进行诊断。

4.4.1　状态诊断技术管理方法

设备在某一时刻的技术状态，不单单是指设备完好或出现设备故障，它还包含三项内容，见表4-14。

表4-14　设备技术状态

状态指标	技术状态内容
技术状态 （完好或故障状态）	设备故障、异常、劣化
	设备强度、性能
	设备所承受的各种载荷及应力

设备技术状态诊断就是定量地对这些内容做出结论，预测设备的可靠性或对故障部位、原因、程度进行识别和评价，并确定故障的修复方法。设备状态诊断技术概念如图4-8所示。

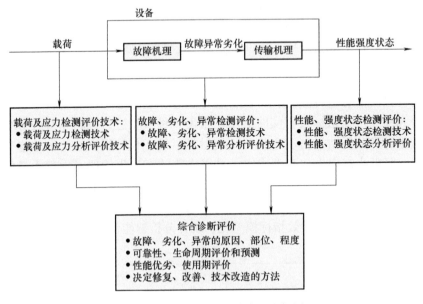

图4-8　设备状态诊断技术概念框图

设备状态诊断技术具有如下功能：

1）采集设备在运行中发生的各种不同信息，来定量地监测和评定设备所承受的载荷及应力，故障、劣化、异常，性能、强度，通过检测和分析判断设备是否存在故障以及产生故障的部位、原因、程度和发展趋势，及时示警和预报。

2）能够预测设备的可靠性，进行生命周期评价和预测，确定设备正常运行的周期和清除设备故障、劣化、异常的方法。

4.4.2　状态诊断技术管理案例

记得我曾经接触过这样一种类型的卧式加工中心，主轴与电动机之间是用齿形带进行转速传递的。由于设备设计上的问题，这根齿形带更换起来特别麻烦，必须将主电动机拆卸下来才能更换，而拆卸是需要许多时间和人力、物力的。因此我们要定期监测齿形带的张力，监测带和其他与之相关的传动部件的弹性变形，以便实施调整。

如果监测到这根齿形带需要更换了，就要提前做好生产协调和各项准备工作，在带损坏之前进行更换，或者根据生产运行情况采取相应的设备维修方法和维修手段。

　　在这种同类型的设备中，对主传动系统增加了设备技术状态监测和设备诊断技术的工作，对这些设备的主传动系统的维修进行了有效的科学管理，使生产与设备维修得到了有效协调。

4.4.3　状态诊断技术的内涵

　　设备状态诊断技术，其实就是要定量地掌握我们正在使用的设备所承受的应力、发生的故障、异常、劣化和强度、性能等技术状态；预测设备的可靠性和设备性能的变化；对设备出现的故障、异常及劣化情况，分析其发生的原因、出现的部位、可能的危险程度等，并且制定修理和排除方法。

　　设备诊断技术依靠传感技术与在线检测技术，采集设备的各种动态信息及大数据，并对这些信息和数据进行分析和处理，以此来确认设备的异常、故障及劣化情况，预测设备这些异常、故障及劣化的发展趋势，查明并且分析设备产生这些情况的原因、发生的部位和可能出现的程度，对该设备提出针对性的维护或修理措施及应对的处理方法。

> 　　彼得·德鲁克在他的《卓有成效的管理者》中强调："人们都是根据自己设定的目标和要求成长起来的，知识工作者更是如此。"

　　设备管理人员应当清楚，在工作中要抓住当前要做的，知道要做什么。

　　由于科学技术的不断进步和发展，各种类型的设备复杂程度不断增加，设备的技术含金量快速增长。设备中各种零部件受力状态和运行状态不同，造成设备不同失效原因和失效周期。设备故障和劣化过程实际上就是设备零部件的失效过程。

　　设备诊断技术是以设备的机械为主要对象的行为科学，随着科学技术的不断进步和发展，我们相信，设备状态诊断技术一定会渗透到各个行业的各种类型的设备管理工作之中，设备诊断技术的最终目的就是发挥设备生命周期的最大效益。对设备实行技术状态维修及相应的规范管理，就必须根据不同类型设备的特点，选择恰当、科学、适合的设备故障诊断方法。先以某种诊断方法为主，经逐步积累原始数据和实践经验后，再考虑用不同的方法实行技术状态的故障诊断。

4.4.4　状态诊断技术方式

　　设备状态诊断技术按诊断方法的完善程度，可分为简易诊断技术和精密诊断技术，即设备技术状态的初级诊断技术和设备技术状态的精密分析技术。设备状态诊断技术分类基本系统如图 4-9 所示。

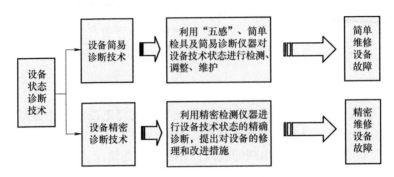

图 4-9　设备状态诊断技术分类基本系统框图

（1）设备状态简易诊断技术　设备状态简易诊断技术就是使用各种便携式诊断仪器，对设备有无故障及故障严重程度做出技术状态诊断。这种方法可以宏观地、高效率地诊断出设备的一般缺陷、异常和故障。简易诊断技术是诊断设备技术状况的初级技术，对设备的技术状态进行简单梳理。

为了能对设备的技术状态迅速、有效地做出概括的评价，设备状态简易诊断技术要具有表 4-15 所列的特点。

表 4-15　设备状态简易诊断技术的特点

序　号	特　点
1	对设备所受应力的趋势控制和对设备异常应力的监测
2	对设备的缺陷、劣化和设备的故障趋势进行监测，并早期发现趋势的变化
3	对设备的性能、设备的效率趋势进行监测，并提前进行异常检测
4	对设备的技术状态采用各种监测手段
5	通过对设备的技术状态监测，找出设备当前的问题点

（2）设备状态精密诊断技术　设备状态精密诊断技术，实际上就是使用比较复杂的诊断仪器和分析仪器，除了能对设备有无缺陷、有无异常、有无故障及对这些缺陷、异常或故障的严重程度做出当前状态的诊断外，还能对某些特殊类型设备的典型故障的性质、类别、部位、原因及发展趋势做出当前设备的技术状态分析，达到重点解决设备技术状态中的问题的目的。

设备状态精密诊断技术的目标，就是针对简易诊断技术已经判断为进一步进行状态诊断的设备再进行专门的精密诊断，并决定采取哪些必要的精确诊断措施，对该设备的技术状态进行分析。所以，设备技术状态精密诊断应具有表 4-16 所列的几项功能。

表 4-16 设备技术状态精确诊断应具有的功能

序　号	功　能
1	确定设备缺陷、异常和故障的形式和种类
2	分析设备缺陷、异常和故障的原因
3	分析设备缺陷、异常和故障的危险程度，预测设备故障和可能发生故障的趋势
4	分析和改善设备技术状态的方法

设备状态精密诊断技术及应用如图 4-10 所示。

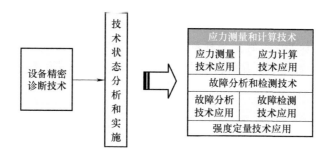

图 4-10　设备状态精密诊断技术及应用

在采用设备诊断技术时，要有自己企业管理的一种风格，或者说要有一种企业精神，对待这项工作要一丝不苟。要知道，这项工作不仅是一项技术工作，同时又是一项管理工作。如果设备状态诊断技术的水平和能力达到了，而规范管理工作没有跟上，就有可能落不到实处，对设备的状态诊断就变成了一种应付的过程。

4.4.5　加工中心平衡系统状态监测诊断案例

在一个装备制造企业，机械加工生产现场有几十台高性能的卧式加工中心，为了保证加工产品的质量，这个企业的数控设备的管理人员和维修人员对上述这些设备进行了技术状态监测。其中，监测的一个重点就是对这些设备的升降坐标系统实施状态监控。

因为这种类型的数控设备的坐标系统是直接控制设备主轴系统或工作台系统上升或下降（即 Y 坐标系）运行的，同时在工作或切削中用一套液压平衡系统对它们进行平衡，平衡的目的就是控制 Y 坐标系在可变化的不同负荷状态下的位移尺寸偏差和位移尺寸精度，即严格地控制坐标尺寸距离的变化。

这套液压平衡系统的压力是控制 Y 坐标系的尺寸偏差和尺寸精度的重要因素，即坐标在运行和切削过程中产生的可变化负荷大小会影响坐标的微量位移，这时就要由这套平衡系统进行精确平衡了。

这套液压平衡系统在工作中，压力表显示的值必须保证在一定的范围，若不在这个范围，将对坐标系的运行尺寸精度产生影响。因此，压力表是监测点，液压平衡系统是故障诊断点。

碰到的问题是，看到其中有两台同型号的设备几乎在使用后的同一时间内同时出现了设备运行时 Y 坐标系微量下降，而此时监测到主轴平衡系统的压力也有微量变化，这就排除了设备其他位置可能出现的异常或故障，需要对液压平衡系统进行诊断、调整或者维修。

对这两台设备的故障分析后，首先对液压平衡系统按照技术规范的程序进行微量调整。其中一台设备经调整后恢复了正常，而另一台设备调整后无效，这就需要对液压平衡系统继续进行诊断。经分析，确定了这套液压系统中的蓄能器的内部活塞出现了内泄漏。将蓄能器更换后，液压平衡系统恢复了正常。又经精确调整后，这台加工中心的 Y 坐标系微量下降的故障得到了排除和有效控制。

由上面这个案例可以看出，复杂设备的技术状态监测和简易诊断技术的具体应用取得了效果。

4.4.6　状态诊断方法

（1）设备技术状态诊断过程　设备技术状态诊断过程如图 4-11 所示。

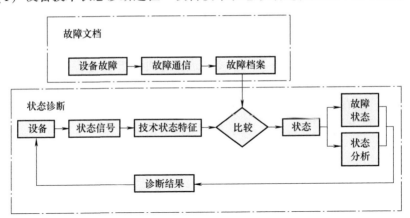

图 4-11　设备技术状态诊断过程流程图

设备技术状态诊断的核心实际上是一个比较的过程，即将未知的设备运行技术状态与已知的设备标准运行技术状态进行比较的过程。设备技术状态诊断的过程可分成三个阶段，见表 4-17。

表 4-17　设备技术状态诊断过程的三个阶段

阶　段	内　容
诊断前	设备运行前，根据某一特定的设备技术状态，把在正常技术状态下对该设备进行检测的参数和数据与当前设备技术状态下的参数和数据进行比较和分析，预测出当前设备可能出现的缺陷、异常和故障

（续）

阶　　段	内　　容
诊断中	在设备正常运行中进行当前的技术状态监测，并根据当前设备技术状态的信息来掌握设备当前和以后可能出现或发生的缺陷、异常和故障，掌握设备故障的萌芽和初期状态
故障后	设备缺陷、异常和故障出现后进行技术状态诊断，来确定设备发生缺陷、异常和故障的原因和部位

　　设备技术状态诊断的内容包括对设备的技术状态监测、分析诊断、故障预测。这三个方面的具体实施过程可以归纳为四个工作过程：信号采集过程、信号处理过程、技术状态识别过程和诊断决策过程。

　　针对设备技术状态诊断过程，不管是三个阶段中的哪个阶段我们都要要求我们的设备维修人员、设备点检人员、设备管理人员以及设备操作人员做好这方面的工作。

设备状态诊断管理案例：

　　有一个机械装备制造企业，对其数台全功能数控机床的原始参数和相应的一些技术指标、具体数据都进行了备份管理，并且纳入设备技术档案的管理程序。这给设备的维修、技术改造和相应的管理都带来了极大的便利。而很多类似的企业并没有做到或做好这一点。

　　我曾经访问过这个企业的设备管理人员，"这样做的目的是什么？"这位设备管理人员非常肯定地对我说："就是为了设备的状态维修和设备的故障诊断。因为将每一台数控设备的原始数据进行备份，综合起来就是大数据，这些大数据是设备状态维修和故障诊断的最原始依据。"

　　试想一下，如果没有这些设备的原始依据，对设备的状态维修和对设备的故障诊断工作又如何进行？没有进行设备原始数据的备份工作或者没有完全对设备进行原始数据的备份工作的企业，是不可能做好数控设备状态维修和故障诊断工作的。当然，它的设备管理工作是有缺陷的。

　　作为企业的设备管理人员，必须要明确做每一项工作的目标，要明确每一项工作所需要的最终效果，否则设备管理工作只能是在做表面文章。

　　（2）设备技术状态诊断基本技术

　　1）设备技术状态监测技术。在进行设备技术状态诊断时，首先要确定被诊断设备的功能和技术参数。有些设备的功能和技术参数是可以直接测得的，但也有许多设备的功能和技术参数是不能直接测得的。因此，要考虑如何监测和诊断各种不同设备的功能和技术参数值，哪些项目需要长期监测和诊断，哪些项目需要短时间监测和诊断，又有哪些项目需要结合设备的修理进行定期监测和诊断。对于不需要长期监测和诊断的设备，可采取定期停机检测和修理。对于不能直接监测和诊断到的设备数据，可转换为与之密切相关的设备数据进行监测和诊断。

企业使用的设备种类很多，设备的工作条件和状态监测、故障诊断的要求各不相同，因而产生了不同的设备技术状态诊断类型。常用的类型见表 4-18。

表 4-18　设备技术状态诊断类型

序　号	诊 断 类 型
1	设备功能参数诊断和设备运行参数诊断
2	设备定期监控诊断和设备连续在线监控诊断
3	设备直接监控诊断和设备通过中间环节间接监控诊断
4	设备在正常环境或工况下进行诊断和设备在特殊环境或工况下进行诊断
5	设备在线监控诊断和设备离线监控诊断
6	设备简易监控诊断和设备精密监控诊断
7	设备人工监控诊断、系统监控诊断和使用专家系统进行监控诊断

现阶段，有些企业采用设备技术状态综合分析系统进行状态监控诊断，采用这种方法，可以利用冲击脉冲技术监控诊断轴承的初期故障，诊断设备运动部件的不平衡、不对中、松动等低频信号；可以利用振动分析功能监控诊断振动速度、加速度和位移；可以利用双通道监控诊断解决设备运动部件的水平、垂直方向的对中问题。

传感器选择应用案例：

诊断设备时，有些参数、数据的取得是不需要传感器的，如监测设备某部件的表面温度。而在监测有些参数、数据时不仅需要传感器，而且还要进行连续监测，如监测某些设备上的液体、气体、电压、电流等。因此，必须要恰当地选择传感器装置，以获得与设备技术状态有关的各种监测和诊断信息。

2）设备技术状态信号处理技术。信号是监测和诊断设备技术状态的数据与信息，数据与信息反映了设备的技术状态，而这种技术状态与正常技术状态的数据相比较后就可以得出设备处于某种技术状态的结论。在对设备进行实际技术状态监测与诊断的过程中，有些被监测的信号或数据却伴随着一些干扰信号或数据，如声波信号、振动波信号等。这就需要采取滤波技术或者信号处理技术。

上面说到的设备技术状态综合分析系统的冲击脉冲传感器就是采用机械滤

波的方式，这种方式在对设备进行故障诊断的过程中不受其他振动信号的干扰和影响。

3）设备技术状态识别技术。在对设备技术状态监测和诊断的过程中，根据所需要的信息来识别设备当前的技术状态，或者设备存在的缺陷、不良或故障，首先要建立判别函数或模型，再将输入的信息与设备历史资料和标准参数、数据等进行比较，从而确定设备技术状态中存在的缺陷、不良或故障的类型、部位、性质、原因和发展趋势等。

激光对中原理案例：

在对设备的诊断中，利用激光对中仪时，激光束并不是绝对圆形的，激光的能量分布也不是很均匀的，但是这些并不会影响最终的诊断结果，因为对中测量和所读取的数据是激光的能量中心。这就是设备技术状态识别技术在激光对中的应用。

4）设备技术状态预测技术。设备技术状态预测技术，实际上就是在对设备进行技术监测和诊断的过程中，预测设备的缺陷、不良或故障将会如何发展，以此来推断设备在当前的技术状态下的发展趋势，以及该设备的可靠性程度。

轴承预测技术案例：

在设备技术状态预测技术中，利用轴承故障分析仪可以定性、定量地判断轴承的技术状态及故障。采用冲击脉冲技术，用冲击脉冲能量取得对设备的诊断值，以此来分析轴承的技术状态或产生故障的原因。这就是在设备技术状态诊断中使用的一种典型的预测技术。

5）设备技术状态噪声诊断技术。在人们所处的环境中包括企业设备现场，所有噪声的总和称为环境噪声。噪声分两类，一类是不规则的、随机噪声；还有一类是扰动噪声。当观测研究某种声源时，凡与这种声源信号存在与否无关的一切干扰噪声，统称为背景噪声。利用噪声的测量与分析进行设备监测及诊断的主要方法见表4-19。

表4-19　利用噪声的测量与分析进行设备监测及诊断的主要方法

序　号	内　容	方　法
1	利用人的听觉系统或声级计对设备进行扫描测量	寻找设备的噪声源的简易诊断技术评估法

（续）

序　号	内　　容	方　法
2	对噪声频谱的结构、峰值进行分析，求得峰值及相对应的频率	寻找设备发生故障的点，即设备频谱分析精密诊断法
3	利用声强来识别噪声源	设备诊断声强法
4	利用两个及两个以上的传声器组成监测噪声单元，通过传感器监测声源信号两两之间的相关函数，决定信号时差或相位差，同时计算声源到测量点的距离差	确定声源的位置，即设备诊断的相关函数法

声级计测量案例：

用声级计检测现场噪声，就是利用上述有关技术对一定范围内的噪声进行量化测量。这种仪器是由输入放大器、计权网络、带通滤波器、输出放大器、检波器、显示器等组成的。

6）设备技术状态振动诊断技术。物体在运动过程中总是在它自己的平衡位置附近，一次又一次地重复运动着。我们把物体在其平衡位置附近所做的往复性运动称为振动。设备在运行过程中往往伴随着这种振动。

设备技术状态振动诊断技术的主要内容见表4-20。

表4-20　设备技术状态振动诊断技术

参数选择	内　　容
振动参数选择	速度反映质点运动的快慢，速度越高，质点越大，这样即可监测动能对设备某零部件的破坏。加速度是质点受力情况的反映，受力越大，加速度值就越高，这样即可监测设备振源的冲击力对设备的影响程度。位移反映质点偏移平衡位置的程度，位移越大，质点所具有的位能就越大，这样即可监测位能对设备零部件的影响
振动参量表征参数的选择	质点位能和冲击力对设备零部件的损坏或失效程度，与其最大值密切相关。对振动的加速度和位移，选取振动的峰值或振动的峰-峰值作为表征参数。振动速度的参数反映质点的动能，质点动能的大小与速度的有效值密切相关
测量位置选择	对设备的振动测量点常选取水平、垂直、轴向三个方向。每次测量的点必须是固定的，在选择设备振动的测量点时应遵循传递路径最短，测量点刚度最大这两条原则

通过对设备表面部件振动的测量与分析，运用各种设备诊断仪器对运行中机械设备的振动现象进行监测和诊断，以预防设备的振动对各种运行设备产生的不良影响，这个过程即设备技术状态诊断。

监控设备的运行状况进而预测判断设备的技术状态。在设备运行的情况下监控设备振动状况，采集和分析设备振动信号，判断设备的技术状态，搞好设备的状态维修和预防维修，防止设备故障。

7）设备技术状态油液诊断技术。油液诊断技术是对设备故障监测、预报和诊断的一项比较实用的技术。设备油液诊断技术有两种方式，一种是对设备油液本身的理化性能检测。它可对设备的润滑系统各个位置进行技术状态监测。另一种是对设备油液中设备运动零部件的磨损颗粒进行技术状态检测。

设备油液诊断技术的分析方法如图 4-12 所示。

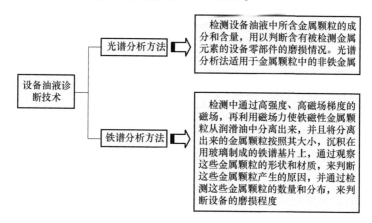

图 4-12　设备油液诊断技术框图

8）设备技术状态无损诊断技术。这里所说的无损诊断，是指在不损伤设备零部件的前提下，对设备的零部件进行非破坏诊断或检测，以便早期发现设备零部件表面和零部件内部缺陷的一项专门的诊断方法。无损诊断借助于各种检测方法，了解设备零部件的内部结构和材质状态。无损诊断方法的主要内容见表 4-21。

表 4-21　无损诊断方法

方　法	内　容
渗透探伤技术	在设备零部件表面涂上相应的渗透液，当零部件表面有裂纹缺陷时，经过一定时间后，渗透液就会渗透到设备零部件的缺陷中，如果将设备零部件表面多余的渗透液清洗干净，再涂上显像剂，零部件表面的裂纹或缺陷部位形成了显像薄膜，把设备零部件缺陷或裂纹中的渗透液吸出来，就显现出了缺陷或裂纹的清晰图像
磁粉探伤技术	当设备上铁磁材料的零部件在外磁场的作用下被磁化时，在设备的零部件中就会产生磁力线的传播。如果设备零部件的表面或者表面附近存在裂纹或缺陷，由于裂纹或缺陷的阻碍作用迫使磁力线弯曲而大量进入到空气中，这样，就会在设备零部件的相应部位形成漏磁场。观测施加在设备零部件表面及附近的磁粉痕迹，就可以诊断出设备零部件裂纹或缺陷的位置和大小

（续）

方　法	内　容
涡流探伤技术	把检验线圈与设备上的导电试件表面靠近，并且通上交流电流，设备上的零部件就会在交变磁场的作用下，在设备的零部件表面层感应出涡流。由于设备零部件缺陷、不良、故障的存在，涡流的大小和分布就会发生变化，从而使线圈磁场发生变化。根据测得的涡流变化量，来判断设备零部件的缺陷、不良和故障等技术状态
超声波探伤技术	由于超声波的频率高，波长短，具有良好的指向性，可在设备的零部件界面或者缺陷、不良、故障处反射、折射和散射，这样就可以检测设备零部件的内部和表面的缺陷、不良和故障
射线探伤技术	射线在穿透设备零部件的过程中，由于设备的零部件吸收和散射，射线的强度相对减弱，而射线减弱的程度取决于设备零部件的厚度尺寸、材料的性质，以及射线的种类和有无缺陷、不良和故障，这样即可检查出设备零部件的技术状态
光学探伤技术	用内窥镜探测具有一定深度和一定角度的设备零部件的腔室和零部件管道内部即可诊断到这些零部件的缺陷、不良和故障，以及这些零部件当前的技术状态

9）设备技术状态温度诊断技术。温度诊断技术是利用红外技术等温度测量的方法，检测设备及设备在运行中的温度变化情况，对设备上需要检测的正在运行的零部件或结构的发热进行技术状态监测和诊断，以此来发现设备的异常征兆或者缺陷、不良和故障，从而来判断设备正在运行的技术状态及设备发生故障程度的技术。

温度诊断技术常采用的两种方法如图 4-13 所示。

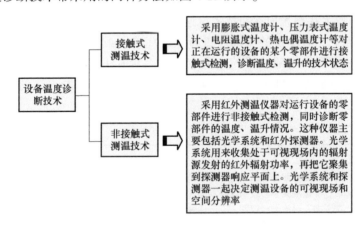

图 4-13　温度诊断技术框图

红外热成像系统检测案例：

红外热成像系统在检测中，把正在运行的设备零部件发出的红外辐射经过检测仪器的光学成像物镜、光机扫描系统投射到液氮制冷红外探测器上，探测器把红外辐射信号变成电信号，经放大和处理后在显示器上得到与设备表面热分布相应的实时热图像。这样，就可以实现把运行中的设备零部件变为可见图像，以此来检测设备零部件工作时的温度及温度变化情况及技术状态。

4.4.7　状态诊断技术的信息化管理

当前，随着科学的进步、企业的发展，以及设备管理工作在现代化管理中的与时俱进，有不少企业已经在企业以及设备规范管理中采用大数据和人工智能技术实现设备技术状态诊断的信息化管理。具体做法见表 4-22。

表 4-22　设备技术状态诊断信息化管理的主要内容

故 障 诊 断	具 体 内 容
大数据技术	设备状态数据长期保持，数据处理技术
故障诊断规则库	智能化故障诊断，无须人为干预
匹配算法	设备基础数据、运行参数、工艺参数等，内置故障征兆算法
预测方法	基于模型的时间序列预测模型、多层递阶自适应预测模型、信息加权神经网络预测模型、灰色预测模型，对设备从潜在故障发展到功能故障的时间预测
自动计算	设备及部件的剩余寿命，实现剩余寿命报警，指导设备维修工作
自适应报警	利用神经网络计算对设备测点的状态数据学习，动态设定报警值，准确评价设备的健康程度
各类接口	从有关系统中收集设备操作和运行状态数据及对应的实际故障结果，形成基于案例的故障诊断及预测数据源

在设备技术状态诊断技术的信息化管理中，利用数理统计分析方法，对设备历史技术状态数据依一定的曲线进行拟合，自动生成并绘制出相应的变化曲线，或者依据一定的曲线建立回归方程。

由此，依照技术状态判定标准或准则对剩余生命做出正确估计，推测、预估该设备在何时达到某种技术状态，预知设备在符合技术条件下安全运行的期限和计划什么时间对该设备进行停机修理。

本章论述了设备技术状态规范管理。可以肯定地说，在当前，设备技术状态规范管理是企业不可缺少的一种管理，也是设备技术发展以及设备全过程管理与时俱进的规范管理，是对企业生产合格产品负责任的管理，是对企业固定资产有责任心的管理，又是真正实现设备技术状态维修的科学管理。

进行设备全过程规范管理，设备管理人员、设备维修人员、设备点检人员、设备操作人员一定要有这样的责任心：要把自己的知识贡献给企业。企业进步了、企业发展了，才能促进我们每个人有更大的进步和发展。

> 彼得·德鲁克在他的《卓有成效的管理者》中这样说："管理者会设法让自己的知识成为组织成长的机会。"

我们常常听到人们说，"我们是企业的主人。"实际上就是企业需要让每位员工为企业做出所需的贡献；而员工需要把企业当成真正实现自己人生目标的大舞台。

第 5 章

设备技术维修规范管理

一个真正希望能够充分发挥设备综合效率的企业，就一定会把设备技术维修规范管理与设备技术状态规范管理一同纳入企业管理的重要位置上，因为这项管理是设备使用期管理工作中最重要的生产产品和产品质量的保证条件之一。

设备技术维修就是设备维护和修理的泛称。"维护"是为维持设备生产产品处于完好技术状态或工作能力而进行的作业；"修理"是为恢复设备生产产品处于完好技术状况或工作能力，同时为保证设备使用寿命而进行的作业。

设备修理就是设备技术状态劣化或设备发生故障后，为恢复其功能而进行的技术活动，包括对设备的各类计划修理、计划外的故障修理和事故修理。通常，把设备修理也称为设备维修。

总之，所谓设备技术维修，就是为维持和恢复设备的额定技术状态及确定和评估其实际技术状态而采取的措施。设备技术维修是对设备的维护、检查及修理的总称。

> 彼得·德鲁克说："管理就是界定企业的使命，并激励和组织人力资源去实现这个使命。界定使命是企业家的任务，而激励与组织人力资源是领导力的范畴，两者的结合就是管理。"

我们搞设备技术维修规范管理，同样也应当遵循这个原理，如果我们在设备技术维修规范管理工作中这样做了，就会得到意想不到的效果。

设备技术维修管理的研究对象是各种设备的维护和修理，任何类型的设备都有从设计、制造、使用、维修、再使用、再维修，直到报废的不同运动发展阶段。也就是说，我们所说的设备技术维修规范管理，实际上就是设备全生命周期规范管理中非常重要的一个环节。

我们可以把设备技术维修规范管理用流程图的方式表现出来，如图 5-1 所示。

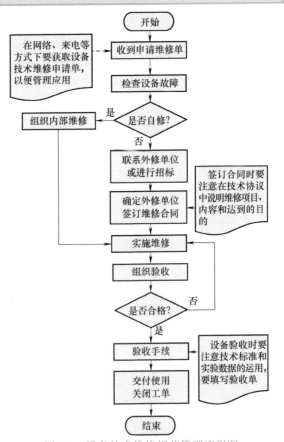

图 5-1 设备技术维修规范管理流程图

5.1　设备技术维修管理的方式

记得我在一些企业进行设备管理培训时，有些人提出是否可以改变目前设备技术维修这个传统方式的问题。

我们说，设备技术维修的方式实际上是对设备当前技术状况进行分析，分析设备处于什么状态，并对这种技术状态下的设备采取针对性的修理方法。设备的修理方法又是技术维修经验的总结，我们再把这种技术维修经验进行一下命名，就出现了这些设备的技术维修方式。不要把设备技术维修看作是传统维修方式，而应当是不断努力要做的工作。

5.1.1　设备技术维修方式

（1）计划预防维修方式　设备的计划预防维修方式又称为预防维修方式。这种维修方式是为了防止设备的性能及精度发生劣化和故障，从预防为主的观点出发，按计划和相应的技术要求对设备所进行的预防维修工作。计划预防维修力争对设备的异常、缺陷早期发现，早期排除。目前常用的有设备的标准技术维修法、定期技术维修法和检查后技术维修法。设备计划预防维修方式的具体内容见表 5-1。

表 5-1　设备计划预防维修方式

方　　式	具　体　内　容
标准技术维修法	用于重点或关键设备，对这些设备的维修时间、维修类别、维修内容，预先制订具体的维修计划，严格按照计划进行技术维修
定期技术维修法	以时间为基础的设备预防维修方式，具有对设备进行周期性修理的特点。根据设备的实际使用情况及技术状态，以及设备的磨损规律，事先确定维修类别、维修间隔期、维修工作量和各种备件、材料，预先确定维修时间。这种维修方法有利于做好设备修理前的准备工作，缩短修理设备的停歇时间
检查后技术维修法	规定对设备的检查计划，根据对设备的检查结果确定对设备的维修时间和修理类别

设备计划预防维修方法可以及时恢复设备的性能，又可以事先安排好设备的使用和检修时间，准备好备件、材料，同时又可以缩短对设备的维修时间。

（2）技术状态监测维修方式　设备技术状态监测维修方式又称为状态监测维修方式，是一种以设备技术状态为基础的预防维修方式。这种技术维修方式是根据设备的日常点检、精密点检、状态监测等信息，经过对点检、监测得到的信息进行统计、分析、处理，判断设备的缺陷和劣化程度，从而有计划、有目的地对设备进行修理。

由于这种方式对设备适时地、有针对性地进行技术维修，不但能保证设备处于完好的技术状态，而且还可以对设备的部件和关键零件进行技术状态监测，也可以对设备整机进行全面技术状态监测。这种技术维修方式可用于连续运行、利用率较高的设备。

（3）事后技术维修方式　设备事后技术维修方式，实际上就是当设备发生故障、缺陷或设备的技术性能、精度指标降低到该设备合格水平以下时，对设备所进行的非计划性技术维修，也就是当设备出现缺陷或故障时再实施的技术维修，设备不出故障不实施技术维修的方式。

设备发生故障或缺陷后，根据设备故障或缺陷的大小，会给设备生产产品及设备本身造成或多或少的损失，也会给设备的技术维修工作造成某些被动和某些困难。对于某些出现故障而造成停机后，再进行技术维修并不会给生产产品及设备本身造成明显损失的设备采用这种技术维修模式会更经济。

计划预防维修方式、技术状态监测维修方式、事后技术维修方式具有各自的特点，它们的对比见表5-2。

表5-2　设备技术维修方式的对比

维修方式	维修特点	存在问题
计划预防维修	具有比较好的计划性和安全性	易出现过维修
技术状态监测维修	具有比较好的有效性、计划性、针对性	成本高
事后技术维修	比较好地利用设备零部件的有效寿命	易给生产造成明显损失

5.1.2　设备技术维修案例

有几次，我在给我熟悉的企业进行设备管理培训，每次讲到设备技术维修管理的内容时，学员们都会问：

"我们企业在现有的设备和技术维修能力的情况下，采取什么样的设备技术维修方式最好、最合适呢？"

我说："对于企业整体设备来讲，当然是预防维修、状态维修、事后维修这三种不同的设备技术维修方式结合起来是最好的。设备所采取的维修方式并不是固定不变的，也不是生搬硬套的，而一定要结合企业的自身特点和设备的本身情况以及设备在生产中所起的作用来确定。"

我们在讲设备全过程规范管理，就不要忘了计算成本。当设备出现缺陷或故障时，就会产生维修成本、生产成本、管理成本等，或者称为"企业成本"。哪种设备维修模式"企业成本"最合算就采取哪种设备技术维修方式，决不要一概而论地只采取一种设备技术维修方式。

就"企业成本"来说，它包括的面比较广，因此，在采用何种设备技术维修方式时要充分考虑"企业成本"。

5.1.3 设备技术维修组合

设备技术维修组合的具体内容见表 5-3。

表 5-3 设备技术维修组合

组 合	具 体 内 容
大修理	• 以全面恢复设备工作能力为目标，对设备全面解体；所有零部件进行清洗、检查、更换或修复相应的零件、附件，翻新设备外表面 • 修理、调整机械系统、液压系统、气动系统、计算机系统、电气系统、操作系统等 • 调整、处理设备基础，配齐设备的安全装置和必要的设备附件，从而全面消除修理前设备存在的缺陷和故障，恢复设备的规定精度和性能 • 按照设备出厂或者相关的技术标准进行大修理后的验收工作
中修理	• 对设备部分解体，更换或修复部分已磨损的零部件，使修理部分恢复设备的性能和出厂精度，或者满足产品的生产工艺要求 • 保证设备在一个中修理间隔期内达到设备的性能和出厂精度，或者在这个间隔期内满足产品的生产工艺要求 • 许多企业根据行业的特点，不再对设备进行中修理项目，而是加大了设备的项修理的力度
项修理	• 设备的精度、性能及设备技术状态已经难以达到生产产品工艺要求的设备，根据检查、监测、诊断结果，按照设备的实际需要进行针对性很强的计划修理 • 要进行部件拆卸、检查、清洗、更换、修复失效的零部件，必要时对设备的基准件进行局部修理，从而恢复设备修理部分的性能和精度指标 • 有利于加强对产品成本的控制，同时也有利于设备维修作业过程中人力资源的优化配置
小修理	• 实行状态监测修理的设备，针对设备日常点检和定期点检中发现的问题，部分拆卸设备的有关零部件进行检查、调整、更换或修复失效、有缺陷、有故障的零部件，以便恢复设备的使用性能 • 实行定期修理的设备，小修理的工作内容主要是根据所掌握的设备的磨损规律，调整、更换或修复在修理间隔期内失效或即将失效的零部件，以保证设备的使用性能

设备技术维修组合工作内容的比较见表 5-4。中修理的工作内容可比照项修理的工作内容。

表 5-4 设备技术维修组合工作内容比较

组 合 规 范	设备大修理	设备项修理	设备小修理
分解程度	设备全部分解	设备部分分解	分解设备磨损严重的部件

（续）

规　范 组　合	设备大修理	设备项修理	设备小修理
修理范围	修理基准件，更换或修复设备所有缺陷和达不到技术要求的零部件	针对设备修理部位进行修复，更换有缺陷和达不到技术要求的零部件	清洗、调整零部件间隙及相对位置，更换或修复有缺陷和达不到技术要求的零部件
验收标准	按大修理规范及相应技术标准检查验收	按预定技术规范进行验收	按相应技术标准要求验收
设备外表	全部外表面按规范翻新，手柄等零件重新电镀达技术要求	按规范对设备进行部分翻新	不进行表面翻新

5.1.4　技术维修方法案例

对设备的大修、中修、项修、小修这些传统的设备修理工作，许多企业仍保留着或者部分保留着，并且严格地按照设备修理程序执行着。但是，有些企业已经将这些设备修理方式取消或者部分取消了，做法有以下几条：

1）由于生产产品的性质，对设备取消大修、中修，但保留项修和小修，并严格执行对设备的维护保养规范，设备在这样的技术状态下使用到报废，或者进行技术改造或者进行设备更新。

2）将设备的大修和中修或项修交由外部有资质的企业进行，小修或者部分项修由自己企业进行。

3）将设备的所有计划修理项目交由外部有资质的企业进行，自己企业只负责设备的日常事后维修和部分状态维修。

4）将设备的所有计划修理项目，设备的日常事后维修、状态维修交由外部有资质的企业进行，自己企业只负责设备的日常维护保养。

5）将设备的所有计划修理项目，设备的日常事后维修、状态维修和设备的日常维护保养全部交由外部有资质的企业进行，自己企业只负责设备的使用和管理。

实际上，这些做法各有利弊，企业还是要根据自身的特点和实际情况来决定采用哪种做法。

5.2　设备技术维修计划制订的管理方法

制订企业设备技术维修计划（或称设备检修计划），是企业生产经营中的一项非常重要的工作。设备技术维修计划制订得是否合理、是否科学、是否适合自己企业的特点，不但反映这个计划的实用性，同时也反映这个计划的可操作性。

设备技术维修计划是消除设备技术状态劣化的一项设备管理工作计划。制订设备技术维修计划时，应根据设备的实际负荷、开动时间、技术状况、检测数据、零部件失效规律、在生产产品过程中所处地位及其复杂程度等，采取与实际需要相适应的设备维修组合。还要综合考虑生产、技术、物质、人力、费用等各方面的条件，来安排和确定设备的维修时间。

制订企业设备技术维修计划的目标是要保证设备经常处于实际上的动态完好。这个计划应与企业的生产技术、财务计划密切协调，并与企业的生产计划同时下达、执行、考核。

5.2.1 制订技术维修计划的目标

> 彼得·德鲁克在《工业人的未来——保守的探讨》中有这样一句话："在开始谈论未来之前，我们必须了解目前状况。因为凡事都需要从现实出发。"

"凡事都需要从现实出发"，这就要求我们无论做什么决策、计划或者行动，都要立足于企业现有的资源即物质资源、技术资源、管理制度的配备、人力资源和企业现有的条件及能力的基础之上。

设备技术维修计划是制订设备计划预修制的依据，也就是通过科学分析将设备零部件的磨损极限和磨损参数及磨损现状分类编组，计算和估算设备技术维修工作量和各类零部件的周期寿命，从而确定设备的不同技术维修类别、内容、周期及设备技术维修计划的结构。实际上就是在设备经过规定的运行时间后，对其进行预防性的定期检查及各种类别的计划维修。这些检查和计划维修的时间是根据设备的作用、特性、规格和使用条件等来决定的。在计划预修制中，设备的技术维修是通过计划实现的，计划准确与否，主要取决于制订计划的依据是否准确。

制订设备技术维修整体计划的主要依据如图 5-2 所示。

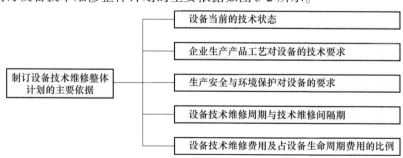

图 5-2 制订设备技术维修整体计划的主要依据框图

在制订设备技术维修整体计划的初始阶段，就应当明确目标，这个目标的主要内容如图 5-3 所示。

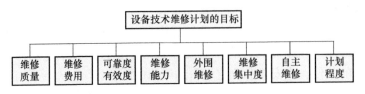

图 5-3　设备技术维修计划的目标框图

5.2.2　设计和制订技术维修计划表

设备技术维修计划应当由企业设备管理部门负责设计和制订。

设备技术维修计划分为按时间进度安排的年度、季度、月度计划，按设备维修类别制订的大修理、中修理或项修理、小修理计划，以及按设备维修技术手段和设备维修进度制订的技术维修计划。

年度设备技术维修计划表的格式见表 5-5。

表 5-5　年度设备技术维修计划表

设备管理部门：　　　　　　　　　　　　　　　制表时间：

序号	使用单位	资产编号	设备型号	设备名称	修理类别	停机时间	维修定额			计划进度				维修单位	备注
							合计			1季度	2季度	3季度	4季度		

企业主管领导：　　　　　　　部门领导：　　　　　　　计划员：

季度设备技术维修计划表的格式见表 5-6。月度设备技术维修计划表的格式见表 5-7。

表 5-6　季度设备技术维修计划表

设备管理部门：　　　　　　　　　　　　　　　制表时间：

序号	使用单位	资产编号	设备型号	设备名称	修理类别	停机时间	维修定额			计划进度				维修单位	备注
							合计			月	月	月	说明		

企业主管领导：　　　　　　　部门领导：　　　　　　　计划员：

表5-7 月度设备技术维修计划表

设备管理部门： 制表时间：

序号	使用单位	资产编号	设备型号	设备名称	修理类别	停机时间	维修定额		计划进度		维修单位	备注
							合计		开始时间	完成时间		

企业主管领导： 部门领导： 计划员：

5.2.3 技术维修计划执行案例

在企业进行设备管理工作调研时，我多次碰到这样的问题：设备技术维修计划制订好了，部门领导和企业主管领导也签字同意了。但是在执行时却常常由于设备使用单位强调生产忙，设备还能用，要保证生产为"充分"理由，要求设备管理部门重新申请修改对设备的修理计划，而且往往是一拖再拖。在这种情况下经常出现设备小故障变成大故障，或者设备彻底不能使用了，于是彻底停止生产。

我们说，设备管理和企业管理是密不可分的，制订设备技术维修计划，对设备进行必要的修理也是为了使设备更好地服务于生产。企业要有科学的、统筹的管理，管理要有一定的水平，短期行为、只顾眼前利益的管理是落后的。

设备管理要为企业生产产品服务，企业管理离不开设备管理，企业管理不能不重视设备管理。设备技术维修计划制订了、认可了，就要严格执行，否则企业是管不好的，生产也是管不好的。

5.2.4 技术维修计划流程和程序

年度设备技术维修计划的流程如图5-4所示。

在制订设备技术维修计划时也要充分考虑设备维修技术手段，要把设备维修技术手段列入设备技术维修计划范围内。设备维修中技术手段的计划范围如图5-5所示。

（1）技术维修计划的制订 制订设备技术维修计划的程序见表5-8。设备年度技术维修计划的主要内容如图5-6所示。设备季度技术维修计划的主要内容如图5-7所示。设备月度技术维修计划的主要内容如图5-8所示。

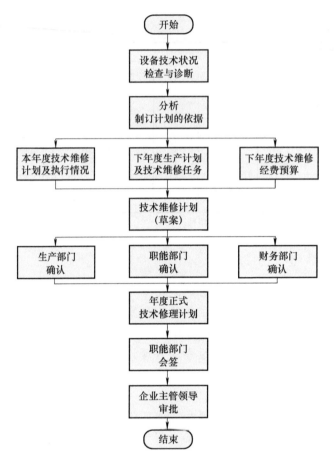

图 5-4　年度设备技术维修计划流程图

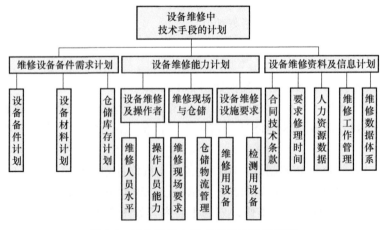

图 5-5　设备维修中技术手段的计划范围

表 5-8　制订设备技术维修计划的程序

程　　序	具　体　内　容
收集整理 资料信息	设备当前的技术状态
	下年度设备使用单位的生产计划
	设备技术维修定额
	设备备件的仓储状况信息
	需要技术维修设备的目录
	技术能力、物质准备的可行性与可操作性
编制技术 维修计划 草案	考虑企业总体生产状况及对设备的要求
	结合企业生产现状考虑设备修理类别的可行性
	确定企业必须列入技术维修计划的设备
	制订设备技术维修进度时要考虑需要技术维修设备的轻重缓急
计划平衡 修订草案	设备主管部门拟好设备技术维修计划草案后，与设备的使用单位及有关管理部门、技术部门进行讨论、沟通，征求对设备技术维修计划草案的意见，然后对设备技术维修计划草案进行修订
计划审核 执行计划	正式编制出的设备技术维修计划应当由设备管理部门负责人审核，最后上报企业主管领导进行审批
	对未列入设备技术维修计划，但又必须进行技术维修的设备，设备使用单位应提前通知设备管理部门，以便进行设备技术维修计划的调整
	每年定期或在 12 月之前，由企业生产计划管理部门下达下一年度的设备技术维修计划，并将该设备技术维修计划作为下一年度企业生产、经营计划的重要组成部分进行考核
	应当在年内每季度最后一个月的上旬之前，由企业生产计划管理部门下达下一季度的设备技术维修计划，并作为季度生产经营计划的组成部分进行考核
	每月中旬制订下一月度的设备技术维修计划，并作为月度生产经营计划的组成部分进行考核

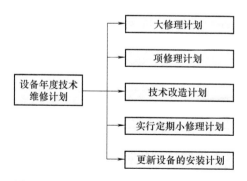

图 5-6　设备年度技术维修计划的主要内容

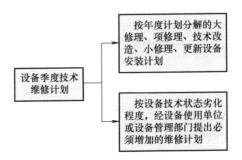

图 5-7 设备季度技术维修计划的主要内容

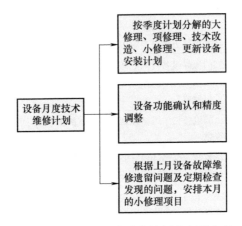

图 5-8 设备月度技术维修计划的主要内容

设备大修理、项修理、维修计划包括的修理项目见表 5-9。

表 5-9 设备大修理、项修理、维修计划包括的修理项目

修理项目	具体内容
设备大修理计划主要包括的修理项目	设备大修理的开工时间、完工时间、修理工时、修理费用，列出需用的设备备件及所需修理材料的规格、品种和数量等
设备项修理计划主要包括的修理项目	设备的项修理内容、项修理时间、项修理工时、所需的项修理费用等
设备维修计划主要包括的维修项目	设备的维修内容、维修工作量、维修时间、维修工时、维修用料、维修费用、维修部门、维修责任人等

表 5-9 中的设备技术维修计划包括了设备的维护保养计划［如一级保养（日保养）计划、二级保养（月保养）计划、三级保养（定期保养）计划］和设备的检修计划等。

（2）技术维修计划的变更及修订 设备的大修理、项修理类别变更的依据如图5-9所示。设备技术维修项目变更是企业经常碰到的一些问题，对于一些特殊问题，可根据企业的实际情况具体分析、具体对待。

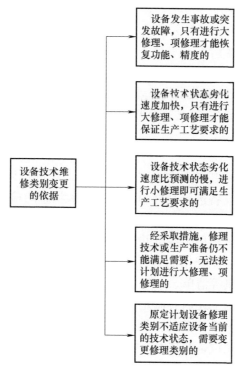

设备技术维修类别变更的依据

- 设备发生事故或突发故障，只有进行大修理、项修理才能恢复功能、精度的
- 设备技术状态劣化速度加快，只有进行大修理、项修理才能保证生产工艺要求的
- 设备技术状态劣化速度比预测的慢，进行小修理即可满足生产工艺要求的
- 经采取措施，修理技术或生产准备仍不能满足需要，无法按计划进行大修理、项修理的
- 原定计划设备修理类别不适应设备当前的技术状态，需要变更修理类别的

图5-9 设备大修理、项修理类别变更的依据

企业设备管理部门可以根据上半年设备技术维修计划的执行情况和大修理、中修理或者项修理的计划变更申请单，提出下一年度设备技术维修计划的修改方案，经与有关部门及设备的使用单位充分分析、讨论、沟通后，确定修改后的年度设备技术维修计划，并上报企业主管领导审批后执行。

5.2.5 技术维修计划变更案例

记得有一次应邀为一个国有企业进行设备管理培训时，有两位设备管理人员提出了一个同样的问题：

"年度设备技术维修计划制订出来了，部门领导、企业主管领导也批准了，并且在制订设备年度技术维修计划时也充分听取了设备使用单位的意见。但是，这个计划刚刚下发，有的设备使用单位就提出了修改意见或增加设备年度技术维修项目的要求，这该如何解决？"

根据经验我说："有不少单位出现过同样的问题，这说明在与设备的使用单位沟通时，对来年设备的技术维修计划还没有进行充分的技术分析，对企业来年的生产形势与设备技术维修的问题没能充分的展开，使设备的使用单位没能充分地考虑设备的技术维修问题。"

我又说："有些单位采取补救的办法，这也只能是在企业资金允许的情况下，提出设备技术维修的补充申请。在设备管理部门领导、企业主管领导掌握全盘的情况下进行批复。"

"如果可以对年度设备技术维修计划进行修订，那么就要按照企业设备技术维修计划的变更程序进行。"我又补充说。

5.2.6 技术维修计划实践的过程控制

（1）制订设备技术维修计划前的准备工作 在进行设备技术维修工作前，对要进行技术维修的设备进行全面的维修前技术状态的检查，我们通常把这项工作称为设备的"修前预检"。

设备技术状态经预检后，签订并测绘需要更换设备零件的图样，并且制定对该设备的维修工艺、维修用的材料、维修用的缺损零件明细表，以及维修用的专用工具、检测量具等清单。

与此同时，要根据上述内容制定出该设备的技术维修规范和相应的工作制度。从而做好设备技术维修前的一切准备工作，以提高设备的维修质量和设备的维修经济效果，缩短设备的技术维修周期。

技术维修预检案例：

"制订设备技术维修计划前有必要做这么多工作吗？"我在给一些企业设备管理人员培训时总有人要问这个问题。

"你们企业在设备项修、大修前不做预检、不做准备工作吗？"我这样问。

"当然做！只不过没有这么复杂、这么繁琐。许多工作都可以用经验来代替。这样不是挺好吗？"有人这样说。

"经验不能代表设备技术状态的全部，在不同的工作条件和工作环境下，每一台设备都有各自不同的技术状态。因此，设备在预检时工作做得越规范、越细致，给后面的修理工作就会带来越多的便利，少一些技术问题、备件问题。"我的回答得到了他们的同意。

图5-10所示为对设备技术状态进行检查的流程图，可供参考。

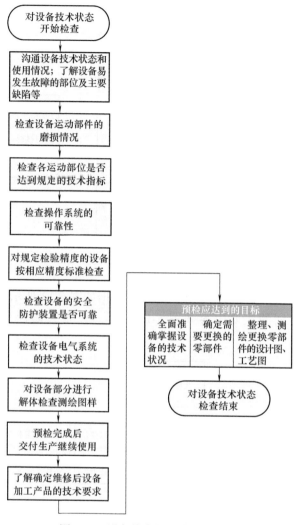

图 5-10　设备技术状态检查流程图

　　设备技术维修前的预检结束后，对检查中落实的技术问题，按照加工产品工艺对设备的要求，制订设备技术维修方案，设计或购置设备技术维修中需用到的备件、工具、检具图样。

　　制订设备技术维修用材料计划的依据如图 5-11 所示。

　　备件管理人员、采购人员和备件技术人员要按照设备修换件明细，对所有需要更换的零件核定库存量，确定需要订货的设备备件的品种和数量，列出设备备件订货明细表，并且及时订货。

　　设备技术维修用的专用工量器具是保证设备技术维修质量的重要手段，应由工量器具管理人员提出订货，并经具有相应鉴定资格的计量部门检验合格，随时附检定记录办理入库手续。

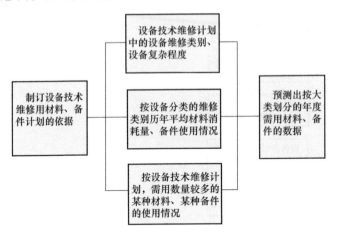

图 5-11　制订设备技术维修用材料计划的依据

　　制订设备技术维修实施作业计划的主要依据如图 5-12 所示。制订设备技术维修实施作业计划的主要内容如图 5-13 所示。设备大修理实施作业程序如图 5-14 所示。

图 5-12　制订设备技术维修实施作业计划的主要依据

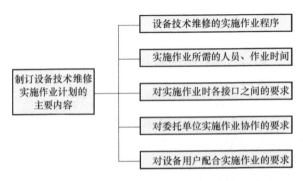

图 5-13　制订设备技术维修实施作业计划的主要内容

图 5-14　设备大修理实施作业程序框图

（2）设备技术维修的过程管理　设备技术维修的过程规范管理工作各环节的主要内容见表 5-10。

表 5-10　设备技术维修的过程规范管理

环　节	主　要　内　容
设备移交技术维修单位	1. 技术维修前做好生产任务安排 2. 按期移交给设备技术维修承接单位 3. 填写设备移交技术维修单或维修申请 4. 设备使用单位在设备交付技术维修前按保养规范清理现场
设备分解检测	1. 检查设备零部件的磨损、失效情况 2. 设备技术维修任务书的局部修改与补充 3. 发出临时制造配件和修复件的图样
加工、修理所需配件	1. 安排加工、修理所需配件的进度 2. 对关键修复件安排加工工序作业计划
设备技术维修作业调度	1. 安排技术维修作业进度，掌握并控制技术维修作业实际进度 2. 对出现的技术问题，及时采取措施解决 3. 注意关键部位的作业进度，对出现的问题从技术上、组织管理上采取措施解决 4. 重视各工种作业衔接及协调作业
规范质量管理	1. 各工序完成后，首先进行自检，然后再经质量检查员检验确认合格后，转入下道工序 2. 对主要工序要实行自检、互检、交检，"三级检验"合格后转入下道工序

（3）设备技术维修竣工验收与服务　设备大修理完成，经维修单位试运行并且自检合格后，可按图 5-15 所示的设备大修理竣工验收基本程序进行验收。图中的内容是按机械加工设备制定的，其他类型的设备可供参考。

设备大修理后的验收工作由设备管理部门主持，设备维修单位起草设备大修理、中修理或项修理的竣工报告，同时填写验收单。

设备大修理、中修理、项修理、小修理竣工验收后的管理工作见表 5-11。

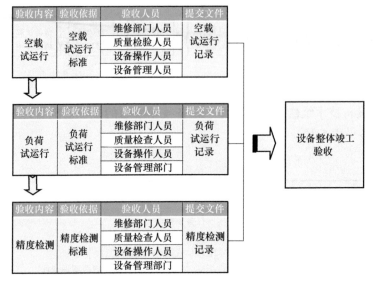

图 5-15　设备大修理竣工验收基本程序框图

表 5-11　设备修理竣工验收后的管理工作

设备修理类别	验收后的管理工作
设备大修理	经由设备技术维修单位将设备维修技术任务书、修换件明细表、试运行记录和设备的精度验收记录等作为附件随同设备技术维修竣工验收报告及验收单报送到计划部门，作为评价设备技术维修计划完成的依据。计划评价部门将维修费用填入设备维修竣工验收单内，然后办理归档手续
设备中修理	以设备的使用单位为主，与设备的操作人员和设备的技术维修人员共同检查验收，确认已完成技术协议中规定的技术维修内容和达到规定的技术要求后，在设备技术维修竣工验收单上签字验收
设备项修理	根据设备实际技术状态所采取的针对性维修，它的技术维修工作量和复杂程度可能会有很大差别，这时可以参照小修理的验收程序进行设备竣工验收
设备小修理	竣工验收单应附有更换件明细表及材料明细表，人工费用、备件费用、材料费用及外协劳务费用等，均按实际数目计入竣工验收单，并由设备技术维修的计划部门办理归档手续

　　设备技术维修竣工验收后设备开始使用，设备技术维修单位应实施设备技术维修后的服务责任，定期走访用户，与用户沟通，掌握设备维修后的技术状态，对设备技术维修后使用中发现的问题应当及时解决。

　　设备技术维修后的保修期由双方商定。在保修期内，如果由于设备的技术维修质量存在问题而发生故障，设备的技术维修单位应负责及时修复，其修复费用由设备技术维修单位承担，并且不得计入企业的技术维修费用决算内。

5.2.7 技术维修施工管理案例

设备技术维修作业施工的规范管理是一项不可缺少的工作，绝不要忽视了它。

记得我在一个机械制造企业进行设备管理工作座谈时，其中有一项工作是到现场看机械加工设备的工作情况。当我走进一台立式加工中心设备旁时，看到这台设备是刚刚停机的，还没等我问是什么原因造成停机的，陪同的设备管理人员跟我说："这台设备是经招标后委托外部设备技术维修企业进行大修的。"

"什么时候交付使用的？"我问。

"刚刚过了半年！"他回答。

我感到有些惊奇，接着问："现在又出现什么故障了？"

这位设备管理人员看了看我，回答说："主轴不能高速运转，在高速区时主轴的声音就不对了，而且设备还出现了振动。"

"设备大修理后，按技术协议验收了吗？"我又问。

"当然，我们是按技术协议严格验收的！"他紧接着回答了我。

这时我看着这位管理人员，继续问："在大修施工过程中，咱们自己企业有监理人员吗？"

"没有，我们是交钥匙工程。"他用异样的眼光看着我回答说。

"交钥匙工程也得有监理呀！否则修理过程的质量谁来把关？"我有些奇怪，又反问他。

"更换的外购件是不是我们协议中指定的品牌？技术条件是否符合要求？主轴的轴承是不是也达到我们提出的要求了？"我又耐心地问。

"没有这样做。"他感到可能有问题了，但还是实事求是地说出他们的想法："反正是交钥匙工程，最后验收合格就可以了。"

回到小会议室，我们继续座谈，于是我接着刚才的话题说："有些商家不讲道德，为了降低设备的修理成本，外购件以次充好，只要过了保修期就可以了，保修期以后出现的问题就与他们无关了。"

"看来我们今后要加强设备技术维修中的监理工作了。"这位设备管理人员有些感慨地说。

"是的，设备大修的施工过程是非常重要的，需要监理严格把关！"我又强调说。

5.2.8 技术维修计划考核指标

评价设备技术维修计划的依据是设备技术维修竣工单，由设备管理部门负责考核。考核的主要内容有：设备技术维修计划的完成数量、停机时间、维修费用、维修质量等。

设备技术维修计划是一座横在设备管理人员和设备技术维修人员今天和明天之间的桥梁，也是设备管理者的基本职能。设备技术维修计划意味着设备管理者把未来要做的事情提前进行准备，以便更好地实现目标。

> 彼得·德鲁克在《组织生存力》中有这样一段话，我们应当认真思考和回味一下：
>
> "计划并不能代替事实，也不能代替科学的管理，但是在制订计划时，你必须承认分析、经验、直觉，甚至灵感的重要性，记住，制订计划是一种责任，而不是一项技巧。"

设备技术维修计划完成考核类别指标见表5-12。

表5-12　设备技术维修计划完成考核类别指标

序号	类别指标名称	计算公式	考核周期	计划考核参考值
1	小修理计划完成率	$\dfrac{实际完成台数}{计划台数} \times 100\%$	月度	100%
2	项修理计划完成率		季度或年度	100%±10%
3	大修理计划完成率		年度	100%±5%
4	大修理费用完成率	$\dfrac{实际大修理费用}{计划大修理费用} \times 100\%$	年度	100%±5%
5	大修理平均停歇天数	$\dfrac{完成大修理项目实际停歇天数}{大修理项目复杂系数之和}$	年度	<100%
6	大修理质量返修率	$\dfrac{保修期内返修停歇台时}{返修设备实际大修理停歇台时} \times 100\%$	年度	<1%

5.3　设备技术维修评价

设备技术维修评价体系主要包括设备技术维修复杂系数、设备技术维修定额和设备维修的技术测算方法等方面的内容。

5.3.1　技术维修复杂系数评价案例

设备技术维修复杂系数，是苏联在设备计划预修制中提出的评价方法，是用来表示设备技术维修复杂程度的一个基本评价单位。在制定设备计划预修工作时，要确定对某种类型设备的正常技术维修工作量的评价，包括确定估算这类设备技术维修的特点和方法，以及确定评价设备技术维修的复杂性。至今，我国的许多企业仍旧使用设备复杂系数作为评价设备复杂程度的一种体系。

设备技术维修复杂系数是由设备的结构特点、工艺特点、尺寸大小等因素决定的。设备的结构越复杂、功能越强大、精度越高、生产率越高、主要部件的尺寸或体积越大、技术维修工作量越大，则设备的技术维修复杂系数越大。

设备技术维修复杂系数分为机械设备技术维修复杂系数（FJ）、电气设备技术维修复杂系数（FD）和热工设备技术维修复杂系数（FR）等。

估算设备技术维修复杂性相对值的简单有效方法，是将任何设备大修理劳动量与选定的标准设备大修理劳动量做比较评价。机械设备技术维修复杂系数是将机械加工设备中台式钻床作为标准设备，以这台设备的机械部分作为 1 个基本技术维修复杂性单位；或者以机械加工设备中 C620 型普通车床机械部分的技术维修复杂系数为 11 进行比较。电气设备技术维修复杂系数可将额定功率为 0.6kW，保护式异步鼠笼电动机的技术维修复杂系数为 1 进行比较。热工设备技术维修复杂系数是以 IBA6（IK6）型水泵为 1 个热工技术维修复杂系数作为相对基数。

由于社会的发展，科学技术的进步，以及机电一体化设备越来越先进，使设备技术维修复杂系数不宜简单地分为机械、电气、热工复杂系数，而需要在不断地工作实践中总结出一套既合理又适合的设备技术维修复杂系数。过去，在制定设备技术维修复杂系数时，没有认真考虑设备技术维修工作中的一些动态因素，比如设备的生产对象，设备的操作人员水平，设备的维护保养是否到位等问题，所以设备技术维修复杂系数有许多不足和需要改进的地方。

当前，许多企业对自己使用的现代化设备，由设备技术人员进行评价、比照，制定出设备技术维修复杂系数，供本企业内部在技术维修设备时作为评价体系使用。

就设备技术维修复杂系数而言，它的作用实际上就是定量地确定设备在技术维修过程中工作量的多少和维修工作的难易程度。设备技术维修复杂系数是半个多世纪以来的一种传统的设备技术维修定量指标。在当前，科学技术发展到今天，它已经不太适应设备技术维修的需要了。但是在许多企业，特别是一些老牌机械制造企业，为了能在设备技术维修中具备定量的特点，仍然沿用设备技术维修复杂系数。

而这其中有些企业的做法是，参考过去传统设备的复杂系数，由有经验的设备管理人员和技术人员比照制定本企业设备技术维修复杂系数，并在自己企业内部使用，得到了实用效果。当某些设备外委技术维修时，经双方协商、沟通，这些企业自行制定的设备技术维修复杂系数往往也会得到认可，并在实施外委设备的维修工作中得到了运用。

设备技术维修复杂系数在现代设备管理工作中不一定要全盘否认，它毕竟会在设备技术维修评价体系中发挥一定的作用，因为它有一个考量的概念。

5.3.2　技术维修定额评价

设备技术维修定额以设备技术维修复杂系数为基本单位。它包括平均耗用的设备维修工时、材料、费用、停歇天数等内容。

设备技术维修定额是考核设备维修各项消耗指标的依据，也是分析设备技术维修这项经济活动的依据。我们要从本企业的设备技术维修装备、设备维修技术水平出发，采用先进的、适用的设备技术维修工艺及管理方法。

要根据企业积累的设备技术维修记录，经过认真统计分析，力求达到设备技术维修费用与停产损失之间的最佳平衡。同时也要加强设备技术维修定额管理、设备技术维修成本的统计核算和经济活动分析，这些是进行设备技术维修的重要组成部分，并对提高技术维修工作水平和经济效益有着非常重要作用。

表 5-13 列出了设备平均修理工作定额方法。

表 5-13　设备平均修理工作定额方法

分　类	内　容
技术维修工作定额评价的设备分类	根据企业同类型设备数量的多少来确定设备分类，将同类设备数量较多的列入设备技术维修工作定额评价分类中
技术维修复杂系数分类	同类型设备中，实际消耗的工时、材料和费用要随设备技术维修复杂系数的增加而增加
统计内容	按照设备技术维修工时和设备停歇时间统计、所需的备件和备件处理统计、费用统计的内容来分别求出机械、电气、热工等设备技术维修复杂系数的平均维修工时定额，并进行评价
技术维修记录统计	当月将上月完工的设备技术维修项目，按照设备技术维修记录及有关部门提供的数据进行统计
技术维修工作定额评价	分析统计数据，以便制定设备技术维修工作定额评价时，要重点关注和考虑

5.3.3　技术维修定额评价案例

有一次，我在给一个企业进行设备管理培训时，当我讲到设备技术维修定额评价的内容时，有一位企业设备管理人员举手示意我他有问题要问我。

在每次进行设备管理或设备技术培训时，我在简短的开场白中都会要求在座的各位在听我讲课时可随时打断我的讲课，而举手示意我表明有问题要问。这样做，是为了在课堂上有一个互动的气氛，从而提高授课效果。

这位设备管理人员说："我们都知道搞设备技术维修定额评价是为了从设备管理中要效益，可是这个效益最终如何体现出来呢？"

就这个问题，我回答说："我们所说的利润最大化，就包括了从管理中要效益，当然，也包括了从设备管理中要效益，而设备技术维修定额评价就是设备管理中的一项内容。利润是企业全体员工辛勤劳动的结果，它代表了企业新创造的财富，利润越多则说明企业的财富越多，越接近企业的目标。而设备技术维修的利润要靠设备技术维修定额评价管理来实现。"

停顿了一下后，我接着说："我们都知道，利润是企业按照配比原则将一定期间内的全部收入减去全部费用后的差额，它是衡量和评价企业经济效益、考核企业经营成果的重要指标之一。企业实现的利润越多，在一定程度上反映出企业的经济效益、社会效益越好，说明对社会的贡献越大，企业资本补充的能力越强。"

企业从资金筹集、资金投放、资产营运到成本控制等工作的每个环节，无一不是为降低产品成本的消耗以实现企业利润最大化为目的。这样就明白我们搞设备技术维修定额评价的目的所在了，其效益的体现也就不言而喻了，它一定会体现在设备技术维修实施完工之后，同时也会检验我们所做的设备技术维修的合理性与科学性。

5.3.4 技术维修的经济指标

运用设备维修的技术测算法，在预定的设备维修内容、修理工艺、质量标准和企业现行设备维修组织方式的基础上，对设备维修的全过程进行技术经济分析和测算评价，从而制定出设备的维修工时和费用定额评价，并作为控制设备技术维修工作的一项经济指标。

设备技术维修分析测算评价的内容如图 5-16 所示，在采用时同时要考虑自己企业的特点和实际情况。

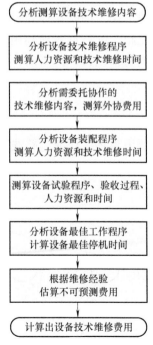

图 5-16 设备技术维修分析测算评价的内容

在进行设备技术维修费用的计算评价时可以参考表 5-14 所列的内容。

表 5-14　设备技术维修计算评价

内　容	依　据	符号
备件费用	修换明细表、易损件明细	b
材料费用	材料明细	c
协作人力资源费用	协作的维修内容	d
估测的临时备件、材料、人力资源费用	$e = K\ (b + c + d)$ 式中　K——系数，是根据以往同类设备维修实际发生的临时费用，经统计分析，计算求得的平均值与维修前预见且实际发生的 b、c、d 之和的比值	e
标准工时总数	预测的各工种工时总数	H
人力资源费用	按设备维修单位规定的单位标准工时计划价格乘以 H	f
设备维修费用预算	$A = b + c + d + e + f$	A

5.4　网络计划技术在设备技术维修中的实践

网络计划技术，实际上是系统工程中常用的一种管理方法，是以各项任务所需的时间为基础的。它的基本原理是将组成系统的各项任务分解为工序，按先后顺序排列构成网络图，再用网络图形来表示各项任务之间的相互关系和整个计划，找出影响任务的关键工序，据此对计划做出统筹规划、全面安排，对整个系统进行组织、协调、控制，以最有效地利用人力、物力、资金来源，用最合理的时间来完成整个系统的预期目标。当前，网络计划在设备技术维修中得到了广泛的应用。

5.4.1　网络计划方法

（1）网络图设计　网络图由事项、作业、路线所组成，应用中要按规范设计。具体可参考图 5-17 所示的事例。网络图标识的含义见表 5-15。

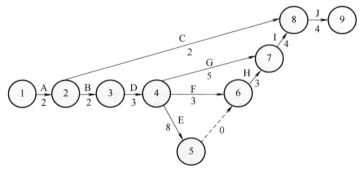

图 5-17　网络图

表 5-15　网络图标识的含义

符　号	含　义
→	泛指一项需要人力、物力、时间的具体工作过程，工作名称标注在其上方，可用大写英文字母表示；工作时间标注在其下方，用阿拉伯数字表示工作天数
- - →	表示工作过程中不消耗人力、物力，只需要时间。或者工作是虚作业，不消耗人力、物力、时间，只表示前后两个作业之间的逻辑关系
○	表示网络图中的事项，是一项作业的开始或完成的标识

　　网络图中的"路线"是指从起点事项开始，顺着箭头所指的方向，通过一系列事项和箭线，到达终点事项的一条通路。在网络图中，时间最长的路线称为关键路线，如图中①→②→③→④→⑥为关键路线。

　　（2）设计网络图的规范　设计网络图的规范见表 5-16。

表 5-16　设计网络图的规范

序　号	内　容
1	网络图中箭头方向是从左往右，不能有回路式循环路线
2	网络图中一对结点之间只能有一条箭线，必要时需引入虚作业，不允许出现编号相同的箭线
3	网络图只有一个起点和一个终点，必须是从起点到终点经各个中间结点连通起来，而不应该有中断的或前后无关联的孤立结点
4	网络图的有向性与不可逆性，每条箭线表示一项工作，箭线的首尾均应有事项，不允许从箭线的中间引出另一条箭线。时间是不可逆的，网络图只能随时间的推移而向前推进，不能逆向做
5	网络图的合理布局，尽量避免箭头线转折与交叉

5.4.2　网络计划设计程序

　　设计网络计划时要与网络图的设计结合起来，设计中要同时考虑相关问题。网络计划设计程序见表 5-17。

表 5-17　网络计划设计程序

步　骤	内　容
任务分解	把设备技术维修工作中的一项任务分解为多项专业，或者把总的设备技术维修任务分解为多项技术维修任务，再把多项技术维修任务分解成各项设备技术维修工作
设计网络图	根据设备技术维修明细中的工作，从起点开始，按技术维修工作的逻辑顺序连接箭线，设计设备技术维修网络图
网络图编号	设计好设备技术维修网络图后进行事项编号

　　网络图时间参数的具体内容见表 5-18。

表5-18　网络图时间参数的具体内容

序　号	具体内容
1	设备技术维修工作中各部分的技术维修工作时间
2	设备技术维修工作中各事项的最早开始及最迟结束时间
3	设备技术维修工作中各分部技术维修工作的最早开始与结束时间
4	设备技术维修工作中各分部技术维修工作的最迟开始与结束时间
5	设备技术维修工作中分部技术维修工作的时间差

5.4.3　网络计划实践案例

我到一些企业进行设备管理调研时，看到有的企业的设备技术维修部门的墙上挂着设备技术维修网络图，网络图设计得很好、很标准。但是，在一个企业当我将网络图上的时间天数与他们设备技术维修的作业现场进行对照时，发现设备技术维修的实际进度与网络图上规定的时间有很大出入，设备技术维修现场的实际进度滞后了网络图制定的时间进度足足有二十多天！

我问设备管理人员："设备技术维修的进度与网络图制定的时间怎么相差这么多？"

他们回答："等待设备备件的时间太长，把时间给耽误了。"

"设计网络图时没有考虑购买备件的时间吗？"我继续问。

"当然考虑了，原来想几天就可以了，但没想到要等待这么长时间！"他们回答。

"市场调研做了吗？"我接着问。

他们马上又回答："我们是根据以往的经验。"

问题就出在这儿！我们在设计网络图时，一定要与设备技术维修计划联系起来，该做的工作一定要做到。设备的计划人员、设备的备件管理人员、设备的技术维修人员等一定要相互沟通、相互协调，要合理设计设备技术维修网络图。网络图设计好以后，设备技术维修的实施工作一定要与网络图做到基本同步。

5.5　设备维修技术工作的实施管理

彼得·德鲁克在《卓有成效的管理者》中有这样一段话非常发人深省：

"想要成为卓有成效的管理者，至少需要五种训练。第一，卓有成效的管理者应该知道如何分配时间。他们善于通过对时间的掌握，实现有系统的工作。第二，卓有成效的管理者往往专注于贡献。第三，卓有成效的管理者会使自己的长处得到充分发挥。第四，卓有成效的管理者会锁定少数几个领域，并在这些领域中，用优异的表现带来卓越的成效。第五，卓有成效的管理者会做出最有效的决策。"

做设备维修技术管理工作，也是一种锻炼自己是否是一位卓有成效的管理者的工作。一位卓有成效的设备管理者应当在自己的岗位上尽量发挥自己的长处。

设备技术维修实施中技术工作规范管理的主要内容如图 5-18 所示。

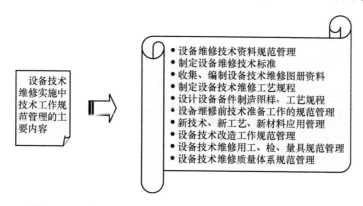

图 5-18 设备技术维修实施中技术工作规范管理的主要内容

5.5.1 维修技术资料管理

企业的设备技术维修资料管理工作在设备技术维修工作中起着非常重要的作用，企业设备技术维修资料规范管理的主要工作如图 5-19 所示。企业设备技术维修所用设备的相关技术资料见表 5-19。

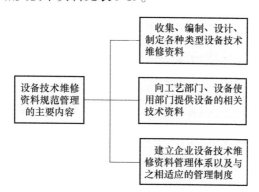

图 5-19 设备技术维修资料管理的主要工作

表 5-19 企业设备技术维修所用设备的相关资料

序号	名 称	主 要 内 容	备 注
1	设备合格证书	• 设备出厂合格证明 • 设备几何精度标准 • 设备出厂检测结果 • 设备出厂装箱单	

（续）

序号	名 称	主要内容	备 注
2	设备使用 说明书	• 设备名称、型号和规格、性能、参数指标 • 安装设备的基础图和平面布置图 • 设备的安装、操作、使用、维修说明书 • 设备的机械传动、液压系统、气动系统、制冷系统、冷却系统、强电系统的各原理图和弱电系统的方框图 • 设备手动润滑、自动中心润滑系统图 • 设备各类轴承安装位置图 • 设备易损件、备件明细表	
3	设备操作 说明书	• 设备操作指南 • 设备维护保养规范	
4	设备工具 清单	• 设备操作、修理用各种专用工具、检具 • 设备操作、修理用各种通用工具、检具	
5	设备制造 质量标准 和设备技 术维修质 量标准	• 设备制造质量标准 • 设备易损零件更换标准 • 设备装配通用技术条件 • 设备空载运行及负荷试验运行标准 • 设备几何精度及工作精度标准	
6	特种设备 技术资料	• 设备名称、型号和规格、性能、参数指标 • 安装设备的基础图和平面布置图 • 各种类型特种设备的安装、调试、验收标准 • 各种类型特种设备的技术要求 • 特种设备操作指南和设备维护保养规范 • 各种类型特种设备的试验程序、方法 • 各种类型特种设备需用量具、仪器 • 各种类型特种设备的安全防护措施 • 各种类型特种设备的润滑图表 • 设备易损件、备件明细表	
7	其他参考 技术资料	• 与企业各类型设备有关的国际及国外技术标准 • 与企业各类型设备有关的国家技术标准 • 与企业各专用设备有关的企业标准 • 收集的国内外设备技术维修先进经验资料 • 收集的国内外设备管理与技术维修经验期刊、材料等 • 企业内部总结的相关设备管理、设备技术维修资料	

5.5.2 维修技术文件管理及案例

设备维修技术文件管理案例：

　　有些企业在维修某种类型的设备时，往往会出现设备的技术资料收集不全的情况，有些是技术资料丢失了，有些是购置设备时技术资料就没有配齐，这就给设备的维修带来了极大的困难。

当出现这些情况时，一是与设备的生产厂家联系沟通购置资料；二是与有同样设备的其他用户联系复制资料。如果仍得不到资料，那就要采取第三种办法了，就是采取技术措施，对所需的设备零件进行测绘，但是，一些相关的技术问题就不能以资料的形式得到了。

需要更换的零部件可能会以不同形式和方法得到，但是，一些设备上的技术问题在得不到资料的情况下，只能是靠技术分析和以往的经验来获取了。

设备规范技术维修文件如图 5-20 所示。

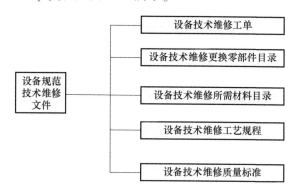

图 5-20　设备规范技术维修文件框图

设备技术维修工单是设备技术维修工作的依据，也是验收技术维修质量的重要依据。设备技术维修工单的制定程序见表 5-20。

表 5-20　设备技术维修工单制定程序

序　号	程 序 内 容
1	调研设备维修前的技术状态，存在的问题
2	确定设备加工产品工艺对设备的要求
3	确定设备技术维修类别和设备技术维修方案
4	确定设备主要部件的维修工艺和技术维修后的质量要求
5	设备技术维修草案要征求设备使用单位的意见并且按规范进行会签
6	设备技术维修草案送交企业相关部门和企业有关领导审核和批准

设备技术维修质量标准要说明设备技术维修工作结束后，要按哪些通用或专用设备技术维修质量标准进行验收。其中，通用设备质量标准应说明技术维修设备的名称和资产编号，专用设备质量标准应作为设备技术维修工单的附件。设备技术维修工单的内容如图 5-21 所示。

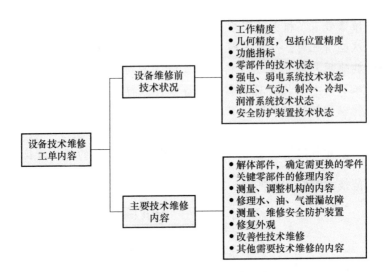

图5-21 设备技术维修工单的内容

设备验收标准应用案例：

设备技术维修工作结束后的质量验收标准非常重要，设备的使用说明书中都应当含有这个标准的名称、编号，甚至具体的质量验收标准的内容，以方便设备的用户查询。

但是也有的设备生产厂商不提供或者不全部提供这部分内容，在这种情况下，设备的用户就要在设备技术维修前搞清楚设备的质量验收标准，以便在设备技术维修过程中和设备技术维修工作结束后的验收中使用。决不能像有些企业的设备管理人员或技术人员那样稀里糊涂，不知道设备技术维修后用什么标准来检验和验收设备！

记得在一个企业我就看到过这种情况：一台数控车床大修理完成了，乙方向甲方交付验收，设备的功能部分按照该设备的使用说明书的内容验收了，而设备的几何精度却不知道用什么标准来验收了，而这台数控设备的说明书中并未提出几何精度的标准。使用了七八年的设备竟然没有搞清楚精度标准！真不知道当时这台设备是怎么验收的？在使用过程中又是根据什么来安排加工产品的？

被维修设备解体检查后，要确定设备技术维修内容。设备维修完工验收后，应对设备技术维修内容发生的变更情况做出详细记录，并且作为设备技术维修工单的附件，随同设备技术维修验收单一同归入设备技术档案。

设备技术维修更换件目录，是预测维修设备时需更换的零件、部件明细表，设备技术维修更换件明细表的表格样式见表5-21。

表 5-21 设备技术维修更换件明细表

填表时间：

序号	设备名称	设备型号	资产编号	维修类别	更换件图号	更换件名称	更换件材料	更换件数量	单价	合计	备注

制表人：　　　　　　　　　　仓储人员：　　　　　　　　　领用人员：

设备技术维修时，设备更换件明细表的内容如图 5-22 所示。

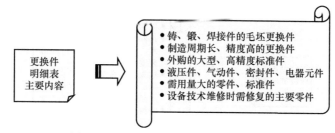

图 5-22 设备维修更换件明细表的内容

要把直接用于设备技术维修的材料（不包含设备技术维修时所用的各种辅助材料）列入设备技术维修材料的明细表中。设备技术维修材料明细表的表格样式见表 5-22。

表 5-22 设备技术维修材料明细表

填表时间：

序号	设备名称	设备型号	资产编号	维修类别	材料名称	材料质量	材料规格	材料数量	单价	合计	备注

制表人：　　　　　　　　　　仓储人员：　　　　　　　　　领用人员：

设备技术维修工艺规程包括的内容如图 5-23 所示。

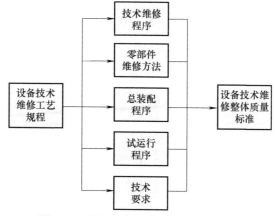

图 5-23 设备技术维修工艺规程的内容

设备技术维修质量标准是指设备经过技术维修后必须达到所规定的性能指标、技术参数等量化指标。

机械加工设备大修理质量标准制定方法案例：

制定设备大修理质量标准的原则如图 5-24 所示。

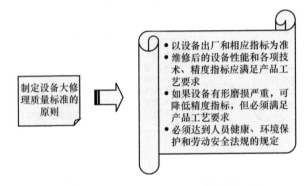

图 5-24　制定设备大修理质量标准的原则

设备大修理对设备质量要求的主要内容如图 5-25 所示。在机械制造行业中的金属切削设备中，设备大修理对精度的要求如图 5-26 所示。

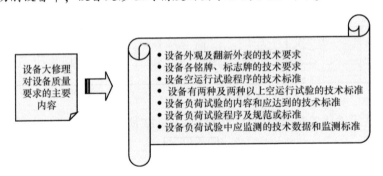

图 5-25　设备大修理对设备质量要求的主要内容

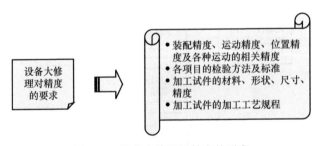

图 5-26　设备大修理对精度的要求

对于通用机械加工设备，可选择企业经常加工的典型零件作为试件，并按照设备出厂标准或者相应标准的规定进行。对于专用机械加工设备，可以按照企业规定的产品零件及其加工工艺规程进行工作精度检验。

> 彼得·德鲁克带领六位大师编写的《组织生存力》中，洛克菲勒基金会总裁朱迪斯·罗丁在《我们追求的成果是什么》文章中有这样一段话：
>
> "'组织生存力'这套工具有一个不言自明的前提，那就是：我们的计划是规定的，而且成果必定源自计划。可非营利组织的计划工作通常是反复的，而非线性的，我们的计划不仅要推进我们的使命，而且还要产生可测量的成果，只有这样，我们才能知道自己的计划是否取得了成功。"

5.5.3　技术维修信息化管理方式

当前，在设备管理信息化系统中，设备技术维修管理是这个信息化管理系统中的核心模块。系统预设了各种常用作业工单，在实际工作中，可自行设定工单分类、样式、流程。周期性工单可使系统自动生成并且预警。

设备技术维修信息化管理如图 5-27 所示。

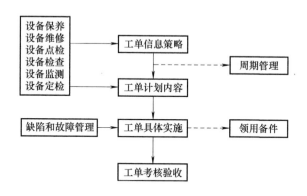

图 5-27　设备技术维修信息化管理框图

图中工单分类支持分级，可以一个分类对应一个标准，也可以对应多个标准。预设的常用分类见表 5-23。

表 5-23　设备技术维修信息化管理工单预设的常用分类

常用分类	对应标准	设备检验
设备保养	设备润滑，设备密封，一级保养（日保）、二级保养（月保）、三级保养（定期保养）	各行业中各类型通用设备、成套设备
设备维修	设备大修理、中修理、小修理、项修理，设备检修理，设备故障急修理，设备故障随机修理	各行业中各类型通用设备、成套设备
设备点检	日常点检，专家巡检，定期点检、精密点检	各行业中各类型通用设备、成套设备
设备检查	计划检查，维修检查	各行业中各类型通用设备、成套设备
设备监测	状态监测，预防维修监测	各行业中各类型通用设备、成套设备
设备定检	仪器送检，设备校验（特种设备）	压力容器、锅炉、运输设备、起重设备、电梯等

第 6 章

设备备件规范管理

　　一个重视产品质量和产量的企业，当它还没有将设备维修工作走出企业，迈向市场化的那一刻，它一定不会把生产产品的设备所必需的备件管理从它的企业管理中剔除掉，至少当企业的发展进程还未达到和走向备件真正"零库存"的水平时，就必须重视设备备件的规范管理。

在设备维修工作中，为了缩短设备修理停歇时间而按照储备原则预备的零部件，即根据设备的磨损规律和零件使用寿命，将设备中容易磨损的各种零件、部件，事先加工、采购和储备完善。这些事前按一定数量储备的零件、部件，称为备件。备件按零件类别划分为机械备件、电器备件、动力备件、特种设备备件、运输设备备件等，这种划分有利于分类储备。备件按来源划分为自制备件、外购备件等，这种划分有利于编制采购计划和生产计划。备件按使用性能划分为易损件、配套储备件、关键件、标准件等，这种划分有利于编制储备定额。

为了满足设备维修的需要，提高企业经济效益而从事的备件编制、资金核算、备件计划、生产、订货、供应、储备、仓储管理及备件经济效益分析等工作的总称就是设备备件规范管理。

> 彼得·德鲁克在他的《变动中的管理界》中说："用短线心态经营企业，势必付出昂贵的代价。"

一个企业不应当只看眼前的蝇头小利，只为眼下的一点点利益而不顾企业的长远利益和发展空间。不重视设备备件规范管理在某些企业已经成为一种弊病，给设备管理工作带来了困难，给企业的发展带来了障碍。

设备管理人员要从系统观点出发，把设备管理及设备备件规范管理工作看成一个有机整体，从研究设备故障、设备修理及设备备件工作的规律入手，权衡设备停机时间和费用对设备素质和经济效益的影响，从而搞好各项工作。为此，就要健全设备备件管理机构，加强人员培训，提高设备备件管理人员的业务素质和管理水平，推进设备备件的规范管理。

6.1　设备备件分类管理和工作流程

设备备件管理是企业设备管理工作的重要组成部分，科学、规范地储备并为设备维修提供备件支持，是设备管理工作必不可少的基础的、规范的管理工作之一，是提高设备维修质量、保证设备修理周期、支撑企业生产合格产品的重要管理工作。

企业规范、完善的设备备件管理的内容见表6-1。

表 6-1 规范、完善的设备备件管理的内容

序号	具体内容
1	主数据管理，使企业层面信息一致
2	信息化管理、互联网+备件管理，形成基于网络的备件目录，用于企业内部设备备件需求计划及外部采购协同
3	整合维修和备件管理，基于维修单的备件需求与领用，准确管理备件实际消耗
4	基于综合消费的备件需求计划，确保备件消耗需求被准确计算
5	备件中的预测模型，支持历史消耗，形成未来需求预测
6	与财务集成，支持备件消耗统计分析，支持利用企业资产获利

6.1.1 订购备件管理案例

有一次，我在一个企业应邀讲授设备管理课程，当讲到设备备件管理时，有一位学员提到了这样一个问题，他说："我们在采购设备或专项定制设备备件时，总想多订购一些，总害怕把最需要的给漏掉了，但资金又有限，又不可能把想到的设备备件都给订购上。这样，设备在使用过程中，当出现故障需要备件时，往往是需要的备件没有订购上，而不需要的备件很多年都用不上。到底怎样做才能做到最合理呢？"

我说："订购设备备件一定要听取最熟悉该设备功能、结构和设备技术状态的技术人员或维修人员的意见，并与他们经常保持沟通。同时也要多听设备制造厂家技术人员的意见，不要单纯地只听设备销售人员的意见。这一点非常重要，如果我们真正这样做了，就会提高设备备件采购、存储的科学性和准确性，降低设备备件的积压库存。"

"如果资金有限，就将需要采购的备件按轻重缓急排排队，不要胡子眉毛一把抓误了大事。"我又接着说。

设备备件管理也一定要列入企业规范管理之中。

如果企业的设备备件储备过多，就会造成积压，增加备件库房的面积和备件的管理费用，从而影响企业流动资金的周转，增加企业产品的成本。如果设备的备件储备过少，就会影响备件的及时供应，妨碍设备的修理进度，延长设备停歇时间，使企业的生产和经济效益遭受到损失。设备备件的作用在于使设备功能保持连续稳定的发挥，降低因备件而导致的设备停机时间。

6.1.2 备件分类管理

设备备件主要分为机械零件和配套零件。将备件按其型号、规格、价格、尺寸形状、工作状况、采用标准等进行分类，具体划分见表 6-2。设备的备件按其来源进行划分，可分为自制备件和外购备件，见表 6-3。

表 6-2　备件类别划分

备件类别	定　义	举　例
机械零件	构成某一类型或某一型号设备的专用机械构件，在设备机械系统中构成不能再继续拆分的最小单元	螺钉、螺母、垫圈、齿轮、丝杠、主轴、传动轴、曲轴、连杆、传动带等
配套零件	标准化的、通用于各种设备的。设备制造企业和设备使用企业可按设备的工作条件、连接尺寸、功能和精度要求等随时选用、更换的零部件	各类滚动轴承、液压元件、气动元件、仪器仪表、电器元件、密封元件等

表 6-3　设备备件按来源划分

备件来源	定　义	举　例
自制备件	根据设备维修的需要，以及企业的生产能力，自行生产制造设备备件，其中包括无法通过外购方式解决的备件和配套零件	企业自行设计、测绘、制造某些非标准零部件等
外购备件	向市场购买配套零件、部件，这些配套零部件要有国家标准或具体的型号、规格，都具有广泛的通用性	齿轮、轴承、链条、主轴、摩擦片、皮带、液压组件、气动组件等

20世纪80年代以前，在我国的许多行业内部，甚至超出行业范围，企业与企业之间对设备的各种备件都进行相互信息沟通、互相协作、互通有无。这样做，对某些企业来说既减少了设备备件的库存，又降低了一些备件的积压。对另一些企业来说既及时解决了设备维修的备件问题，又使设备的备件资金快速利用、快速产生效益。

在当今市场经济条件下，如果一个行业、一个地区根据行业、企业的特点通过互联网对设备的各种备件都进行相互信息沟通，互相协作、互通有无。如果努力做到了，岂不是双赢？这就需要企业间的配合。如果做到了，这不也是设备维修市场化的一种模式吗？

> 彼得·德鲁克在《成果管理》中说："诚实的力量是巨大的，它所形成的吸引力、向心力，能化为财源和取之不竭的无形资本。"

空口的承诺丝毫不能跟真正的服务相比，诚实是促使这种协作成功的最有效的办法。

设备备件按使用特性划分，可分为常备备件和非常备备件，见表6-4。设备备件按精度和复杂程度划分，可分为关键或重要备件及一般备件，见表6-5。

表 6-4 设备备件按使用特性划分

备件使用特性	定 义	举 例
常备备件	设备的一般备件,在设备维修中要经常使用,同时设备停工损失大又需要保持一定储备量的备件	易损件和消耗量大的设备上用的标准配件及关键件,或者关键或重要设备备件
非常备备件	使用频率比较低,设备发生故障后的停工损失相对也比较小,同时价格又比较昂贵的设备备件	按照设备非常用备件筹备的方式,要根据设备的修理计划预先或作短期储备零件的计划进行购入。也可在设备修理之前随时购入,或者备件制造后要立即投入使用的随时购入

表 6-5 设备备件按精度和复杂程度划分

按精度和复杂程度	定 义	举 例
关键或重要备件	精度要求高、加工周期长、采购困难、对生产影响大、占用资金多、要重点加强管理的设备备件	精密齿轮副、精密丝杠副、精密蜗杆副、精密主轴副、精密传感器等
一般备件	常备备件。设备维修中经常使用而需保持一定储备量的备件,是关键或重要设备备件以外的其他备件	各类易损轴承、易损件、消耗量大的标准件等

6.1.3 备件基础管理和案例

设备备件管理的目的就是企业要用最合理、最适合企业生产经营的备件资金,采用科学的备件仓储方法,来保证设备维修的需要,降低设备故障停机率,提高设备维修质量和设备可利用率。

设备备件管理的目的见表 6-6。

表 6-6 设备备件管理的目的

目 的	内 容
降低故障率	设备发生随机故障和突发事故所造成的停机损失降到最低程度,提高设备可利用率
降低维修费	设备随机维修和计划修理费用降到最低,设备的修理停机时间缩到最短
资金合理	备件的储备资金保持在科学、合理的范围内
信息准确	备件管理要规范、标准,备件管理的各类信息要准确、及时
信息及时	备件管理的各类信息要及时
效果明显	备件要能满足设备维修工作的需要

备件基础管理案例:

近几年,由于工作关系,我受邀参加调研了一些国有企业和民营企业的设备管理工作。当看到其中有个别企业的设备备件管理比较混乱,设备基础管理不规范，甚至企业设备管理体系还没有健全，我的内心有一种说不出的滋味。从备件管理的角度看，没有规范的设备备件计划和报表；库房乱，货架乱；库房内的设备备件随意乱丢、乱放；备件的入库、出库手续不全、不规范；任何人都可以随便进入库房；领导对库房的这种现状视而不见。

这样的设备备件管理怎么能适应企业设备维修，并保证企业的生产？企业应踏踏实实地抓设备的基础管理，抓设备的规范管理。没了基础、没了规范，什么也搞不好，什么也抓不起来。创新是在基础管理之上、在规范管理之上。不管是工业4.0时代，互联网＋时代，还是中国制造2025时代都不能丢掉基础管理，不能丢掉规范管理。

6.1.4　备件管理工作流程

设备备件规范管理的工作流程如图6-1所示。

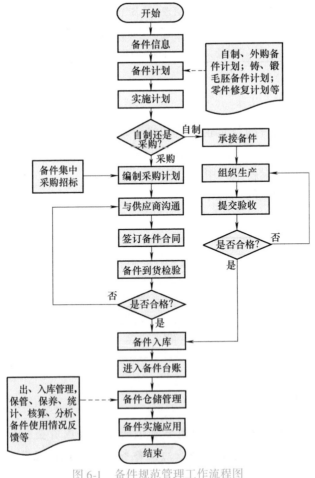

图6-1　备件规范管理工作流程图

6.2 设备备件技术管理

通过对设备备件的技术管理，我们可以掌握各类设备备件技术准备工作的内容和备件的需求量，其中包括掌握备件图样和技术资料、备件实物的测绘、备件图册编制等。通过对备件的技术管理可为以后的备件采购、备件生产、备件仓储等工作提供规范的依据。

6.2.1 备件技术资料

设备备件技术资料主要包括备件图册、维修手册、备件汇总表、备件统计表等，如图6-2所示。

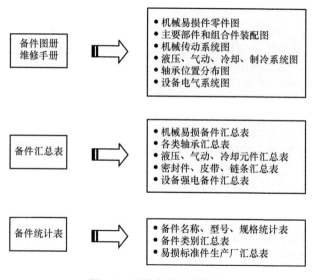

图6-2 设备备件技术资料

6.2.2 备件储备方法及案例

备件储备方法案例：

有些企业一味追求降低设备备件的储备，减少备件资金；或者一味追求设备备件的大量储备，就怕备件跟不上设备维修的需求。这两种情况都将给企业带来经济上的损失，而且这两种对设备备件储备的极端做法都是不可取的，都是不科学的。

不少企业都在考虑或者着手考虑设备备件的"零库存"问题。在一些企业讨论设备备件的"零库存"时，其中有不少人都认为，自己的企业想要取消设备的备件库，同时希望设备的制造厂家或设备备件的制造厂家在本企业或在本地区建立设备备件的储备仓库。这样，企业不再由于储备设备备件而影响资金周转。

但是这些企业没有想到，设备的制造厂家或者设备备件的制造厂家也不愿意过多地储备设备备件，也不愿意积压资金，也希望设备备件的储备在一个最合理的范围或区间内。

在现阶段，要达到设备备件的供需双方共赢的目的，就要找到一个平衡点，而这个平衡点是对双方都有利的，否则真正意义上的设备备件的"零库存"只能是空想。

设备备件的储备范围要掌握一个原则，就是在保证设备维修的前提下，尽量减少备件库存。设备备件储备方法见表6-7。

表6-7   设备备件储备方法

方　　法	具　体　内　容
结构状态分析法	对设备的结构、性能、运动状态进行分析和整理，根据受力、精度和性能的变化情况，以及备件储备范围来确定出应当储备的设备备件范围和数量
技术统计分析法	对设备的日常维修和各项修理中需要更换备件的消耗量进行准确统计，并进行必要的技术分析。通过设备零部件消耗量的准确统计，找出零部件需要量的原因，同时参考设备的结构情况来确定备件的储备量，并且将两者结合起来进行综合分析，来确定应当储备的设备备件范围和数量
经验估算法	根据以往设备备件管理的经验，参考企业历年的统计资料和有关设备的技术文件，并结合生产实际和消耗定额，还可学习同行业企业备件管理的经验，确定应当储备的设备备件范围和数量
参考资料比较法	参考行业以及与企业相对应行业的备件手册、标准件手册和电器、液压、气动元器件手册等。还可以结合前几种方法来确定企业的设备备件储备范围和数量

设备备件的储备形式通常有三种：

1）按设备的管理体制，分为集中储备和分散储备。

2）按设备备件储备方法，分为周转储备和安全储备。

3）按设备备件的储备性质，分为成品储备、半成品储备、毛坯储备、成套储备和部件储备等多种形式。

设备备件的储备形式见表6-8。

表6-8   设备备件储备形式

备件储备形式		基　本　含　义
按备件管理体制	集中储备	通用、标准、精度、贵重以及本企业不具备制造设备备件的条件或者自行制造不经济的设备备件
	分散储备	企业各使用单位分别管理。在地域分散或大型企业中，通常将关键或重点、储量大及特殊的外购设备备件集中储备，而将常用、专用等设备备件分散储备，来提高设备的维修效率，从而提高设备的可利用率和利用率

（续）

备件储备形式		基 本 含 义
按备件储备方法	周转储备	为保证设备日常维修，保证备件间隔期，对于消耗量大、更换频繁的设备零部件，需要经常保持备件库存的储备量
	安全储备	为防止备件供应不及时，或者设备维修需要突然增大，由此建立起的一定数量的备件储备。这种备件储备在一般情况下不动用，起到安全储备的作用
按备件储备性质	成品储备	将需要更换的设备零部件完全按照设备的原始图样的技术要求进行对外委托或企业自行加工完毕后进行的备件储备。这种备件的尺寸、精度指标已经达到要求，直接安装使用
	半成品储备	将需要更换的设备零部件的个别尺寸留有一定余量的技术状态下进行的备件储备
	毛坯储备	对于难以确定需要更换的设备零部件的加工尺寸，并且属于锻、铸的设备备件，以毛坯的形式进行备件储备
	成套储备	为了保证需要更换的设备零部件的配合精度或传动精度，需要采用成套制造并进行储备的备件
	部件储备	对关键或重点设备的主要部件，或者制造工艺繁琐、精度要求高、技术条件严格，可能会造成设备停机修理，综合损失大的零部件，可以采取部件储备形式

备件储备形式案例：

设备备件的储备形式有多种多样，如何科学、合理地进行储备是需要认真思考和认真对待的。

前些年，在一个企业我看到了这样一种情况，该企中有不少设备役龄时间都比较长了，设备的生产厂家已经不再制造这种型号的设备了，这种型号设备的备件也停止生产了，当然也停止订货了。但企业的经济现状又不允许淘汰和更新这些设备，摆在企业面前的问题是，要么对设备进行技术改造，要么对设备自行加工生产需要更换的零部件。

由于企业在这之前忽视了设备备件的合理储备，造成了眼下的困难局面。为了解决这种困难局面，企业选择了技术改造和自行加工生产需要更换的零部件两者合一的办法。核心部分进行技术改造，必须进行零部件更换的部位与已经淘汰该设备的企业进行联系、沟通，低价购买，少部分零部件自行进行设计和加工。这不但从时间上解决了当前急需解决的设备问题，而且回避了需要大量资金订购新设备的问题，给企业带来了缓冲的时间，为下一步企业生产产品的更新换代赢得了空间。

这个案例的情况不是所有企业都会碰到的，但有一点是明确的，企业一定要根据自己设备的实际情况，从不同角度考虑备件问题，解决备件问题。

6.2.3 备件储备定额

设备备件储备定额，是指企业以满足设备维修的需要，保证生产和不积压备件资金，缩短设备备件储备周期为原则而确定备件储备量的定额。

备件储备限额就是备件储备数量的限额。储备限额有最高和最低定额之分，也就是最高储备量和最低储备量。它的制定依据为单台设备的备件数量、同类型设备备件的数量、备件的年平均消耗量等。制定设备备件储备定额需思考三个方面的内容，如图6-3所示。

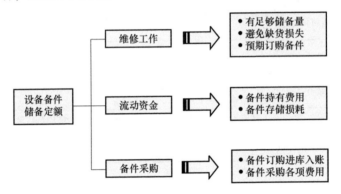

图6-3 制定设备备件储备定额需思考的内容

设备备件储备的品种取决于备件的使用寿命，而储备备件的数量则取决于设备备件的消耗量以及设备维修能力和备件供应周期。确定设备备件储备量定额时，应以满足设备维修的需要，保证不积压备件资金、缩短储备备件周期为原则。设备备件储备计算可参考表6-9。

表6-9 设备备件储备计算

名 称	计 算 公 式
备件储备量	$$Q = KE\frac{Z}{C}$$ 式中 Q——设备使用企业的备件储备量 K——系数，根据设备使用企业备件的制造能力和制造水平，备件生产厂家的售后服务及供应水平，以及厂家之间的协作条件和协作水平来确定，取值范围为 $1 \sim 1.5$ E——设备备件的拥有量，指企业所有设备上所使用的同一种备件的数量 Z——设备备件的供应周期，对于自制设备备件是指设备使用单位从提出设备备件申请到设备备件入库的时间，对于外购设备备件是指从提出设备备件申请到设备备件入库的时间 C——设备备件的平均使用寿命，指各类设备备件从开始使用到不能使用为止的平均寿命时间，一般以月为时间单位进行计算

（续）

名　称	计算公式
备件实际消耗量	$$M = \frac{E}{C}$$ 式中　M——设备备件的实际消耗量，是指在一定时间内同类型设备备件的实际消耗的数量，可以用设备的一个大修理周期的备件实际平均消耗量计算
备件实际平均消耗量	$$Q = KMZ$$

　　自制设备备件储备量计算可参考表6-10。外购设备备件储备量的计算可参考表6-11。

表6-10　自制设备备件储备量计算

名　称	公　式
自制备件最小储备量	$$Q_{min} = KMZ$$ 式中　Q_{min}——自制备件的最小储备量，是备件的最低储备限额，即备件供应周期内的储备量
自制备件最大储备量	$$Q_{max} = KMG$$ 式中　Q_{max}——自制备件的最大储备量，是备件的最高储备限额，要求考虑最经济的备件加工循环周期，经济合理的组织备件生产，备件的最大储备量一般不应超过该备件18个月的消耗量 G——按月计算最经济的备件加工循环周期，通常是指第一次生产某种备件到第二次生产同一种备件最经济的时间周期
自制备件订货点	$$Q_{订} = Q_{min} + MZ$$ 式中　$Q_{订}$——备件的订货点，是指库存的备件使用到该备件需要补充订货的储备量

表6-11　外购设备备件储备量计算

名　称	公　式
外购备件储备量	$$Q_{外} = K_{外} M_{外} Z_{外}$$ 式中　$Q_{外}$——外购备件的合理储备定额 $K_{外}$——系数（取1.1~1.4） $M_{外}$——外购备件的月平均消耗量 $Z_{外}$——备件的供应周期（一年订货一次为12，半年订货一次为6，一季度订货一次为3，进口备件为24）
修复的外购备件	$$Q_{h} = M_{月} Z_{修}$$ 式中　Q_{h}——设备备件合理储备量 $M_{月}$——外购备件月平均消耗量 $Z_{修}$——备件修复周期

> 彼得·德鲁克在他的《成果管理》一书中有这样一句话："不能等到未来到来后才去把握，未来需要在今天就开始把握。"

企业发展的未来是由那些与企业当前任务有关的决策和行动所开创的。"坐井观天"或"短期行为"的管理者造就的企业是没有前途的。眼光向外、向前，站在外部、站在高处的管理者才能获得对企业未来发展的真正认识。

6.2.4　备件储备量案例

某企业的某型号设备的主传动轴，每台设备使用一件，该企业有同型号的设备 80 台，该主传动轴的使用寿命为 5 年，制造周期为 2 个月，最经济的加工循环周期为 8 个月。该主传动轴的最小储备量、最大储备量和订货点各是多少？

解：主传动轴的消耗量为

$$M = \frac{E}{C} = \frac{1 \times 80}{8 \times 5} = 2$$

已知供应周期 $Z = 2$（月），加工型号周期 $G = 8$（月）。

按企业条件选 $K = 1.1$，按表 6-10 有：

$$Q_{\min} = KMZ$$
$$= 1.1 \times 2 \times 2 = 4.4$$

取 4 件；

$$Q_{\max} = KMG$$
$$= 1.1 \times 2 \times 8 = 17.6$$

取 17 件；

$$Q_{订} = Q_{\min} + MZ$$
$$= 4 + 2 \times 2 = 8$$

即该主传动轴的最小储备量为 4 件，最大储备量为 17 件，订货点是 8 件。

6.3　设备备件计划与市场信息管理方法

企业设备备件的计划管理工作内容主要包括自制设备备件、外购设备备件计划的提出，备件采购计划的编制，备件生产计划的编制等。同时通过对设备备件需求量的预测，结合企业对设备的维修能力、设备维修计划及市场备件的供应情况来编制备件的生产、订货、储备、供应等计划。

> 正如彼得·德鲁克在《卓有成效的管理者》中说的那样："除了个别事情外，所有的决策都要坚持一种共性，也就是说要为决策设置出准则。"

6.3.1 备件计划编制

（1）计划分类 按设备备件的性质，设备备件编制计划可以分为四类，见表6-12。

表6-12 设备备件编制计划分类

类 别	内 容
第一类	易损件计划和常换件计划主要是围绕设备的维护保养进行编制的，并在设备的维护保养工作中使用
第二类	非常换设备备件计划主要是围绕设备的大修理、中修理、项修理进行编制的，并在设备的大修理、中修理、项修理的工作中使用
第三类	设备的主要结构件计划主要是围绕设备随机发生故障后的修理进行编制的，并在设备随机发生故障后的修理工作中使用
第四类	进口设备的专用零部件计划主要是围绕进口设备维护、修理进行编制的，并在进口设备维护、修理工作中使用

按照设备备件的来源进行分类，设备备件编制计划可分为自制备件计划和外购备件计划两类。它也可按照备件计划的时间周期进行分类，详细内容如图6-4所示。

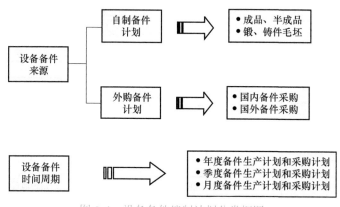

图6-4 设备备件编制计划分类框图

（2）计划编制依据 设备备件计划编制的主要依据共有12项，见表6-13。企业要根据自己的实际情况找出自己企业设备备件计划编制的依据，与相关部门和相关人员进行沟通、交流。

表6-13 设备备件计划编制依据

序 号	编 制 依 据
1	各类设备备件统计汇总及仓储的存储量
2	设备定期维护保养所需的备件
3	备件市场和供应商的供货信息
4	备件出库、入库动态记录和各使用单位的使用情况记录
5	备件在计划期前的结转量

（续）

序 号	编 制 依 据
6	备件达到企业规定的订货点和最小存储量时仓储管理提出的备件申请记录
7	备件计划期内的设备维修计划和设备开动率
8	备件在历史上同一时期的使用量
9	返回仓储的质量问题备件记录和可修复零部件的记录
10	对生产计划、材料供给、生产能力的动态技术分析
11	备件的生产周期和采购周期
12	设备备件历史上的消耗记录

6.3.2 编制备件计划的流程

设备备件计划的编制可参考图 6-5 所示的流程。

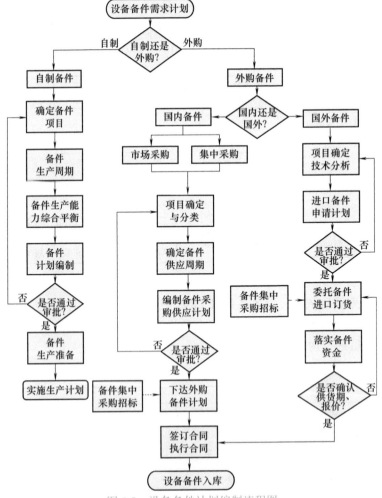

图 6-5　设备备件计划编制流程图

不同企业对设备备件的管理方法会有所差异，设备备件计划的编制方法也会不尽相同。但是有一点是必须要注意的，那就是设备备件的编制一定要规范，要适合本企业。

6.3.3 编制备件计划的要点

在对企业设备备件管理本着保证备件质量的条件下，既要符合经济性又要符合科学性、合理性的原则下，在进行控制和平衡计划周期内的各类设备备件需求量的前提下，还要注意三个方面的要点。

（1）确定自制和外购设备备件的要点 在确定自制与外购设备备件时，需要从备件的质量、经济、周期等几个因素进行综合论证，从市场经济的角度出发，要以外购备件为主。当设备备件外购无货源，或者外购明显不经济，或者外购在周期上不能满足企业的需求，而企业又有生产该设备备件的能力时，应当确定列入自制设备备件计划内。

（2）确定购置境内与境外设备备件的要点 在境内与境外设备备件的选择上，首先应立足于在国内大陆解决，要充分相信国内相关企业的生产能力和制造水平。只有当在国内由于技术上不能解决的备件，再确定向国外相关厂商进行订购。

（3）确定购置境外设备备件的要点 按照相应国家或地区与厂商订购设备备件的程序和规定进行办理；确认进口备件订货单；备件按要求到达后，企业要及时委托当地商检部门开箱检查并进行备件的技术鉴定，若有问题，应当及时索取商检证明和备件运输单位的证件，按相关规定索取应当得到的经济赔偿。

6.3.4 编制备件计划的案例

"买得起马，配不起鞍"，往往是一些企业在采购进口设备时的通病。就是说，花大价钱订购进口设备，而必要的一些备件却资金不够了，备件采购不能随主机到位了。

一种原因是在选择备件时就没有考虑或没有考虑全面。还有一种原因是企业的体制问题，买设备的只管买设备，随机需要购置的备件问题不管，也不与相关部门进行沟通。

在对进口设备进行市场调研时，对该设备所必需的备件也要进行充分的市场调研，要了解好价格行情。一定量的备件随同设备一同采购时，要比设备采购完成后再采购备件，价格上要便宜得多，并且可节省许多备件的采购时间。

因此，在申请设备采购资金时要充分考虑到这一点，要考虑进口设备使用一个周期的备件储备。在选择备件时要有技术人员参加，这是至关重要的。

6.4 设备备件经济管理方法

设备备件的经济管理，是设备备件规范管理工作中的重要组成部分，也是不可或缺的重要的设备管理工作之一。设备备件的验收、入库、出库、仓储、维护、发放等是一项既繁琐又细致的工作。要充分利用设备备件的动态信息进行统计和分析，来摸清各类备件在使用期间的消耗规律，逐步修订备件储备定额，压缩备件储备资金，规范储备各类设备备件。

6.4.1 备件仓储管理流程

（1）设备备件仓储形式　表6-14列出了几种常见的设备备件仓储形式。

表 6-14　设备备件仓储形式

序　　号	仓储形式
1	设备的综合备件仓储形式，集中统一管理
2	设备的机械备件仓储形式，机械备件单一管理
3	设备的液压、气动、冷却、润滑系统备件仓储形式，系统备件管理
4	设备的强电系统、弱电系统、操作系统备件仓储形式，电器备件单一管理
5	设备的锻造、铸造的毛坯备件仓储形式，机械毛坯件单一管理

设备备件仓储的组织形式一定要根据本企业的特点和实际情况进行选择和设置，不是固定不变的。不同类型的行业、不同类型的企业，由于设备类型不同，设备备件仓储的组织形式也不尽相同。

（2）设备备件仓储规范管理工作流程　设备备件仓储规范管理的工作内容和要求见表6-15。设备备件仓储规范管理的工作流程如图6-6所示。

表 6-15　设备备件仓储规范管理的工作内容和要求

内　　容	要　　求
备件仓储入库管理	1. 备件仓储入库验收 ● 数量、品种、包装、规格要与票据相符 ● 备件具有合格证，所需的单据要完备 2. 备件入库要按规范做维护和保养工作 3. 备件入库要登记，挂标签、贴条码，规范存放
备件仓储库房管理	1. 入库备件要由管理人员规范存储、账目清楚、摆放整齐 2. 定期检查、维护保养；实施设备备件的动态管理；领用、处理要按规范执行
备件仓储出库管理	1. 对不同类别的备件，要按相应的领用规定办理出库，及时销账，规范履行手续 2. 出库备件要办理相应的财务手续，保证备件动态管理的准确性 3. 有回收利用价值的备件，要按以旧换新的规章制度执行

（续）

内 容	要 求
备件注销处理管理	1. 由于设备调出、改造或报废所造成的企业不需要的设备备件，要及时办理注销和财务手续 2. 因设备备件设计或工艺错误，以及仓储管理不规范而造成设备备件无法使用，又无法修复的要提出防范措施并及时办理相应的设备备件注销和财务手续

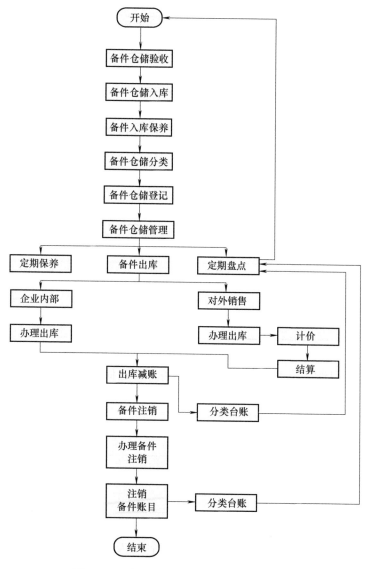

图6-6 设备备件仓储规范管理工作流程图

6.4.2　备件仓储管理统计表

设备备件入库单见表6-16。设备备件入库单应当由设备备件的交货人填写，入库的设备备件必须附有该产品的质量合格证。

表6-16　设备备件入库单

交库人：　　　　　　　　　　　　　　　　　　　　　　年　　月　　日

合同号			备件生产厂商					
设备型号	备件名称	备件图号	单位	数量	单价	合计	检验

财务审核：　　　　　交库人：　　　　　仓储保管：

设备备件月（年）报表见表6-17。按照设备备件的领用单位及备件分类报送给设备备件管理人员及设备备件采购人员，设备备件出现的技术问题要与设备备件的技术人员及时沟通、解决。

表6-17　设备备件月（年）报表

　　　　　　　　　　　　　　　　　　　　　　　　年　　月　　日

设备型号	备件名称	备件图号	备件消耗数量				备注
			价格	定期维修	日常维修	事故	
入库时间			总价		出库时间		

制表人：

设备备件订购一览表见表6-18。设备备件的仓储管理人员将消耗的各种设备备件报送给设备备件管理人员及设备备件采购人员，以便及时确定下个周期设备备件的自制计划和外购计划。

表6-18　设备备件订购一览表

设备型号	备件名称	备件图号	库存数量	备件储备定额		自制外购	订购数量	到货时间
				最少	最多			

制表人：　　　　　　　　　　　　　　　　　　　　　年　　月　　日

闲置设备备件表见表6-19。设备备件的管理人员将已储存一年以上尚未动用，同时又超过最大储备量的设备备件视为闲置备件并报送给设备备件相关人员，以便及时对这些闲置的设备备件进行处理，从而防止设备备件库存积压和资金不能有效周转的问题。

表 6-19　闲置设备备件表

设备型号	备件名称	备件图号	库存数量	库存金额	最近出库时间	闲置原因	处理建议

制表人：　　　　　　　　　　　　　　　　　　　　　　　年　月　日

　　设备备件技术经济指标年度动态（见表 6-20）用以反映企业设备备件技术经济指标年度动态状况。

　　在设备管理网络信息化系统中，设备备件管理系统是一个完整的仓储管理系统，内容见表 6-21。

表 6-20　设备备件技术经济指标年度动态表

年初库存	入库		出库		期末库存	年消耗量	周转率	备注
	外购	自制	领用	合计				

制表人：　　　　　　　　　　　　　　　　　　　　　　　年　月　日

表 6-21　设备备件网络信息化的仓储管理系统

序　号	仓储管理系统
1	编制设备备件采购计划单，各设备使用单位提出，设备部门审核
2	采购设备备件计划的生成，对设备使用单位上报的备件计划进行汇总
3	制定设备备件采购订单，下达备件采购指令
4	设备备件仓储入库单，办理备件采购仓储入库时使用
5	设备备件领用申请单，设备维修时领用，生成备件出库单
6	设备备件出库单，办理备件出库时使用
7	设备备件调拨单，实现不同仓库之间的备件转移
8	设备备件盘点单，系统自动生成设备备件盘亏出库单和盘盈仓储入库单
9	设备备件储备分析，查询备件储备状况，低储备时可直接生成备件采购计划
10	设备备件统计分析，包括收发存汇总表、仓储入库汇总表、出库汇总表、仓储日报表、仓储列表、消耗统计列表等

6.4.3　备件储备资金及案例

　　设备备件储备资金是企业购置和储存设备备件，用于备件管理和相关工作的资金。备件从采购付款开始到运输、仓储入库验收、管理、出库这一过程发生的备件购置、运输、管理等费用都属于备件储备资金。备件储备资金属于企业流动资金的一部分，而且这部分资金只能由属于备件购置范围内的物质所占用，也就是必须做到专款专用。

备件储备资金应用案例：

不久前我应邀给一个国有企业的中层领导干部和设备管理人员进行设备管理知识培训，在培训设备备件规范管理中的备件储备资金时，有一位中层领导给我和在场的人员讲了他们企业几乎每年都发生的相同问题：

"上一年度我们上报了购置设备备件的计划和购置设备备件费用，但经过层层批复后，备件资金被砍去了相当一部分。到本年度执行购置备件计划时又是层层砍，本年度底再砍去一部分挪作他用。而在修理设备时，由于备件不能得到满足，又给修复设备造成了困难，此时领导又批评我们影响了生产。这样的问题如何解决呢？"

我说："首先设备备件购置计划要科学、合理，要实事求是，不能虚报、瞒报。要给企业主管领导强调我们设备管理人员和设备维修人员为企业生产产品服务的根本目的。同样，设备也是在为生产产品服务，设备在维修过程中如果需要的备件没能供上，备件的储备资金没能专款专用，这个责任也只能由不守规矩和不遵守游戏规则的人来负责。"

设备备件储备资金的核算与设备备件储备资金的考核指标见表6-22。

表6-22　备件资金核算和经济管理考核指标

备件经济管理	计算公式
备件资金核算	备件资金定额 = 本年度备件消耗储备资金 × 备件储备资金计划周转期(年) × $\dfrac{下年度计划修理工作量}{本年度实际修理工作量}$ = Σ(备件平均周转储备定额 × 备件单价)
备件考核指标	备件储备资金周转期 = $\dfrac{备件平均库存资金}{每日平均消耗备件资金}$ (天)
	备件储备资金周转率 = $\dfrac{年备件消耗资金}{年平均备件储备资金}$ × 100%
	备件储备资金占用率 = $\dfrac{备件储备资金总额}{设备资产原值}$ × 100%
	备件储备资金周转加速率 = 上期备件储备资金周转率 − $\dfrac{本期备件资金周转率}{上期备件资金周转率}$ × 100%

设备备件占用资金的多与少，周转速度如何，对企业效益指标有着直接的影响，所以应在保证设备维修和设备可利用率的前提下，尽量减少备件储备资金占用资金，以提高备件储备资金周转率。

6.4.4 备件 ABC 管理及案例

设备备件的 ABC 管理是引用物流仓储管理中的 ABC 分类管理法在设备备件规范管理中的应用。

企业为了保证设备管理和设备维修的需要，存储品种繁多的各类设备备件，每种备件的重要程度、供货难易、仓储时间各不相同。为了区分管理，控制备件库存，将备件分为 A、B、C 三类进行分级管理。

▶ 备件 Ⓐ Ⓑ Ⓒ 管理案例：

每次培训设备备件规范管理时都要讲到设备备件的 ABC 规范管理的问题，在讲述物流仓储管理中的 ABC 分类规范管理的基本特点时，我引用了教科书中的定义并加之实际应用的经验：

设备备件的 ABC 规范管理是将企业的全部仓储物质分为 A、B、C 三类，属于 A 类的是少数价值高的、最重要的物品，这些储存品种少，而单位价值却较高，这类物品的数量只占全部物品种数的 10% 左右，而从一定期间出库的金额看，这类物品出库的金额大约要占到全部储存出库总金额的 70% 左右。属于 C 类的是所有储存中最多的低值物品，这类物品的特点是，品种数量占到全部储存总品种数的 70% 左右，而从一定期间出库的金额看，这类物品出库的金额只占全部储存出库总金额的 10% 左右。B 类物品则介于 A 类和 C 类物品之间，从品种数和出库金额看，只占全部储存总数的 20% 左右。

在采用 ABC 物流仓储管理时，将金额高的 A 类物品作为重点来加强管理和控制；对于 B 类物品，按照通常的方法进行管理和控制；对于 C 类物品，由于品种数量繁多，但价值不大，则采用最简便的方法进行管理和控制。

各行业各种类型设备备件的种类都很多，而这些不同种类的备件的重要程度、消耗数量、价值、资金占用、仓储时间都各不相同，只有对备件实行重点控制，才能做到备件的科学和有效的规范管理。

ABC 设备备件分类规范管理，就是将各种类型的备件按其单价高低、用量大小、重要程度、采购难易等因素分为 A、B、C 三种类型，并且分别采用不同的备件管理方法来应对，具体内容见表6-23。

表 6-23　设备备件的 ABC 分类

分类	具体内容
A 类	A 类设备备件的重要程度高、加工困难、订货周期长、储存量少、管理成本高，占用资金多。A 类设备备件要占仓储资金总额的 70% 左右，而仓储品种只占设备备件仓储总数的 10% 左右。对于 A 类设备备件应严格控制仓储总量，在保证设备维修的前提下，要适当增加这类备件的订货次数，以减少安全储备量，加速备件的资金周转，减少资金积压
B 类	B 类设备备件占仓储资金总额的 20% 左右，仓储品种也占设备备件仓储总数的 20% 左右。根据企业设备维修和备件的具体使用情况和特点，B 类设备备件的订货批量与 A 类设备备件相比可适当放宽一些，可按常规的备件的最高储备量和最低储备量及订货点订购备件
C 类	C 类设备备件只占仓储资金总额的 10% 左右，而仓储品种要占备件仓储总数的 70% 左右。C 类设备备件加工简便，占用资金不多，但是品种多、数量大。为了简化备件管理，要根据企业的资金情况，订货周期可稍长一些，可以按照需要用备件的数量一次集中订货，或者适当延长备件的订货间隔周期，减少备件的订货次数

6.4.5　备件信息化管理方法

（1）设备备件信息化技术　设备备件信息化技术，是指企业运用于设备备件管理各个环节中的信息化技术，是建立在计算机、网络通信技术平台上的各种技术的应用，并形成了多种业务集成的一体化现代设备备件信息管理系统。它也是企业进行互联网 + 设备管理中的一项重要内容。

> 现代管理大师彼得·德鲁克在《未来社会的管理》中说："电子商务深刻地改变着经济和市场的结构，改变着产品和服务的流通，也改变着消费者的价值观念和消费行为。"

当然，信息化也影响着设备备件管理的变革。设备备件规范管理完全可以融入互联网 + 设备管理之中。但是，不管是信息化管理，还是互联网 + 管理，始终离不开基础管理。

图 6-7 所示为多种业务集成的一体化设备备件信息管理系统的示例。

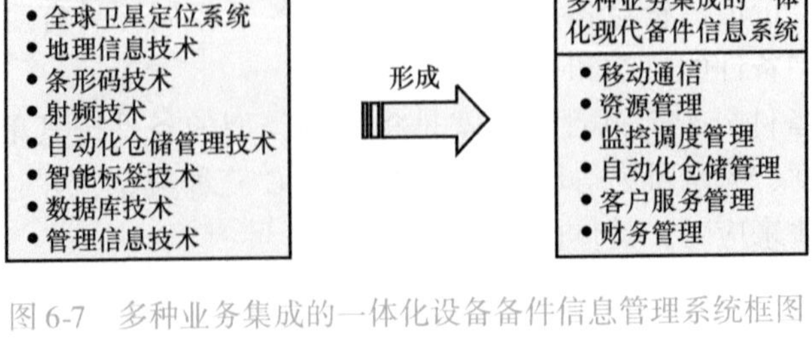

图 6-7　多种业务集成的一体化设备备件信息管理系统框图

设备备件的信息化管理体现了物质流、信息流和资金流的统一。物质流是指备件的仓储管理与运输；信息流是指与备件相关信息的采集与处理；资金流是指备件的流通、配送过程中产生的资金流动。

现代信息技术及互联网技术的发展，使得物质流、信息流、资金流已经形成一个系统而互相依存的过程，在这个基础上才能达到提高备件的管理效率，降低备件管理成本的目标。

企业的设备备件规范管理已经不再只是局限于单一的生产和销售环节，而是除此之外还包括设备备件的供应商、批发商和零售商形成的设备备件供应链的共同活动的网络信息化系统。

将设备维修和备件供应集成在一个公用的数据库平台上，通过采购管理、库存管理等模块，及时对备件需求、采购、订货、仓储和供应等各个环节进行管控，同时提高备件对设备维修的响应速度，节约维修时间，合理制定各类备件储备定额，并通过预算加强成本控制，从而有效降低库存资金占用和维修成本，提升设备维修的经济性。

通过企业计划、信息的连接，设备备件仓储风险承担的连接，供应链包括了物流过程中的所有企业，从而使设备备件管理也成为互联网中供应链的管理。它们的直接效应则是使产需结合在时间和空间上企业的经营方式也随之转向时需型。在此前提下，互联网和信息已成为设备备件规范管理的核心，因为如果企业没有高度发达的互联网和信息技术的支持，备件的时需型经营是难以实现的。

（2）设备备件仓储信息反馈　设备备件仓储信息反馈如图 6-8 所示。

图 6-8　设备备件仓储信息反馈框图

6.5　设备备件管理模式

随着企业设备管理人员对设备规范管理重要性的认识，以及对备件管理模式的不断实践和创新，设备维修制度相继出现了我们熟知的事后维修体制、预防维修体制、预知维修体制、状态维修体制、可靠性维修体制，以及许多企业正在开展的全员生产维修或全面生产维护等，这些维修方式的发展和贡献，使备件管理从过去经验性的、传统式的管理中解脱出来，从而逐步走向当代的科学性管理，使备件管理不断改进、不断发展、不断创新。

彼得·德鲁克在《创新与企业家精神》中说："创新是表现创业精神的特殊工具。"

同样，设备备件管理也要有管理上的创新理念，创新是一个永无止境的理念，是一个永远不能放弃的理念。

设备备件规范管理模式的科学性，既是开展设备维修工作的基础和条件，又直接影响到备件的采购成本和企业资金的占用。而备件管理工作的重心已经由管理供应、管理应用、管理储存，逐步改变为优化备件仓储结构，压缩备件仓储资金占用，降低备件消耗和备件采购的成本，以追求备件生命周期费用最经济。这种创新带来的是设备备件管理上的一种变革。

6.5.1 事后维修方式的备件管理模式

设备事后维修是指设备发生故障或损坏之后，设备的性能已经达不到生产合格产品的要求才对设备进行的修理方式。这种对设备进行事后维修的方式是一种企业非计划性的设备修理方式，是一种被动的维修方式。设备事后维修方式的备件管理模式如图6-9所示。

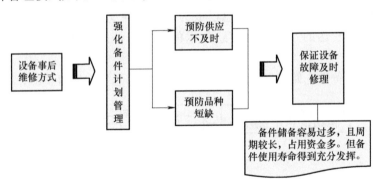

图6-9　事后维修方式的备件管理模式框图

6.5.2 预防维修方式的备件管理模式

设备预防维修是指为了防止设备性能、精度劣化或设备故障和事故停机，从预防为主的观点出发，根据事前的设备维修计划和相应的技术要求所进行的预防性维护和预防性修理。设备的预防维修力争对运行中的设备异常进行早期发现、早期排除，进行设备预防维修方式时，通常应参考设备的实际开动台时和对设备状态监测的结果。

备件管理模式案例：

我走访和调研了许多企业，其中有相当一部分企业在采用设备预防维修方式。因为这种方式是一种传统的设备维修方式，而且简单、易行，企业管理层也容易接受，维修资金、备件资金也易于管理。

也有不少企业并没有单纯地采用这种设备预防维修方式，而是非常主动地将其与设备事后维修、状态维修有机地结合在一起，这就使企业的设备维修方式和设备备件管理模式发生了明显的变化，而这种变化正是企业发展所需要的。

设备预防维修方式的备件管理模式如图6-10所示。

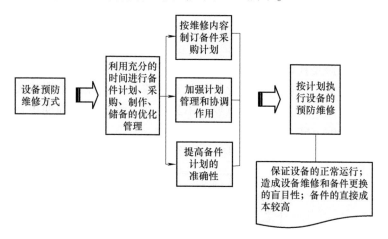

图6-10 预防维修方式的备件管理模式框图

6.5.3 预知维修方式的备件管理模式

设备预知维修是一种以设备状态为依据的预防维修方式。它是根据设备的日常点检、定期点检、状态监测和诊断提供的信息，经过统计和技术分析来判断设备的劣化程度、故障部位和原因，并在设备劣化或故障发生前就能进行适时的和必要的维修。

由于预知维修方式是对设备进行针对性的维修，设备修复时只需要修理或更换将要或已经损坏的零部件，所以可有效地避免设备的意外故障并减少维修费用。

设备预知维修方式的备件管理模式如图6-11所示。

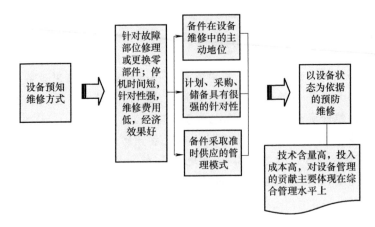

图 6-11　预知维修方式的备件管理模式框图

6.5.4　状态维修方式的备件管理模式

设备状态维修是在设备预知维修的基础上，将设备事后维修和设备预防维修有机地结合起来。也就是说，设备的状态维修是对企业的重要或关键设备实施预知维修的方式，而对企业非重要、不易损坏又无法进行周期更换备件的设备实施预防维修的方式。

设备状态维修方式的备件管理模式如图 6-12 所示

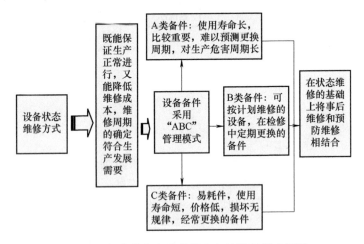

图 6-12　状态维修方式的设备备件管理模式框图

设备事后维修、预防维修、预知维修、状态维修方式下的设备备件规范管理模式要根据企业自身的特点和具体现状灵活运用。

6.5.5 备件管理模式案例

有一次，在一个企业进行设备管理工作座谈时，当讨论到设备的备件管理模式时，有一位备件管理人员提到了这样一个问题：

"如果我们对设备的维修方式不同，就要采取不同的备件管理模式，这岂不是给我们企业的设备备件管理工作带来了麻烦，一种设备维修方式对应一种设备备件管理模式，这不是给备件管理工作带了许多繁琐，具体又如何实施呢？"

针对这个问题我是这样回答的：

"一种设备维修方式对应着一种备件管理模式，这是不容置疑的。而设备备件的某种管理模式与备件技术管理、备件经济管理、备件仓储管理、备件计划管理、备件采购管理等是不矛盾的，而恰恰是在上述管理下针对着某种设备维修方式所采取的对应管理。"

6.5.6 备件零库存

设备备件的零库存，是指设备备件在采购（包括招标）、供应、生产等一系列管理环节中，不是以库房仓储的管理形式存在，而是订购的备件总是在周转状态之中。因此说，设备备件的零库存是一个特殊的概念，它对于企业是一个重要的分类概念。

设备备件零库存，可以省去库房面积、备件出入库管理、备件仓储管理、备件维护保养、备件流动资金等一系列问题，以及备件老化、损失、腐蚀等诸多问题。设备备件的零库存目前主要有表6-24所列的几种方式。

表6-24 设备备件零库存方式

序　号	零库存方式
1	设备备件委托保管方式或称设备备件库存转移方式
2	设备备件协作分包方式或称设备备件金字塔形产业结构方式
3	设备备件轮动方式或称设备备件同步方式及设备备件传送带方式
4	设备备件准时供应系统方式或称设备备件准时制方式
5	设备备件看板方式或称设备备件卡片制度方式
6	设备备件水龙头方式或称设备备件即时供应制度方式
7	设备备件无库存储备方式或称设备备件不采取备件库存方式
8	设备备件配送方式或称设备备件综合方式

（1）设备备件委托保管方式　设备备件委托保管方式的工作流程如图6-13所示。

设备备件委托保管方式主要是靠备件仓储委托或转移来实现的，并不能使设备备件库存总量真正降低。但是设备备件的委托企业节省了设备备件仓储的规划、建设和备件库存管理等的费用和时间，体现了设备备件仓储管理的专业化管理的特点。

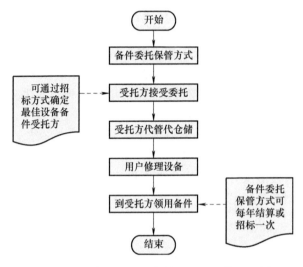

图6-13　设备备件委托保管方式的工作流程图

（2）设备备件水龙头方式　设备备件水龙头方式的工作流程如图6-14所示。

设备备件水龙头方式是一种像拧开自来水管的水龙头开关就可以取水一样来提取设备备件的零库存方式。需要多少用开关来控制，达到即时设备备件的供应，而无须自己保有设备备件。

（3）设备备件协作分包方式　设备备件协作分包方式的工作流程如图6-15所示。

比如，设备备件的企业，是由一家生产主企业和几个分包生产设备零部件的分企业组成一个金字塔形结构的联合生产体系，来分包设备备件的制造和组装。各分企业采取生产和备件仓储形式来调节主企业对备件要求的间隔期，保证主企业部件的装配和交货，并按照规定的时间将所需要的备件送到主企业，使主企业不再设立备件库存。同时，组装好的备件也不需用户进行仓储，而直接送到用户设备维修现场，保证用户及时使用。

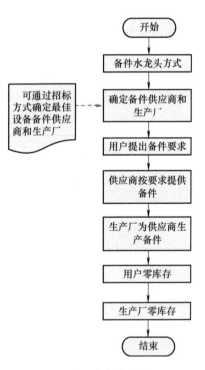

图6-14　设备备件水龙头
方式的工作流程图

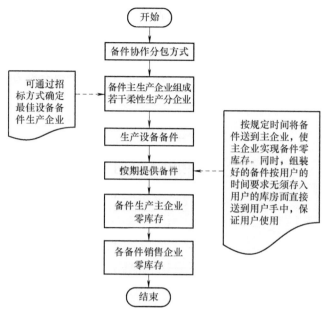

图6-15 设备备件协作分包方式的工作流程图

（4）设备备件轮动方式 设备备件轮动方式的工作流程如图6-16所示。

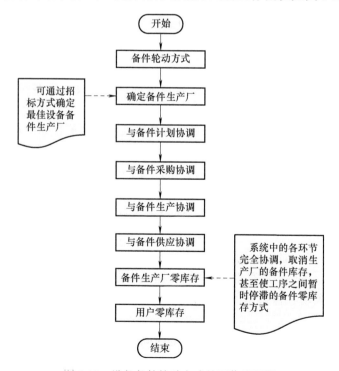

图6-16 设备备件轮动方式的工作流程图

设备备件轮动方式是在传送带式设备备件生产的基础上，进行大规模延伸形成备件生产与备件供应同步进行，通过传送系统供应，从而实现设备备件零库存的。

（5）设备备件准时供应系统方式　设备备件准时供应系统方式的工作流程如图6-17所示。

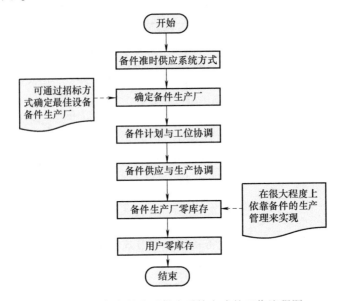

图6-17　设备备件准时供应系统方式的工作流程图

准时供应系统方式比轮动方式更具灵活性，而且投入成本和管理成本相对较低，是一种比较容易实现的零库存方式。

（6）设备备件看板方式　设备备件看板方式的工作流程如图6-18所示。

设备备件看板方式是在设备备件生产的各工序之间，生产企业之间，生产企业与备件供应者之间，使用卡片为凭证，由下一环节根据本工序、本生产企业、生产企业与供应商的节奏，向上一环节指定时间进行供应，从而协调设备备件的生产和供应，做到准时同步，使设备备件生产厂零库存，销售企业零库存，用户零库存。

"零库存"是一种特殊的库存概念，是库存的理想概念，它并不是指企业所有的设备备品、备件的库存都为"零"，而是指在确保企业生产经营活动顺利进行的条件下，采用各种科学的管理方法，对库存进行合理计算和有效控制，尽可能降低库存量。

"零库存"的基本思想就是在恰当的时间、恰当的地点，以恰当的数量、恰当的质量向用户提供恰当的设备备件。"零库存"并不等于不要设备备件的储备

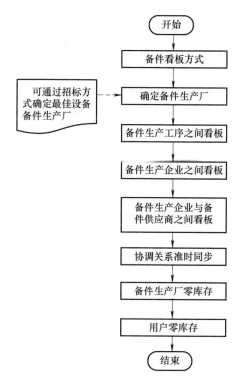

图 6-18　设备备件看板方式的工作流程图

和没有储备，也就是说某些经营实体不单独设立设备备件的库存和存储设备备件，而并不是取消其他形式的储存活动。

企业设备备件的零库存，在一定程度上降低了企业在设备备件仓储管理及仓库建设、租用等方面的相关支出。设备备件的零库存是一套完整的库存系统，它包括设备备件的采购、运输、入库、储存、管理、出库等的具体操作和规范管理流程，因此，每个流程环节和相应的规范管理工作都需要非常紧密的联系。如果某个环节出现漏洞或问题就无法衔接，就会导致后面所有的流程环节停止运作，造成相应的管理工作无力运行，即使是互联网＋设备管理中的设备备件管理也会出现这样的问题。

吉姆·柯林斯在彼得·德鲁克带领6位大师编写的大师管理经典《组织生存力》中说："所有真正伟大的组织都必须学会'在激发变革的同时保持自己的核心使命'。一方面，它必须谨守一定的核心价值观，即历久不变的核心使命；另一方面，它要激发变革，即学会改变、改进、创新，甚至是彻底更新。"

设备备件规范管理是设备管理工作中的重要组成部分，是企业不可缺少的一项管理工作。在企业设备信息化管理中，有些企业是这样做的：备件追踪与溯源、仓储责任主体、需求计划提报、仓储管理、合同闭环管理、配送管理、备件质检管理、备件供应商评估等，并且提供易于操作的界面。

设备备件的信息化管理可以使管理提升，取得明显的经济效益，其具体效果见表6-25。

表 6-25　设备备件信息化管理效果

	效　　果	具体内容
管理提升	线下变线上	实现仓储管理责任分解、质量检验、物质跟踪等功能在线管理
	随意变规范	使用条码技术，实现备件采购全过程的规范管理
	分散变集中	与ERP系统集成和数据共享，形成备件供应信息化管理模式，与企业管理同步
经济效益	节约人工成本	仓储责任主体分解、物质追踪与溯源的自动化降低了作业强度及比例，节约了人工成本
	降低仓储占用资金	从源头控制需求计划，减少仓储积压占用资金
	减少质量损失	使用质量检验管理功能，使质量检验的要求、方法、步骤标准化，减少因质量问题造成的损失

第 7 章

设备实物形态和价值
形态规范管理

一个努力把经济效益和社会效益最大化的企业，它一定会集中精力，把设备资产管理这个有形固定资产的规范管理，即设备实物形态和价值形态规范管理放在非常重要的位置上。

设备资产是企业固定资产的重要组成部分，设备资产是企业保证生产产品的质量和数量的重要技术物质基础。换句话说，设备固定资产管理是企业一项重要的基础管理工作，是企业的设备管理部门、生产部门、设备使用部门、财务部门、仓储部门、规划采购部门等对属于固定资产的各类设备进行的实物形态管理，即对设备运动过程中的实物形态，包括价值形态的某些规律进行分析、控制和实施管理。

设备资产管理实际上就是对设备生命周期内的实物形态和价值形态的管理。它同样需要发挥设备管理人员的能力和智慧。有些企业的这项设备基础管理工作还没有做好，还没有把企业设备管理人员的作用很好地发挥出来。

设备管理要注重人才培养案例：

多年前，我与一位从知名大学已经毕业了几年的员工交谈。当谈到他的工作时，他与我滔滔不绝地说起了他的想法。他刚刚毕业时，有一个比现在这个企业效益要好，收入也高的研究单位希望他这位在他同龄同学中的佼佼者能加入他们的团队。然而，他当时非常崇拜现在工作的这个企业，于是拒绝了那个研究单位的邀请，而来到现在这个企业。

到了这个企业，分配的工作就是搞设备资产管理即设备实物形态和价值形态管理，这正好与他的专业对口。他努力地工作，不断地加强学习，短短的几年时间就掌握了企业现有的设备管理知识，成了同岗位中的佼佼者。但是当他不止一次向领导提出对设备资产管理有一些新的想法，要对现有的一些管理做法进行改进时，却遭到某些领导各种理由的拒绝，"传统的、过去一直使用的管理就可以了，不要再有别的想法了""多一事不如少一事"。这位年轻人很是灰心，十分泄气，在与我的那次交谈后不久就离开了他所喜爱的企业和他所喜欢的工作。

我们知道，管理不是某个人的财产，管理是个互动的过程，管理是人的工作。从管理的角度来说，要善于发现每位员工的长处和特点，并且发挥每位员工的这些长处和特点，管理的使命是为了实现企业的使命和宗旨。

这个案例说明，有些企业领导在管理上不是在想办法如何去发挥员工的特点和改进创新精神，而是其短期行为在阻碍员工特点的发挥和对工作的热情。实际上这个员工的想法就是一种创新，是对企业的发展有促进作用的。该领导的做法使企业少了一位在设备实物形态和价值形态管理方面有所建树、有所创新的设备管理人才。

> 彼得·德鲁克在他的《知识型员工的生产率》中说："每一个企业员工都是具有完整人格的人，而非机器上的零件。对人的重视不仅是手段，更是目的，所以必须尊重人、关心人，并致力于发挥每个人的优势和能力。"
> 他还说，"管理的宗旨就是最大限度地发挥人的能力"。

设备实物形态和价值形态规范管理需要企业内部的多个部门、多个管理人员共同来完成。这里我们强调的是要发挥每个部门、每一位设备管理人员的作用和能力，而不是以各种理由压制他们，管理的目的不是管人，而是激励人，而激励人的目的是把设备管理工作做得更好，把设备资产管理得更好。

企业设备实物形态和价值形态规范管理流程如图 7-1 所示。

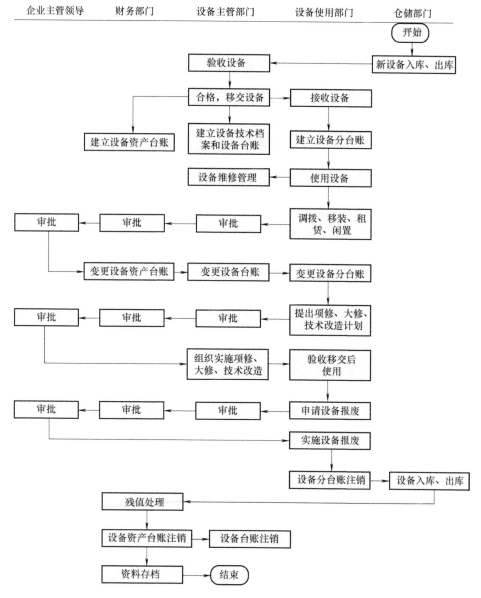

图 7-1 企业设备实物形态和价值形态规范管理流程图

7.1 设备实物形态与固定资产管理方法

企业设备固定资产是设备固定资金的设备实物形态，为企业生产产品及其相关的所用各类设备，均属于设备资产。设备资产是企业固定资产的重要组成部分，故称之为"设备固定资产"。

设备固定资产案例：

比如，在机械制造行业中，有一台比较复杂的数控机械加工设备，当然，它属于这个企业的固定资产，在这台数控设备的整个生命周期内，它利用自身的性能给企业不断地创造价值。但在创造价值的过程中，这台数控设备又不断地将自身的购置费用、管理费用、维修费用、改造费用等在一段时期内逐渐地、分期地转移到它所加工生产的产品中去。产品销售以后，再从销售后所得到的资金中抽取应得到的那部分设备折旧资金，这部分设备折旧资金不断积累，就形成了对这台数控设备经过数年工作后需要进行改造或更新的主要费用之一。如果用这部分费用去购进新的数控设备，该设备就又成为企业新的设备固定资产了。

企业设备固定资产是指设备使用一年以上，即企业新购进设备正式移交生产单位使用后，使用设备的单项价值在企业规定的标准限额以上，并且设备在使用过程中要基本保持它原有的实物形态的资产。

7.1.1 设备固定资产管理案例

记得有一次，我应邀到一个大型国有企业进行设备管理工作考察，考察的重点是企业设备管理体系是否健全，管理体系中还存在什么问题。

当我检查设备管理工作的管理文件时，我看到，设备资产计价和设备资产折旧还有问题，我问陪同的设备部门的领导干部：

"设备大修和设备技术改造的费用你们是如何管理的？"

"如果是单项设备大修或者是单项设备技术改造，费用分别列在设备大修项目和设备技术改造项目中。"设备管理人员微笑着回答我。

"如果在设备技术改造之前先进行设备大修，大修完成后再进行设备技术改造。或者设备大修和设备技术改造同时进行，同一次验收，大修和技术改造的费用如何管理？"我看到了设备管理文本中的问题，因此我又这样问。

那位设备管理人员看了看她的领导，又看了看我手中拿的那部分资料，说："你说的前者我们是分别管理的。而后者是看公司的财务状况，有时归在大修费用中，有时归在技术改造中。"

"这就是问题了，设备大修资金和设备技术改造资金是不能混在一起的。这个道理作为设备管理人员应当很清楚。"我严肃地说。

"要如实分别上报设备大修和设备技术改造费用，这很重要。"我补充说。

在场的人默默无语。

7.1.2　设备实物形态与固定资产计价

企业设备实物形态与固定资产计价，实际上就是设备固定资产按货币单位进行的计算。企业设备固定资产一般是按照设备实物形态原值和设备实物形态净值来表现的，在特定的情况下，即当企业核查无法确定原值的设备固定资产或者经企业主管部门批准对设备固定资产进行重新评估时，要用设备重置价值来表现。

表7-1 所列为设备固定资产价值表现形式。

表7-1　设备固定资产价值表现形式

名　　称	内　　容	公　　式
设备原值	企业在投资购置或自制设备的过程中，所得到的设备固定资产实际发生的全部支出。它包括设备的购置费、自制设备的制造费、运输费和安装、调试、验收费等。设备原值反映的是企业设备固定资产的原始投资状态，也是计算设备实物形态折旧的基础数据	—
设备净值	它反映企业设备固定资产的当前现存账面价值，即设备在当前及继续使用中的固定资产尚未进行折旧的那部分价值。通过设备净值与原值之比，可以基本了解当前这台设备的新旧程度	设备净值 = 设备固定资产原值 – 设备固定资产累计折旧后的净值
设备重置价值	按照当前的市场价格和生产条件，重新购置与这台设备实物形态相同或功能相似的全新设备固定资产所需的全部费用支出	设备固定资产重置净价 = 设备固定资产重置全价 – 设备固定资产已发生的各类损耗
设备增值	在原有企业设备固定资产的基础上，对原有设备进行技术改造或再制造后，所增加的当前设备固定资产的价值。设备在进行大修理或者项修理时，不增加企业设备固定资产的价值	设备增值 = 设备技术改造所支付 – 设备技术改造中发生的变价收入
设备残值与设备净残值	设备报废时的残余价值，即当设备报废后，余留的设备零部件或残体的价值。设备净残值是指设备残值减去清理费用后的余额	设备净残值 = 设备残值 – 设备清理费用后的余额

7.1.3 设备技术改造管理案例

20世纪90年代中期，我国的机械加工行业出现了一次利用普通机械加工通用型设备进行数控化改造的设备技术改造浪潮，很多企业从中受益。

在当时，许多企业的经济形势非常不好，经常连员工的工资都发不全。在这种形势下，有一个企业，领导下决心拿出一部分资金，对一台普通的通用型车床进行经济型数控化技术改造，以改变当时企业面临的一部分产品急需要解决机械加工的工艺问题。

由于这台设备是一台比较"旧"的设备，技术改造之前必须要进行大修理，以满足设备技术改造之后的工艺要求。这样，设备大修理资金与设备技术改造资金同时投入，设备大修理工作和设备技术改造工作同时进行。四个月以后，这台设备的数控化技术改造终于成功了，当年就产生了效益。尽管技术改造中还有一些小问题，但毕竟在以后的几年里为企业发挥了不小的作用。这台普通设备数控化技术改造的成功为今后这方面的技术改造起到了一个先导和示范作用。

这个案例说明了要有效利用企业的设备固定资产，利用企业设备技术改造专用基金，对旧设备进行技术改造，尽管在设备原值的基础上又有了新的增值，但它带来的是企业的经济效益和社会效益。要充分发挥设备原值的作用，也要充分利用好设备增值。

> 彼得·德鲁克在他的《永恒的成本控制》中这样认为："企业资金和人才的分配，决定着管理者能否成功地将业务知识转化为行动，也决定着企业能否获得收益。"

7.1.4 设备实物形态与固定资产折旧

企业设备实物形态与固定资产折旧是指设备在长期的使用或运行过程中，仍然保持它原有的实物形态。但是，由于设备自身的不断损耗，其价值也逐渐减少，从而该设备以货币表现的固定资产形式，逐步转移到该设备生产产品成本或费用的价值中去。这里所说的设备损耗包括设备的有形损耗，也包括设备的无形损耗。设备实物形态的损耗和运动过程如图7-2所示。

企业设备实物形态与固定资产有这样一个特点，即在设备生命周期内，设备为企业服务的功能和潜力将随着设备资产的使用逐渐消耗，直到终止设备的生命周期。这一特点决定了企业要按计划、按规定提取设备折旧的必要性。

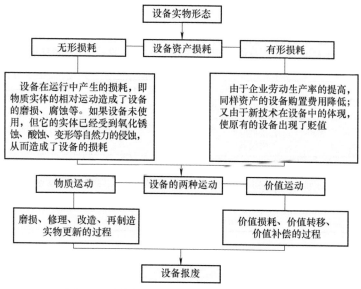

图 7-2 设备实物形态的损耗和运动过程框图

企业在设备的有效使用生命周期内提取一定数额的折旧费用，不仅是为了使企业在以后有能力重新购置设备，更重要的是为了把企业设备固定资产的成本分配于设备生命周期内的各个时期，实现设备生命周期内收入费用与支出费用的正确配比。因此，设备折旧核算是一个设备生命周期内的成本分配过程，目的在于将企业设备在生产产品的过程中所取得的成本在设备生命周期内进行合理分配。

从设备进入企业生产产品的过程开始，设备就以实物形态存在的那部分价值不断在减少，而同时，转化为货币资金部分的价值又不断在增加，当设备生命周期到报废时，它的价值已全部转化为货币资金的形式，这样，设备就完成了生命周期循环。

7.1.5 设备实物形态与固定资产折旧时间

企业设备实物形态与固定资产折旧是在一定时期内，或在特定的时间段内，经过对设备的使用或运行而陆续地、按照规律地把设备实物形态价值转移到该设备生产产品中去的损耗值。这个转移的时间段，就是设备固定资产可使用时间，也可以称为设备固定资产折旧时间。

设备固定资产的折旧时间见表 7-2。

表 7-2 设备固定资产折旧时间

分 类	内 容
报废的同类型设备的平均使用时间	分析使用时间的发展趋势，作为确定同类型或近似类型设备折旧时间的主要参考依据

（续）

分　类	内　容
设备生产产品的销售收入	设备生产产品的销售收入少，设备折旧费用就提取的少或者无从提取
设备换型周期	换型决定了老型号设备的淘汰和新型号设备的技术更新，设备实物形态发生了根本改变
精密、大型、重型、稀有设备	价值高，利用率较低，维护保养得比较好，折旧年限应大于一般通用设备
技术改造和财务承受能力	折旧时间过长，设备折旧基金将不足以补偿消耗的部分，不但会影响正常更新，而且不利于技术进步；折旧时间过短，会使产品成本提高，利润降低，致使企业财力无法承受
设备的实际损耗	依据所使用的时间、强度、环境及条件来确定

7.1.6　设备固定资产折旧管理案例

给不同企业的设备管理人员进行设备管理知识授课时，都有学员提出一些有关设备固定资产的问题，当然，这些问题都是他们在设备管理工作中遇到的实际问题，我归纳了一下，提出的主要有这样几条：

1）企业设备固定资产的折旧是专款专用吗？

2）在什么情况下需要办理设备固定资产增值手续？

3）在什么情况下设备可以进行报废更新？

4）企业的设备出租、转让、报废后所得到的费用应当用在什么地方？

根据有关规定和工作经验，对这几个问题我是这样回答的：

1）企业设备固定资产折旧基金，应当主要用于设备的改造和更新。

2）企业对设备技术改造后新增的价值，应当办理设备固定资产增值手续。

3）企业对属于下列情况之一的设备，应当报废更新：

①经过检测和技术分析，继续大修理后，设备的技术性能仍不能满足产品工艺要求和保证产品质量的。

②设备老化、技术性能落后、耗能高、效率低、经济效益差的。

③设备经大修理后虽能恢复设备精度，但投资大、成本高，不如设备更新经济的。

④设备污染环境超出国家规定的指标，危害社会和人身安全与健康，进行设备技术改造的成本高且又不经济的。

4）企业出租、有价转让或者需要报废的设备，必须遵守国家、企业的有关规定。企业出租、转让、报废设备所取得的费用，必须用于企业设备的技术改造和设备更新。

7.1.7 设备固定资产折旧计算及案例

企业设备固定资产在设备的全过程生命周期内由于损耗而转移到生产产品中去的价值用技术方法很难测定，而常常用计算来对各项应当计提的设备折旧费用进行确定。

在企业设备固定资产折旧费用的计算过程中，常常会遇到伴随设备固定资产折旧率的计算，并同时估算出设备的年折旧率和月折旧率。

设备固定资产折旧率是指企业设备固定资产应提折旧费用所占企业设备固定资产原始价值的百分比。

（1）设备实物形态折旧方法　设备折旧方法和各自包含的对象见表7-3。

表 7-3 设备折旧方法与设备折旧对象

设备折旧方法	设备折旧对象
个别折旧	单台设备固定资产为单位
分类折旧	分类设备固定资产为单位
综合折旧	全部设备固定资产为单位

当企业以设备的各个时期内实物形态的各个时间折旧费用的变化性质为划分标准时，设备实物形态固定资产折旧方法的组成如图7-3所示。

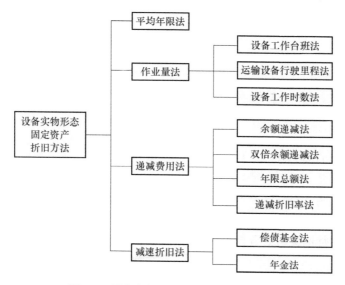

图 7-3 设备实物形态固定资产折旧方法

企业无论采用何种设备固定资产的折旧方法，在计算设备折旧费用及折旧率时都要考虑到设备固定资产原值、设备使用年限和设备折旧年限，也可以按设备预计的产品产量和工作量来计算。

（2）设备实物形态折旧计算

1）设备平均年限法折旧费用及折旧率的计算。在设备折旧年限内，按年或月的时间平均计算提取设备折旧的方法称为平均年限法。这种方法就是在设备固定资产折旧年限内，按年或月平均计算折旧。也就是是按照每项企业设备固定资产的原值、预计使用年限和净残值率等条件计算出设备的折旧率。设备平均年限法折旧费用及折旧率可以用表7-4所列的公式来计算。

表7-4 设备平均年限法折旧费用及折旧率计算表

名 称	公 式
设备固定资产 年折旧额	$$A_年 = \frac{K_0(1-\beta)}{T} = \frac{设备固定资产原值 - 设备估计净残值}{设备估计使用年限}$$ 式中 $A_年$——设备固定资产年折旧额 K_0——设备固定资产原值 β——设备固定资产净残值占原值的比率（取 3% ~ 5%） T——设备固定资产的折旧年限
设备固定资产 年折旧率	$$\alpha_年 = \frac{A_年}{K_0} \times 100\%$$ 式中 $\alpha_年$——设备固定资产年折旧率
设备固定资产 月折旧额	$$A_月 = \frac{A_年}{12}$$ 式中 $A_月$——设备固定资产月折旧额
设备固定资产 月折旧率	$$\alpha_月 = \frac{\alpha_年}{12} \times 100\%$$ 式中 $\alpha_月$——设备固定资产月折旧率

设备固定资产折旧计算案例①：

有一个企业，某台设备的固定资产原值为 240 万元，估计这台设备的残值为 7.2 万元，估计使用年限及折旧年限为 15 年。计算这台设备的年折旧费用、年折旧率、月折旧费用和月折旧率。

解：

$$A_年 = \frac{K_0(1-\beta)}{T}$$

$$= \frac{2400000 - 72000}{15} 元/年 = 155200 \ 元/年$$

$$\alpha_{\text{年}} = \frac{A_{\text{年}}}{K_0} \times 100\%$$

$$= \frac{155200 \text{ 元}}{2400000 \text{ 元}} \times 100\% = 6.47\%$$

$$A_{\text{月}} = \frac{A_{\text{年}}}{12}$$

$$= \frac{155200}{12} \text{元/月} = 12933.3 \text{ 元/月}$$

$$\alpha_{\text{月}} = \frac{\alpha_{\text{年}}}{12}$$

$$= \frac{6.47\%}{12} = 0.54\% \text{。}$$

即这台设备的年折旧费用是 15.52 万元，年折旧率是 6.47%，月折旧费用是 12933.3 元，月折旧率是 0.54%。

当然，由于行业不同、企业不同；或者设备类型不同，以及设备结构不同；或者设备生产产品的数量、效率，以及设备利用率不同，设备的折旧年限也不会相同。我调研过的企业，设备折旧年限有 8 年的、10 年的、12 年的、15 年的，甚至还有 20 年的等。当然，设备的折旧费用和设备的折旧率也就相应地发生变化。

2）设备作业量法折旧费用及折旧率的计算。以企业设备固定资产的使用状况为依据，计算设备折旧的方法称为作业量法。对某些价值较高，而又不经常使用的设备，企业可以采用按工作时间或者工作台班来计算设备折旧。而火车运输、汽车运输、航空运输、航海运输等运输设备则采取按运输设备行驶里程来计算这些设备的折旧。设备作业量法折旧费用及折旧率的计算公式见表 7-5。

表 7-5 设备作业量法折旧费用及折旧率计算表

名　称	公　式
按工作时间计算设备折旧	$A_{\text{时}} \text{、} A_{\text{班}} = \dfrac{K_0(1-\beta)}{T_{\text{时}} \text{、} T_{\text{班}}}$ $= \dfrac{\text{设备固定资产原值} - \text{设备估计净残值}}{\text{设备估计总作业量}}$ 式中　$A_{\text{时}} \text{、} A_{\text{班}}$——单位小时及工作台班设备折旧费用 　　　$T_{\text{时}} \text{、} T_{\text{班}}$——在设备折旧年限内该项设备固定资产总工作小时及总工作台班定额
按行驶里程计算设备折旧	$A_{\text{km}} = \dfrac{K_0(1-\beta)}{L_{\text{km}}}$ $= \dfrac{\text{设备固定资产原值} - \text{设备估计净残值}}{\text{车辆总行驶里程定额}}$ 式中　A_{km}——某型号汽车每行驶 1km 的折旧费用 　　　L_{km}——某型号汽车总行驶里程定额

设备固定资产折旧计算案例 2：

某企业购置的一种新型运输汽车，其价值为 25 万元，预计可行驶 30 万 km，预计残值为 2000 元，如果购置当年该车就行驶了 3 万 km，求出每行驶 1km 该型号汽车折旧费用和当年应计提折旧费用。

解：

$$A_{km} = \frac{K_0(1-\beta)}{L_{km}}$$

$$= \frac{250000 - 2000}{300000} 元/km$$

$$= 0.827 元/km$$

当年应计提折旧费用 $= 30000 \times 0.827$ 元 $= 24810$ 元

即该型号汽车每行驶 1km 折旧费用为 0.827 元，当年应计提折旧费用为 24810 元。

这个案例计算的是汽车，而按行驶里程计算设备折旧的设备还有很多，如飞机、轮船、火车、电瓶车、摩托车、电动车等。对于可以按行驶里程计算折旧的设备都可以按表 7-5 中的公式来计算。

3）设备递减费用折旧法折旧费用及折旧率的计算。以企业设备固定资产每期计提的折旧费用来计算，在设备使用初期如果计提得多，当然在设备使用期就会计提得少，这种相对加快设备折旧速度的方法称为递减费用折旧法，或者称为加速折旧法。设备递减费用折旧法折旧费用及折旧率计算公式见表 7-6。

表 7-6　设备递减费用折旧法折旧费用及折旧率计算表

名　称	公　式
年限总额法	设备年折旧费用 =（设备固定资产原值 − 设备估计净残值）$\times \dfrac{设备折旧年限}{年数总和}$
	设备年折旧率 $= \dfrac{设备折旧年限 − 已使用年限}{设备折旧年限 \times 折旧年限 \div 2} \times 100\%$
	设备月折旧费用 =（设备固定资产原值 − 设备估计净残值）$\times$ 月折旧率
	设备月折旧率 $= \dfrac{设备年折旧率}{12}$
双倍余额递减法	设备年折旧额 = 设备初期固定资产账面净值 $\times$ 双倍直线折旧率
	设备年折旧率 $= \dfrac{2}{折旧年限} \times 100\%$
	设备月折旧费用 = 年初设备固定资产账面净值 $\times$ 设备月折旧率
	设备月折旧率 $= \dfrac{设备年折旧率}{12}$

7.2　设备分类管理方法

无论是什么类型的企业，企业所使用的是什么类型的设备，每一台或每一套设备必定都有自己的名称、规格、型号、出厂编号、设备资产编号等内容，而这些内容都涵盖着这台设备或这套设备所具有的基本含义和基本用途。

7.2.1　设备固定资产编号及案例

要对设备实物形态和价值形态进行规范管理，统计设备的能力和数量，企业就要对设备进行科学分类。对设备进行分类是掌握企业设备实物形态、设备固定资产的构成，分析企业生产能力，明确职责分工，编制设备维修和设备保养计划，进行一系列设备维修规范管理的基础工作。

任何类型的设备都有图号、型号、出厂编号、资产编号等内容，这些内容分别代表着不同的含义和用途。实际上，这些内容在设备的铭牌上都已按标准化的模式表达出来了。

设备固定资产编号管理案例：

记得有一次，我参加对某企业生产现场的设备管理工作进行检查时，我看到一位数控设备的操作人员在那里专心致志地玩手机，我走了过去，先看了看自动运行的设备，然后我问这位操作人员：

"这是你操作的设备？"

回答说："是。"

我又问："操作多长时间了？"

又回答："快五年了。"

我在想，下面的问题还问不问了呢？这时候我看到这位操作人员将刚才已经放下的手机又拿了起来，对我的问话不屑一顾。

我指了指设备，继续问："你能告诉我这台设备的型号和主要规格吗？"

操作人员睁大了眼睛看着我，又急忙打开工具箱的抽屉，嘴里嘟囔着："谁把我的设备使用说明书拿走了？"

我又问："那你告诉我，你操作的这台设备的出厂编号、资产编号在哪里标注着？"

操作人员摇了摇头，我看到操作人员的头上出汗了。

"那你能不能告诉我这台设备的铭牌在设备的什么地方粘贴着？"我又问。

这时操作人员马上指了指设备粘贴铭牌的位置，告诉我："这是。"

我微笑了一下："这上面的标注表示的是什么意思？"

操作人员摇头了。

这个现实工作中真实的小故事说明了一个问题，企业缺少对员工设备管理知识的培训，员工自身又缺乏业务知识。不要小看了设备图号、型号、出厂编号、资产编号的意义和作用。它能帮助我们了解我们所操作设备生产产品的一些内容、规格尺寸范围，设备的投产时间等。设备的固定资产编号又可以帮助我们查询这台设备的相关技术信息和管理信息等。

设备图号与固定资产编号的内容见表7-7。

表7-7 设备图号与固定资产编号

名　称	内　容
设备图号	在设备设计、制造时规定的设计图、工艺图的编号，用以区分设备的图样。设备的使用单位可以利用设备图号来编制该设备的备件图册，以方便对设备备件图册的管理、查阅和使用
设备型号	设备型号是各种类型设备的代号，表示不同类型的设备及不同规格的设备结构、功能和特性。它是用字母、数字表示设备形式、规格的一种符号，它还隐含着设备的名称和设备的基本性能
设备出厂编号	设备出厂编号是设备的制造企业对生产、检验、验收合格后的设备编制的出厂顺序序号，或者称为设备制造厂的编号
设备固定资产编号	企业将设备安装、调试、验收合格后，按照本企业设备固定资产管理的有关规定而编制的设备编号。用以区分企业设备固定资产中的各种类型、各种型号的设备，以方便建立企业设备固定资产的台账和设备档案

不同行业及不同类型的企业所使用的设备类型也是不相同的，各企业可根据自己行业或企业设备类型的情况，也可以参考传统的设备分类及设备固定资产编号的方法对自己企业的设备进行合理分类。

各类型企业可将传统的设备固定资产编号的方法与统一分类的设备固定资产编号的方法恰当地、合理地结合起来，以求达到设备分类和设备固定资产编号的目的。凡属于企业固定资产的设备，就一定要进行设备固定资产编号。具体方法如图7-4所示。

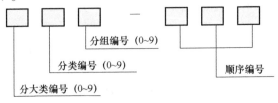

图7-4 设备固定资产编号示意图

7.2.2　生产设备与作业线设备

生产设备是指在工业企业中直接参加企业生产过程或直接为企业产品服务的设备。

张孝桐在他的《设备点检管理手册》一书中认为，在新的经济环境下，将设备分成两个板块，即"主作业线设备"和"非主作业线设备"或称为"产品作业线设备"和"非产品作业线设备"。

他在书中是这样论述的，企业中的设备，不论其高、大、精、尖与否，只要它是在产品作业线上，在产品制作过程中，一步也离不开的，则这些在此作业线上的设备，称为"主作业线设备"。所谓企业的"生命线"就是指企业的"产品作业线"，它是由不同数量设备组合而成的，因此，"主作业线"又称为"产品作业线"。产品制作的主作业线，也有长有短，企业都要加以重视，加强管理。除此以外的其他设备，一律都称为非主作业线设备或非产品作业线设备，如企业作业线上的备用机组、辅助设备等。

本节要说明的设备分类问题与张孝桐在他的《设备点检管理手册》一书中论述的观点并不矛盾，前者突出设备分类是为了更好地进行设备管理工作；而后者的设备分类是为了突出设备是为产品这个设备管理工作的核心问题服务的。主要生产设备、非主要生产设备与主作业线设备、非主作业线设备，是为了说明设备的管理问题与设备管理为谁服务的问题。

设备的复杂程度可由设备的机械、电气、仪器仪表修理复杂系数来确定。设备的机械、电气、仪器仪表修理复杂系数的确定可参考中国机械工程学会设备维修分会编印的《机械动力设备修理复杂系数》。而很多企业有些设备的机械、电气、仪器仪表复杂系数在《机械动力设备修理复杂系数》中，或在其他资料中查找不到，企业可根据标准复杂系数比照制定，也可根据设备复杂系数的计算来确定，并在企业内部的设备管理工作中参照执行。设备的机械、电气、仪器仪表复杂程度截至目前还没有一个真正的可准确量化的尺度，而只可以作为参考。

企业主要生产设备和非主要生产设备的划分，可以由传统的设备机械复杂系数来确定，即设备管理人员常用的机械修理复杂系数≥5 的设备可确定为主要生产设备；机械修理复杂系数 <5 的设备可确定为非主要生产设备。也可以用设备的原值来确定，即小于一定额度费用的设备为非主要生产设备，大于一定额度费用的设备为主要生产设备。

企业主作业线设备和非主作业线设备的划分可以由是否是直接生产产品的设备来确定。

7.2.3　重点设备的划分案例

有些企业把重点设备又称为关键设备，指的是一种类型的设备，而有些企业的重点设备和关键设备从管理的角度来说是完全不同的两种类型的设备，有些企业的"关键设备"指的是"关键工序所用的设备"，是针对产品的加工工艺来确定的设备。

有一次，在一些企业进行设备管理工作座谈时，其中就企业重点设备如何划分展开了讨论。

有的设备管理人员认为是以设备的价值来确定，"价值高就一定是重点设备"；有的设备管理人员认为是以设备的复杂程度来确定，"复杂程度高的设备就一定是重点设备"；还有的设备管理人员认为是以设备生产的产品的重要性来确定，"产品在企业的位置重要，生产该产品的设备就一定是重点设备"。

重点设备的确定是由综合因素来确定的，即由生产产品的重要性，安全、环保、员工健康，设备的复杂程度，设备的价值等因素综合起来确定的。而不能以单一因素来简单确定企业的重点设备。

7.2.4 重点设备实物形态和价值形态管理方法

企业重点设备是指企业根据自身的生产经营需要及生产产品的性质和条件确定的对产品质量、产量、成本、交货期以及安全、环保、维修方面有重大影响的设备。重点设备将随企业的生产结构、生产计划与生产产品工艺的改变而定期调整，它是企业设备维修及设备管理的重点。

企业重点设备选定时，一般要运用分析的方法或经验判定的方法将设备划分为 A、B、C 三类。其中，A 类为企业重点设备，B 类为企业主要设备，C 类为企业一般设备。企业重点设备的选定依据如图 7-5 所示。

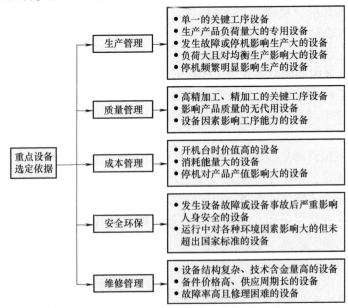

图 7-5 企业重点设备选定依据

对于企业的重点设备要采取必要的管理措施和管理方法，这些措施和方法主要包括：重点设备的划分范围、必要的设备点检和状态监测、重点维护保养和维修检测等。重点设备规范管理要点见表7-8。

表7-8 重点设备规范管理要点

序号	要 点
1	每年或定期，企业要根据生产和设备管理的具体情况，认真选定好重点设备，同时要将重点设备管理台账相应修订好
2	确定的企业重点设备要在设备上规定的统一部位安装或粘贴明显的"重点设备"或"A类设备"标识
3	重点设备的操作人员、维修人员、管理人员等要从规范操作、规范维修、规范管理等各方面入手来提高设备的可靠性、可利用率、利用率和综合效率

彼得·德鲁克在他的《管理：任务、责任、实践》一书中这样说："管理者所面临的问题不是企业明天应该做什么，而是'今天必须为未来做哪些准备工作'。如果企业不为未来做准备，就要为出局做准备。"

作为企业的设备管理者，我们要把这些设备管理最基础的工作在今天就做好。设备管理的基础工作做好了企业才会真正有明天。

7.3 设备实物形态和价值形态动态管理方法

企业设备实物形态和价值形态的动态规范管理，是为了处理和掌握设备在全生命周期内，由于使用、借用、租赁、移装、闲置、修理、改装、改造、库存、报废等情况所引起的企业设备实物形态和价值形态发生变化而进行的管理。

7.3.1 设备台账动态管理及案例

设备台账反映企业设备实物形态和价值形态状况，反映企业各类设备的数量及设备在企业分布变动情况。设备台账可分为三类形式，具体见表7-9。

表7-9 设备台账的形式

分 类	内 容
第一类	设备序号台账、设备分类编号台账、设备使用单位的设备台账
第二类	精密设备、大型设备、专用设备、稀有设备、重点设备、关键设备、进口设备、自制设备等分别编制的台账
第三类	不符合列为企业固定资产的设备所建立的"非企业固定资产设备台账"，以便于对非固定资产设备台账进行有效管理

某企业设备台账管理表格的形式见表7-10，可供参考。

表 7-10　设备台账管理表

设备类别：　　　　　　　　　　　　　　　　　制表时间：

序号	资产编号	设备名称	设备型号	主要规格	FJ	FD	制造厂商	出厂时间	出厂编号	总功率	设备原值	投产时间	使用单位	备注

制表者：

设备台账管理案例：

我曾经在一个国有企业进行设备维修的调研工作，在调研过程中，我翻阅了这家企业的两本设备管理台账。一本是企业财务部门的设备台账，另一本是设备管理部门的设备台账，两本设备台账均属于同一时间的账目。让我感到吃惊的是，两本设备台账上面的标准通用设备、自制设备、动力设备等的数量没有一种是相同的，也就是说没有哪一种类型的设备是可以对得上号的，而且差距很大。

这主要是因为企业的领导和设备管理人员并没有把设备固定资产管理当作是一种责任。部门间缺乏相互协调、相互沟通，管理人员在对设备实物形态的及时掌握及对设备台账的及时维护和修订方面没有负起责任。

7.3.2　设备档案动态管理方法

设备技术档案是指设备从规划、设计、制造、安装、调试、验收、使用、维修、改造、更新，直至报废的整个设备生命周期全过程规范管理中形成的，并经整理归档保存的设备图纸、图表、报表、文字说明、计算资料、照片、录像介质、录音介质及各种与设备有关的凭证和记录文件等资料。设备技术档案是企业技术档案的重要组成部分。

设备技术档案主要包括两方面的内容，如图7-6所示。

当前，绝大多数企业都在用网络信息化平台进行设备技术档案的动态管理。这不仅可以把设备前期档案管理和设备后期档案管理在企业局域网络上公开、透明、知识共享，而且更重要的是可以把设备运行、状态监测、设备维护、设备修理、故障分析、事故处理以及设备的技术状态和状况等在网络上进行动态管理，并且可以反映出设备管理人员和设备维修人员需要的相关信息。同时设

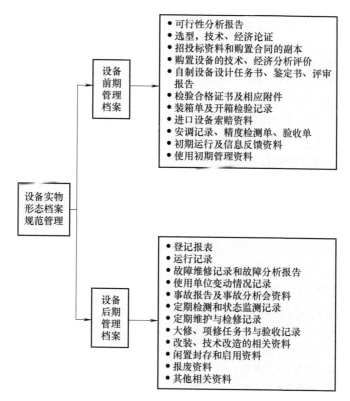

图 7-6　设备技术档案的主要内容

备部门的领导及企业的高层主管领导都可以及时掌握设备的技术状态。

　　企业在进行设备实物形态的技术档案管理时，要注意将设备档案资料按单台设备存放在设备技术档案中，而且设备技术档案的编号要与设备固定资产编号一致。管理人员进行设备技术管理必须做到五点，见表 7-11。

表 7-11　设备技术档案管理

序　号	内　容
1	经过学习和培训的设备技术档案专人管理人员
2	管理人员明确设备技术档案的归档程序和电子档的操作程序
3	管理人员明确定期登记和输入设备技术档案的具体内容
4	管理人员明确设备档案的借阅管理办法并且熟练维护网络设备技术档案
5	管理人员明确高精度、大型、稀有和重点设备管理的技术档案

　　同时，设备技术档案要存有电子文档，通过企业局域网络时要有权限控制。也就是说，设备技术档案一定要具备纸质文档和电子文档。

7.3.3 设备库存动态管理方法

（1）到货设备入库规范管理 企业有关部门组织设备、技改、档案、工艺以及设备使用等部门的相关人员，设备卖方、买方有关人员对设备进行开箱检查，如果是进口设备还应当有商检、海关、保险公司等有关人员。在合同规定的现场打开设备包装箱，检查并登记设备实物形态、技术资料与装箱单是否相符；设备的配套件、备件、附件等按合同是否齐全；设备外观有无残损、锈蚀、变形等问题。如果没有任何问题，请在场的有关各方人员在设备开箱验收单上进行会签确认。

设备进行商品检验，是由国家商检部门参与进出口设备的开箱检查，并对检查的实际情况做出公正。检查设备品质、设备规格、设备重量、设备数量、设备包装质量、设备卫生情况等是否符合我国法律法规所规定的标准。

设备开箱检查验收后，开始进行已到设备的入库管理工作，具体见表7-12。

表7-12 到货设备入库管理

序号	内　　　　容
1	设备开箱检查验收完成后，做好设备登记入库的各项记录
2	根据设备防锈情况，需要清洗重新进行防锈处理的部位要进行补充防锈处理
3	对出现的问题，要提出并向设备的发货单位和设备的运输单位提出质疑，同时根据合同的相关内容联系索赔事宜
4	设备开箱检查验收和入库记录及相关资料要入技术档案，需要移交给设备管理部门、设备使用单位、工艺部门和其他有关部门的资料要及时移交，同时要发出设备到货通知单，尽快将设备出库安装
5	根据合同，要按照设备工艺平面布置图及有关设备的安装技术要求，办理好出库手续，进行整体安装、调试、验收和初期运行工作，使新设备能够完全满足合同要求和对生产产品的工艺要求

（2）闲置设备退库规范管理 闲置设备又称封存设备，或称闲置后封存设备。闲置设备必须符合表7-13所列的条件，并办理好设备的退库手续后方可进行闲置设备的退库工作。

表7-13 闲置设备必须符合的条件

序　　号	符合的条件
1	企业在规定的一段时间内不再使用的设备
2	入库前必须是完好设备，并进行维护保养后油封入库
3	按规范进行维护保养，出库后即可投入生产的设备
4	设备的附件及档案资料齐全
5	设备的各项入库手续及入库通知单据齐全
6	设备闲置后也可在生产单位的该设备原生产现场就地封存，但必须办理好闲置设备的退库手续

（3）设备出库规范管理 不管是新设备出库安装，还是闲置设备重新启用

出库，都要由设备的使用单位到设备仓储的主管部门换取设备出库单领取设备。领取设备时，新设备要做第二次开箱检查，清点移交；闲置设备要启封检查，清点移交。

新设备要尽快出库安装、调试、验收，并投入使用，使设备及早、尽快地发挥其效能，其中进口设备的安装、调试、验收工作更要严格地控制在合同规定的索赔期限内，以免使企业遭受不必要的经济损失。

（4）设备仓储规范管理 设备仓储除了要做到仓储的相关管理规定和相关基础管理工作要求的以外，还必须做到以下几点，见表7-14。

表 7-14 设备仓储规范管理的要求

序 号	内 容
1	设备出现质量问题未查清或未修复的不准入库或出库
2	票据与设备及相关附件、备件等实物不符的不准入库或出库
3	设备出库、入库手续不符合要求的不准入库或出库
4	设备的账和物要一致，定期报表必须准确无误
5	按设备的防锈期要求及时定期地对设备及相关附件、备件进行清洗、保养、防锈
6	按企业规定的时间要求及时上报设备出库信息，并维护好设备台账

7.3.4 设备借用动态管理及案例

在一个企业内部，由于生产产品的需要，各部门或各生产单位之间，设备的相互借入或借出称为设备借用。有了设备借用就要有相应的设备借用管理制度。

按照企业设备管理条例的规定，企业内部甲、乙双方单位同意借出、借入的设备，要经过企业的设备管理部门按规定规范办理设备借出和借入手续，填写合同或协议后，双方开始执行设备借用合同的各项条款。设备借用合同书可参考表7-15。

表 7-15 企业设备借用合同书

编号：

资产编号		设备名称		设备型号		主要规格	
设备原值		月折旧率		月折旧额		出厂日期	
		月大修提存率		月提大修基金		投产时间	
借入、借出双方协议主要内容： 　　　　（借用起止时间，设备技术状况说明，安全、环保 　　　要求，维护保养、日常修理及项修、中修、大修责任， 　　　费用支付，风险承担，违约责任等。）							
设备管理部门		设备借出部门			设备借入部门		
负责人：		负责人：			负责人：		
时间：		时间：			时间：		

借用的设备，借出单位依旧提取设备折旧和大修理基金。借用设备的日常维修、设备点检、状态监测以及相应设备备件和有关考核均由设备的借入单位负责。

设备借用管理案例：

记得我在一个机械加工制造企业看到过这样一种情况，由于生产上的需要，该企业内部的两个生产部门相互借用设备，而要借用的设备是一台高精度、高性能、高价值的企业重点设备。

当乙方向甲方借用了这台设备以后，由于也具有该设备操作证的乙方设备的操作人员违反了该设备的操作规程，造成了设备事故。尽管经济损失只属于一般人为事故的性质，但是，由于这台设备是企业的重点设备，因此，设备人为事故给企业带来了不必要的经济损失，使得该设备不能按期生产产品和及时向客户交付产品。

当设备管理部门的有关人员按照相关规定处理事故时，才发现这台设备是乙方向甲方借用的，但双方没有办理任何借用手续，只是口头认可，口头"君子协定"。因此，最终甲方也承担了相应的责任。如果双方按规定办理了设备借用手续，那么这样的设备人为事故的责任就应当完全由设备的借用方即乙方来承担了。

7.3.5　设备租赁动态管理方法

设备租赁是企业与企业之间，或者企业内部之间设备的租入或租出。设备租赁是企业筹措资金与增加设备紧密结合的一种投资方式。企业运用设备租赁手段可以在资金不足的情况下，按照规定的方式，从国内外的企业中租赁到自己企业所需要的设备来生产自己企业的产品。

设备租入企业可以采用一次或分期付款的办法支付设备租金。设备租赁费用分期摊入企业生产产品的成本之中。经设备租出企业和设备租入企业双方同意租赁的设备，要由设备租出企业和设备租入企业的设备管理部门办理设备租赁合同。设备租赁合同由公证单位进行公证签证后，设备租出、租入企业开始履行合同条款。企业设备对外租赁合同书的格式可参考表7-16。

表 7-16　企业设备对外租赁合同书

编号：

资产编号		设备名称		设备型号		主要规格	
设备原值		月折旧率		月折旧额		出厂日期	
		月大修提存率		月提大修基金		投产时间	

租入、租出双方协议内容：

　　　　（租赁起止时间，设备技术状况说明，安全、环保
　　　　要求，维护保养、日常修理及项修、中修、大修责任，
　　　　费用支付，风险承担，违约责任等。）

公证单位	设备租出企业	设备租入企业
负责人：	负责人：	负责人：
经办人：	经办人：	经办人：
时间：	时间：	时间：

　　我们总结一下，设备租入和租出企业有表 7-17 所列的几项特点。对于企业内部进行的设备租赁可以采取表 7-18 所列的方式，其设备租赁合同书可参考表 7-15 所示的企业设备借用合同书的内容和格式。

表 7-17　设备租入和租出企业的特点

租入企业	特　　点
1	有利于推动企业的设备更新和设备技术改造
2	有利于企业提高资金利用率
3	有利于企业增加自有资金积累
4	有利于企业改善对设备的经营管理
租出企业	特　　点
1	通过设备租赁获取利润
2	通过设备租赁可以扩大对设备租入企业的设备维修、人员培训等项业务
3	设备租赁在有些国家可提供加速折旧和投资减税等的优惠政策
4	要承担遇到通货膨胀时带来的风险

表 7-18　企业内部设备租赁方式

序号	方　　式
1	设备的租入单位自行配备设备的操作人员，同时负责该设备的维修业务
2	设备的租入单位自行配备设备的操作人员，设备租出单位负责该设备的维修业务
3	设备的租出单位配备设备的操作人员，设备的租入单位负责该设备的维修业务
4	设备的租出单位配备设备的操作人员，同时负责该设备的维修业务

　　企业内部或企业内部单位租入的设备，不能列入企业或单位租入的设备固定资产。相反，企业内部或企业内部单位租出的设备，仍属于设备租出企业或

企业内部设备租出单位的设备固定资产。

7.3.6 设备移装动态管理及案例

设备移装是指在企业内部由于生产的需要，出现了设备的调动，使设备安装位置发生了变化，从而需要移动并且重新安装设备。

凡已安装投入生产并列入企业设备固定资产的设备，设备的使用单位不得擅自移装设备。如果由于生产的需要，确定需要移装设备，就必须按照设备管理规定，由企业的工艺部门、设备原使用单位、设备现调入单位、设备管理部门等对设备移装申请单和设备安装平面布置图会签确认，并经企业主管领导批准后，可对该设备实施移装。设备移装申请单可参考表7-19。

表7-19 设备移装申请单

时间：   编号：

设备编号		设备名称		原安装位置	
设备型号		主要规格		移装后位置	
移装原因及平面布置简图	(可附移装后设备平面布置详细图样)				
企业主管领导审批	工艺部门意见		设备部门意见		动力部门意见
	生产部门意见		移装单位意见		原安装单位意见

设备移装管理案例：

我每次给企业做设备管理知识培训都有人提问："设备移装是在企业内部进行，又没将企业的设备移装到外边去，有必要这么认真吗？"

我们应当知道，设备在企业内部移装，设备的现场管理发生了变化，同时，设备固定资产实物形态管理也发生了变化。因此，不要小看了设备的移装管理问题，我们每一位设备管理人员都要认真对待。

设备管理部门要根据企业设备管理的规定，定期编制和填写设备移装后的变动情况报告表。这个报告表中的内容要包括：设备移装后使设备的原有安装位置发生的变化情况；设备实物形态的固定资产跟随设备的移装而发生的变化情况。并将这份报表分送到企业财务部门和上级主管部门，作为企业设备固定资产和设备资产账目调整的依据。

　　表 7-20 为设备变动情况周期报表。当设备移装、调拨、新增、报废时，都要按照企业要求的周期来填写设备变动情况周期报表。

表 7-20　设备变动情况周期报表　　　　编号：

序号	设备编号	设备型号	设备名称	主要规格	变动类别				备注
					移装	调拨	新增	报废	

设备部门负责人：　　　　　　　　　　　　　　　时间：

7.3.7　闲置设备动态管理方法

　　闲置设备是指在企业固定资中连续停用一年以上或新购进厂两年以上不能投产或变更产品计划后不用但仍有使用价值的设备。对闲置设备的管理办法具体有：

　　1）闲置一年以上还需要再用的设备，也可原地封存，同时在设备上要挂上明显的"闲置"或"封存"标识，并由专人负责管理、检查。

　　2）已闲置封存的设备要切断电源，放掉设备中各油箱体内的润滑油、液压油和冷却液箱体内的冷却液，对设备要按保养规范进行维护保养、防锈处理、加盖整机防尘罩。

　　3）填写闲置设备封存申请表，具体内容见表 7-21，申请表填写后上报设备

表 7-21　闲置设备封存申请表

设备编号		设备名称		设备型号		主要规格	
最近一次修理类别		最近一次修理时间		闲置封存地　点			
闲置封存开始时间				预计启封时　间			
闲置原因							
当前技术状态							
随机附件							
	财会部门签　收	企业主管领导批准	设备部门意　见	生产部门意　见	工艺部门意　见	动力部门意　见	设备使用部门意见
闲置封存审　批							
启用审批							
启用理由及时间							

设备使用单位：

　　经办人：　　　　　　　　　　　　　时间：

管理部门、财务部门，动力部门检查设备封存是否规范、是否达到闲置设备要求，按规定财务部门停止对该设备计划提取的折旧费用。

4）对闲置封存一年以上的设备，由企业工艺部门会同设备管理部门于每年定期填写闲置设备封存明细表，内容见表 7-22。经企业主管领导批准后，进行估价或者竞拍转让，被批准的闲置设备，应办理入库手续，入设备仓库后，要按规范对该闲置设备进行封存管理。

表 7-22　闲置设备封存明细表

填报单位：　　　　　　　　　　　　　　　　　　时间：

序号	资产编号	设备名称	设备型号	主要规格	制造厂商	出厂时间	投产时间	使用单位	原值(元)	净值(元)	技术状况
企业主管领　导				财会部门		设备部门		工艺部门		生产部门	

填报人：

5）现场闲置封存的设备及进入库房封存管理的设备，如果根据企业生产的要求，需要停止闲置而启封及出库使用，设备的使用单位应持原闲置设备封存申请单，到企业财务部门、设备管理部门、动力部门、工艺部门、生产部门办理闲置设备启封手续，并会同设备管理部门检查启封，终止闲置。闲置设备一旦终止闲置，即开始继续对该设备进行计划提取折旧费用。

7.3.8　设备报废动态管理方法

如果设备具有表 7-23 中所列情况之一时，按规定手续提出设备报废。设备使用情况评估技术指标见表 7-24。企业设备固定资产报废申请书见表 7-25。

表 7-23　设备报废的依据

序　号	内　容
1	超过设计生命周期，主要零部件严重老化和磨损，功能和技术指标达不到所生产产品的工艺要求，或虽能修复、改造，但费用投入高经济上不合算的
2	因自然灾害，或不可抗拒的外力，或重大事故而受到严重损坏无法修复的设备
3	容易引发安全事故，危害人体健康，污染环境，而要改造又不经济的设备
4	企业产品换型或由于企业生产产品工艺变更而淘汰，而改造又不经济的设备
5	高耗能的设备必须按规定淘汰报废

表 7-24 设备使用情况评估技术指标

评 估 指 标	计 算 公 式	说 明
设备故障率	$=\dfrac{故障停机时间}{设备开动时间}\times100\%$	因设备发生故障而停机的时间占设备运转时间的百分比
设备维修费用率	$=\dfrac{全部维修费用}{总生产费用}\times100\%$	同期内企业的全部设备维修费用占总生产费用的百分比
单位产品设备维修费用	$=\dfrac{维修费用总额}{产品总产量}\times100\%$	单位产品分摊的设备维修费用

表 7-25 设备固定资产报废申请书

申请单位： 申请编号：

设备编号		设备名称		设备型号		主要规格	
生产厂商		出厂时间		投产时间		使用单位	
折旧时间		使用时间		资产原值		已提折旧	

报废原因：

（包括设备技术、使用年限、损坏程度、预计修理费用等，以及设备的报废原因分析，设备报废后的处理办法。）

负责人： 检查人：

设备管理部门	工艺部门	财务部门
日期：	日期：	日期：
企业主管领导		
日期：		

　　对于已经批准报废的设备可按表 7-26 所列的条件进行处理。

　　设备资产规范管理即设备实物形态和价值形态规范管理，是设备全过程规范管理中的一项不可缺少的重要内容，企业设备管理部门应当把这项管理工作放在设备管理工作的首要位置。只有这项重要的基础设备管理工作按照规范、按照企业的具体情况、特点捋顺清晰了，规范地做好了，其他各项设备管理工作才可能有序展开。

　　拥有规范化的数据，各种信息查询、统计、分类、汇总功能才有可能实现。有了标准的工作流程，企业才能够通过系统所提供的信息加强统一领导和横向比较。我们可以看到企业设备监控管理、设备预防维护管理、设备故障报修管理、移动解决方案、多语言管理、与第三方系统集成、设备预测性维护以及分析报表模块等。

表 7-26　报废设备进行处理的条件

序　号	内　　容
1	在法律、法规允许的情况下，有利用价值的报废设备转让、拍卖给可以利用的企业，转让的报废设备估价必须经过相关责任人的审批
2	对于无转让、拍卖价值的报废设备，可将能利用的设备零部件拆卸修理后留用，不能利用的可作为原材料或废料处理
3	能耗高，污染严重超过国家规定指标而淘汰报废的设备不得转让、拍卖，可利用的报废设备上的零部件可拆卸修理后留用，不能利用的其他部分可作为废料处理
4	处理回收的报废设备残值应列入企业设备更新、改造资金，任何情况下都不得挪作他用
5	报废设备处理完成后，设备管理部门要编制报废设备处理报告，企业主管领导审批后，随报废设备的所有档案进行台账清除、封存管理
6	企业财务部门要根据设备处理报告进行财务方面的处理，同时取消该设备的固定资产编号

设备报废审批程序可按图 7-7 所示的流程进行。

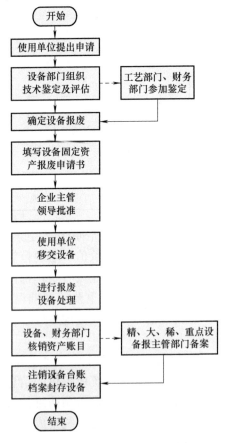

图 7-7　设备报废审批流程图

7.3.9 网络信息化实现设备资产动态管理方法

目前，不少企业通过网络信息化建立了设备资产管理平台，以此来高效地帮助企业设备管理，使其更加规范化、集中化、智能化、科学化。设备信息化实物形态和价值形态管理平台如图 7-8 所示。企业设备实物形态和价值形态管理一定要严格遵守国家的法律、法规和各项规定，防止设备固定资产流失。对国有企业来说，设备固定资产是国有资产的重要组成部分。设备固定资产经营得好也是保值、增值的重要条件。同样，设备固定资产经营得不好就会贬值，失去效率。因此，设备实物形态和价值形态规范管理，不仅要为企业生产经营的需要管好设备，同时还要为搞好资本经营的需要而经营好设备资产。

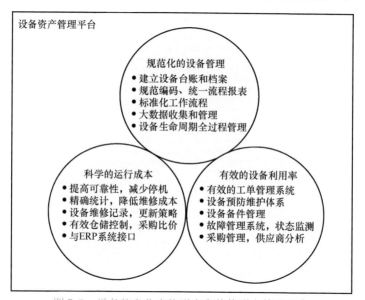

图 7-8　设备信息化实物形态和价值形态管理平台

企业的有形资产中，占有很大比例的就是设备。因此，要充分运用社会主义市场机制，使这个有形资产不断积累、不断增值，为企业服务。

在阿尔伯特·哈伯德的《自动自发》一书中有这样一段论述很是发人深省：

"卢浮宫收藏着莫奈的一幅画，描绘的是女修道院厨房里的情景。画面上正在工作的不是普通人，而是天使。一个正在架水壶烧水，一个正在优雅地提起水桶，另外一个穿着厨衣，伸手去拿盘子——即使日常生活中最平凡的事，也值得天使们全神贯注地去做。"

这幅画我在法国巴黎的卢浮宫里也看到过，并在这幅画前凝视了好一会儿。我们说，行为本身并不能说明自身的性质，而是取决于我们行动时的精神状态。工作是否单调乏味，往往取决于我们做这些工作时的心境。

每一件事都值得我们去做。不要小看自己所做的每一件事、每一件工作，即便是最普通的事、最普通的工作，我们也应该全力以赴、尽职尽责地去完成。小任务顺利完成，有利于对大任务的成功把握。一步一个脚印地向上攀登，便不会轻易跌落。通过工作获得真正力量的秘诀就蕴藏在其中。

随着科学的进步，企业的快速发展，设备的无形损耗也在加快，要改善企业设备素质，设备实物形态的改善和科学的投入都非常重要。促使企业资本结构优化是提高企业素质的根本体现。只有资本结构优化，才能实现企业不断地在良性循环的轨道上向前发展。

第 8 章

网络信息化与设备管理

信息化是现代企业发展必不可少的重要手段之一。信息化带动工业化，工业化促进信息化，两化深度融合是现代企业的鲜明特征。现代设备网络信息化管理是企业网络信息化管理的重要组成部分，互联网＋设备管理是企业设备管理工作面向管理升级、传递信息技术、沟通设备管理工作的重要平台。

企业管理就是在一定的生产方式和文化背景下，由企业的管理人员按照一定的原理、原则和方法，对企业的人、机、料、法、环、测，以及能源、货币、信息和技术等生产要素进行计划、组织、领导、控制和创新，以提高企业经济效益和社会效益，实现盈利目标的活动总称。设备管理水平的提高既有赖于企业在设备管理目标制定与落实、组织人员安排、业务流程设计、持续提升和变革管理等方面的优化提升，也需要提高信息化手段支持企业设备管理工作规范、科学、细化、高效运行。

当今，成功的管理需要很好地利用网络信息资源，要不断创新，通过建立和健全网络信息系统来适时地收集、处理和管理信息，有效地使用信息和及时地更新信息，发挥信息在资源的有效利用和智能管理中的作用。

彼得·德鲁克在《管理：使命、责任、实践》中有一段精辟的论述："在这个要求创新的时代，一个不能创新的企业注定是要衰落和灭亡的。对创新进行管理，将日益成为企业管理层，特别是高层主管的一种挑战，并将成为其能力的一种试金石。"

对于企业设备管理者来说，要牢记创新是企业设备管理的灵魂，并设法寻找企业设备全过程规范管理的创新思路。创新不仅是技术创新，而且还是战略、观念、组织、市场、经营模式的创新。

设备网络信息化管理是企业利用信息技术充分发挥设备资源有效利用的管理体系，也是利用网络信息技术来规范企业设备管理的工具和手段。

设备是企业生产经营的主要物质资源和物质技术基础，在现代化大生产中的作用与影响日益突出。设备的运行过程是特殊的物质流动，既是技术的，也是经济的。在这个过程中既有耗损又有补偿，这种特殊性决定了设备网络信息化智能管理必须作为一个独立的子系统存在于企业网络信息化智能管理之中。

8.1　网络信息化管理系统

8.1.1　企业管理网络信息化系统

现代企业正向着集机械、电子、液压、光学、信息科学、计算机技术、材料科学、生物科学、管理学等为一体的方向发展，企业更加注重精密化、信息化、全球化、智能化、绿色化、服务化。并且，需要处理的信息也越来越多。现代企业管理信息系统（Management Information Systems，MIS）也就应运而生了。

企业建立管理信息系统的目的是为企业各级管理人员及时、准确、灵活地提供生产经营和管理决策所需的信息。这个管理的过程就是信息收集、传输、加工和应用的过程。企业管理信息系统是输入数据，进行生产产品，输出信息的系统，并在网络中实现。MIS 的构成如图 8-1 所示。

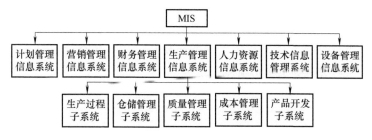

图 8-1　MIS 的构成

信息来源于企业生产产品过程的数据，也是对企业决策者有价值的数据。企业从信息管理的角度，可以划分为物质流（简称物流）和信息流两种状态。

企业管理实际上就是利用信息对企业的有形资源进行运用过程的管理。这里的有形资源、信息与管理的关系如图 8-2 所示。

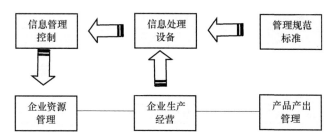

图 8-2　有形资源、信息与管理的关系

完善的 MIS 的特征见表 8-1。

表 8-1　MIS 的特征

序　号	具有的特征
1	企业所确定的必要的信息需求
2	信息的可采集性与企业可生产产品的特性
3	通过不同程序为企业各类管理人员提供相应信息
4	企业可以对各类信息进行科学管理

设备管理网络信息化认识案例：

有一位企业设备管理部门的负责人在与我讨论设备管理网络信息化问题时，

非常自信地对我说："我们企业就目前的设备管理现状来看，完全不需要加强设备管理信息化，当前的管理水平足够用了。"可能不会有人相信，在科学技术、信息化水平高度发展的今天，在企业管理，包括设备管理不断在一个新的平台上发挥作用的时候，还会有人有这样的想法？

具有这样短视行为思想的企业部门领导还真的存在！企业设备管理信息化不仅仅是一种管理方式的转变，更重要的是思想观念的转变。有了这种思想观念的转变，设备管理工作才会适应企业的发展，从而才会适应社会的发展，才会对企业、对社会做出更多的贡献。

8.1.2　设备管理网络信息化系统

根据当前企业的发展情况，每个企业都有自己设备管理的考核体系，归纳一下，企业设备管理主要考核指标见表8-2。

表8-2　企业设备管理主要考核指标

序　号	主要考核指标
1	企业设备折旧
2	企业设备综合能耗
3	主要环保设备配置及运行状态
4	企业设备生产安全
5	设备投资利润率
6	新增设备投资效益与工业增加值
7	设备维修费用
8	设备事故率及造成的设备事故损失
9	企业设备新度系数
10	主要生产设备故障停机率
11	主要生产设备完好率
12	主要生产设备利用率
13	主要生产设备可利用率
14	企业设备综合效率

设备是企业生产的载体，是企业发展的物质基础，企业要发展必然离不开设备。可以说，企业的设备管理水平代表了这个企业的整体管理水平。设备管理的水平也决定了企业未来的发展水平。

企业设备管理认识案例：

至今在有些企业，设备管理部门的工作仍不被重视，设备管理这个部门仍属于企业的"二三线"部门。这种局面导致了企业的管理水平上不去，该投资的不投资，该抓的管理不抓。企业的领导应当清楚，企业生产管理水平低、生产率低、设备的利用率低，很大一部分原因是设备管理水平低而造成的，并不是单纯的生产管理问题。不是只要重视了生产管理、设计制造，企业的管理水平就会提高。

设备管理水平决定了企业未来的发展水平，设备管理的网络信息化将给企业一个很大的发展空间。

设备管理信息系统（Plant Management Information Systems，PMIS）以设备为管理对象，对设备全生命周期进行全覆盖管理，并且能对设备的可靠性进行分析和比较。

PMIS 可以向企业提供设备维修费用、设备事故停机损失、设备安全隐患、设备排放的环境问题、设备节能减排问题、设备能耗问题等信息。还可以提供设备投资的可行性研究、设备生命周期费用分析、设备运行的技术状态、设备维护保养和设备维修状况等信息。PMIS 可以向设备的管理人员、维修人员、操作人员等提供设备的动态管理信息。它还可以为企业自动生成设备动态管理的各类管理报表和技术分析图解，对企业重点或关键设备的运行状态进行实时监控。

PMIS 的数据信息分类如图 8-3 所示。PMIS 的信息主要来源如图 8-4 所示。

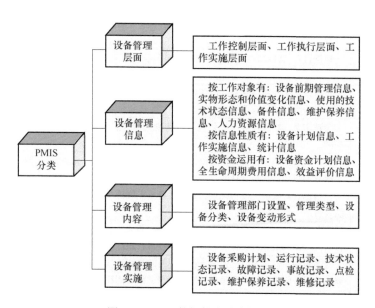

图 8-3　PMIS 数据信息分类框图

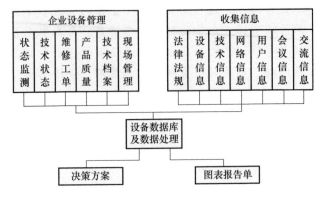

图 8-4　PMIS 的信息源框图

8.1.3　PMIS 的基本功能

PMIS 基本功能的主要内容见表 8-3。

表 8-3　PMIS 基本功能的内容

功　　能	内　　　　容
设备规范管理	设备可行性研究，设备生命周期费用评价，设备维修、技术改造、设备更新，设备招标、订货、安装、调试、验收管理，信息管理、设备前期管理等
财务规范管理	设备固定资产原值、设备折旧费、设备净值、新增设备费用、设备维护保养费用、设备修理费用、设备改造费用、备件资金、设备报废处理费用、设备残值等
资产规范管理	设备管理表格、类别、设备台账管理，设备安装管理、设备处置管理、设备报废管理等
备件规范管理	根据设备备件库存状况及设备维修相关数据，实现设备备件的采购计划、采购合同、招投标管理、验收管理；设备备件的入库、出库、库存及库存资金管理
台账规范管理	包括设备基础数据管理、设备到货信息管理、设备安调信息管理、设备使用信息管理、设备维修信息管理等
运行规范管理	参数记录、状态监控；提供设备生产能力信息，技术状态评估、故障诊断、设备检测
维修规范管理	设备检修计划、设备维修工单、设备维修方案及费用；设备预防维修、故障维修、事故修理管理、费用统计等
维护规范管理	设备的日常维护、设备计划保养、设备重点维护及维护保养计划、实施记录和费用统计等
润滑规范管理	设备润滑计划管理、设备润滑实施管理、设备润滑材料管理、设备润滑费用管理；按时间提示润滑和维护保养设备，并全程进行跟踪记录等
辅助规范管理	设备更新、设备改造、设备运行状况及趋势分析管理；设备故障诊断管理、设备维修方案设计管理、设备环境保护监测管理、设备能耗统计管理等
知识共享规范管理	为企业内部、企业之间和设备及设备备件供应商、设备的使用客户提供相关信息的交流平台，并且通过对这些信息的整合、分类，以求达到信息共享

8.1.4　PMIS 实施案例

设置管理人员、技术人员及相关人员。在与系统顾问共同设计这套 PMIS 时，不但要归纳其内容，而且要将落后的设备管理思想、方法抛弃，将新理念、新方法融入，并使其与企业的特点紧密地结合在一起。

在进行 PMIS 的设计与实施时，要归纳 PMIS 的内容，诸如对设备的规划管理、财务规范管理、资产规范管理即实物形态和价值形态规范管理、备件规范管理、台账规范管理、运行规范管理、维修规范管理、维护规范管理、规范润滑细化管理、辅助规范管理、知识共享规范管理等一定要与本企业的特点和现有的设备管理水平结合起来。

要进行知识互补，学习新知识、新理念、新的设备管理方法，并把这些新知识、新理念、新的设备管理方法融入自己企业的设备管理工作之中。不能再抱住旧的、落后的设备管理思想、方法不放。

这不但能使企业在以后的 PMIS 应用中充分运用新知识、新理念和新的设备管理方法，而且会使企业的设备管理水平登上一个新的平台。设备管理工作只有真正与时俱进了，才会在互联网＋设备管理的平台上大显身手了。

8.2　PMIS 的基本方法

由于市场竞争的不断加剧，企业竞争的空间与范围也在进一步扩大，企业资源计划（Enterprise Resource Planning，ERP）的管理思想逐步发展为如何有效地利用和管理企业的整体资源。

8.2.1　ERP 核心理念与 PMIS 设计思想

（1）ERP 的核心理念　企业不但要依靠自己的资源，而且必须把自己企业经营过程中的有关各方的相关企业或者说顾客，纳入到一个紧密的供应链之中，以便适应市场环境和市场竞争的需要，实现对企业整个供应链的科学管理。

> 彼得·德鲁克在他的《成果管理》中说："企业应该不停地调查顾客：在我们为您提供的服务中，有哪些是其他企业所没有的？"

对于企业整个供应链的管理，实际上就是要从顾客那里得知企业已经获得了哪些独特优势。进行供应链资源管理是企业保持正确的发展方向，寻求企业核心能力、企业竞争能力和企业优势的重要方法。

企业要不断地从自己的顾客那里了解他们对本企业的看法、想法、建议，或者意见和要求，也要知道本企业对他们的独特优势有哪些。这样，企业才会拥有这些顾客，才能不断地扩大顾客队伍。

利用精益生产（Lean Manufacturing，LP）的思想，企业把客户、供应商等纳入到自己企业的管理体系中，建立利益共享的合作伙伴关系。利用敏捷制造（Agile Manufacturing，AM）的思想，在市场出现转机，合作伙伴不能满足企业新产品开发的要求时，企业组织一个供应链，用最短的时间将企业的新产品推向市场。

（2）ERP 环境下 PMIS 的设计思想　ERP 环境下 PMIS 的设计思想见表 8-4。

表 8-4　ERP 环境下 PMIS 的设计思想

序号	设　计　思　想
1	企业以资金流、物流、信息流为主线的设计思想
2	利用服务器结构，在网上浏览企业主页，进行网上招标、投标、交易
3	进行模式式子系统设计，形成独立子系统
4	设备购置、维护、状态监测、维修、保养、备件提供方面具有优化模型和计算方法
5	确保流程的增值性，消除重复工作
6	注重企业设备生命周期全过程管理
7	设备安全防护管理，维护数据安全
8	体现 PMIS 以信息流和技术流为侧重点的特点；PMIS 可以作为 ERP 的子系统，注重系统模块接口和系统数据共享

8.2.2　EAM 与 ERP

设备生产能力的管理，需要设备资产管理系统（Enterprise Asset Management，EAM）。EAM 支持 ERP 的运行和优化设备生产能力。

EAM 需要解决的问题如图 8-5 所示。EAM 对 ERP 的支持如图 8-6 所示。EAM 与 ERP 的关系如图 8-7 所示。

图 8-5　EAM 需要解决的问题

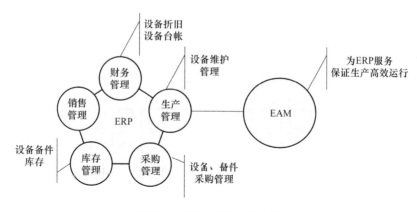

图 8-6 EAM 对 ERP 的支持

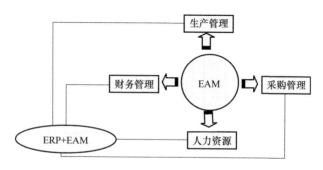

图 8-7 EAM 与 ERP 的关系

8.2.3 浏览器/服务器结构

浏览器/服务器，即 B/S 结构是一种开放式的操作系统，通过浏览器可访问多个应用程序服务器；B/S 结构系统维护方便，维护管理费用低；B/S 系统采用标准化浏览器作为客户端的用户界面，使用简单、容易操作。B/S 的结构如图 8-8 所示。

图 8-8 B/S 结构框图

8.2.4 PMIS 功能模块设计方法及案例

图 8-9 所示为 PMIS 开发的两种形式的功能模块方框图，读者可在设计 PMIS

功能模块时参考。PMIS 开发的功能模块在许多系统中的形式和内容都有所不同，可以根据自己企业的特点和实际情况选择 PMIS 模块，并且不局限于图 8-9 中的两种情况。

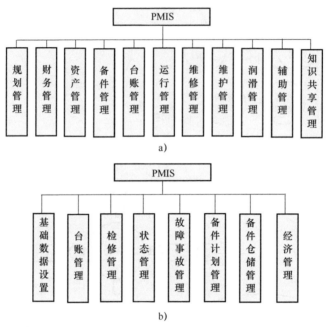

图 8-9　PMIS 开发功能模块框图

PMIS 功能模块设计时需思考的问题案例：

记得与某企业的设备管理人员交流时，他说，"在进行 PMIS 功能模块设计时，把设备生命周期内的所有设备管理内容都考虑了进去，如设备的前期管理、使用与维护管理、技术状态管理、润滑管理、备件管理、维修管理、生命周期费用管理、资产管理等。"这当然是值得赞赏的，但也应当想到，这样庞杂的内容在一次 PMIS 功能模块设计时全部考虑进去，势必会导致后面进行程序设计时有许多考虑不周的地方，从而使 PMIS 整体工作达不到预期的效果。同时，还要考虑到企业对 PMIS 一次可投入的资金状况。

因此，通过充分讨论、沟通，可以以循序渐进的思路把企业最需要、最能体现企业现代设备管理的新理念、新知识首先纳入并使其试运行。等 PMIS 运行得比较熟练，管理人员对系统有了比较深入的了解，对 PMIS 的科学运用有了全方位的认知后，再不断地对 PMIS 的功能模块进行完善，与时俱进地搞好企业的 PMIS。

在这里，我们按照其中的一种 PMIS 的设计思想进行分析。它可以是在 ERP + EAM 下的内容，也可以是在其他管理信息系统下的内容。图 8-9b 所示的功能模块的设计基础思想有如下几个方面。

（1）PMIS 的基础数据设置　PMIS 的基础数据设置的主要内容见表 8-5。

表 8-5　PMIS 的基础数据设置

基 础 数 据	具 体 内 容
设备主数据	主要任务是详细列出企业设备台账清单，要求可以通过设备主数据查出本企业每台设备的基础数据
设备备件主数据	主要任务是详细列出企业设备备件清单，要求可以通过设备备件主数据查出本企业每台设备备件的基础数据
设备功能位置主数据	主要任务是详细列出企业设备的具体功能位置，要求可以查出本企业每台设备功能位置的基础数据
设备质量主数据	主要任务是详细列出企业设备的质量状态，要求可以查出本企业每台设备当前质量状况的基础数据
设备及备件供应商主数据	主要任务是详细列出企业设备及设备备件主要供应商的基础数据，要求可以查出本企业每台设备及设备备件主要供应商具体情况的基础数据

这些主数据及相对应的基础数据是 PMIS 的基础数据，在设备管理的信息系统中都将以这些主数据为基础数据，并且每一项设备管理的信息工作都离不开这些主数据。而许多企业的设备管理人员，没有充分认识到这些主数据的重要性，在大量输入这些主数据时，没有认真对待，造成不少错误的数据存在其中，使系统投入工作后不能正确地反映设备的实际状况，给企业的设备管理工作带来了不必要的损失。

（2）PMIS 的设备台账规范管理　PMIS 的设备台账规范管理的主要任务见表 8-6。

表 8-6　PMIS 的设备台账规范管理的主要任务

序号	主 要 内 容
1	记录企业设备的统一编号、名称、型号、规格、出厂编号
2	设备的生产厂商的名称、设备的投入使用时间
3	设备原值
4	设备的机械复杂系数、设备的电气复杂系数、设备的热工复杂系数
5	设备主要电动机的数量、设备的总功率
6	设备的使用单位
7	设备的技术状态

（3）PMIS 的设备检修规范管理　PMIS 的设备检修规范管理的主要内容见表 8-7。

不同行业的企业对设备检修的要求是有差别的，在制定 PMIS 的设备检修管理内容时，不要照搬别的企业，否则会出现错误的信息。

表 8-7　PMIS 的设备检修规范管理的主要内容

检修管理		主要内容
精度检测		能够将每台设备的精度检测计划及执行情况纳入 PMIS 工作流程，可以查询每台设备精度检测的具体指标和检测结果。设备精度检测的单项工作流程与设备的三级保养中要求的精度检测的工作流程可实现互补，并且做出较详细记录的设备精度检测工作流程
日常点检		能够对重点或关键设备进行日常检查的业务流程，确定设备运行是否正常、是否需要维修的工作流程
状态监测		能够对企业重点或关键设备进行状态监测的业务流程，以便确定设备运行是否正常，设备是否需要维修的工作流程
日常维修	一般性维修	当设备出现故障时，设备使用部门将在 PMIS 上填写设备维修申请工单，工单上填写设备编号、型号、名称和设备发生故障的现象。设备维修部门在网上接到设备维修申请工单后要填单，确定设备维修人员 如果设备在维修中要填写所需要的设备维修备件，则要在 PMIS 中填写备件申请。故障排除后，维修人员要在 PMIS 中填写具体的维修内容和维修时间。最后由设备维修部门的负责人在 PMIS 中进行确认并在网上进行关单的工作流程
	紧急性维修	当设备出现故障时，使用部门根据设备当前在生产中所起作用的重要性来确定是否申请紧急性维修，一旦确认为紧急性维修，则要在 PMIS 中补填设备维修申请单。申请内容和设备维修部门要填写的内容都属于一般性维修的工作流程
日常保养		从申报设备日常保养计划、审批设备日常保养计划开始，一直到执行设备日常保养计划，若不符合规范或标准的要求，则应采取处罚的管理流程。设备的日常保养工作完成后，要填写设备日常保养完成单
定期保养		从申报设备定期保养计划、审批设备定期保养计划开始，一直到执行设备定期保养计划，若不符合规范或标准的要求，则应当采取处罚的管理流程。设备的定期保养工作完成后，要填写设备定期保养完成单

设备日常保养和定期保养在PMIS中的完整性案例：

记得有一个企业，由于制定的设备日常保养和定期保养规范比较粗，不细致，这不但使得设备的日常保养和定期保养不能达到实际意义上的到位，而且使得 PMIS 中的工作流程很不严谨。这样，看似 PMIS 中具有完整的工作流程，但这个工作流程实际上是不符合要求的。

（4）PMIS 的设备状态规范管理　PMIS 的设备状态规范管理的主要内容见表 8-8。

表 8-8　PMIS 的设备状态规范管理的主要内容

状 态 管 理	主 要 内 容
状态是否完好	设备维修申请单中，设备停机为发生故障的起始时间到设备排除故障后重新运行前关单的这段时间，数据采集为设备处于不完好状态的流程内。采集周期可设定为一个月，或者按照企业对设备完好率的考核周期，由设备管理人员设定后进行数据采集，并且用设备完好率的计算公式自动按照数据采集周期进行计算
借用管理	从企业内部设备借用单位提出申请，企业内部设备借出单位同意借出开始，一直到企业的工艺部门、设备管理部门等同意后，开始执行设备借用、设备归还管理业务的工作流程
调拨管理	从企业内部设备调入部门提出申请，到企业内部设备调出部门同意调出开始，一直到企业的工艺部门、设备管理部门、财务部门等同意后，开始执行设备调拨管理业务的工作流程
闲置管理	从企业设备使用部门提出设备闲置申请开始，一直到企业设备管理部门、财务部门等同意后，开始执行设备闲置业务管理的工作流程
报废管理	从企业设备使用部门提出申请开始，一直到企业工艺部门、设备管理部门、财务部门等同意后，开始执行设备报废管理业务的工作流程
报废入库管理	设备报废管理及设备的报废入库管理，是防止设备固定资产流失的一种必不可少的管理方式，也是设备生命周期终止，停止该设备使用的管理

设备完好率及闲置设备管理在PMIS中的应用案例：

许多企业把设备完好率与设备利用率、设备可利用率共同设定为对设备管理部门的 KPI 指标。因为设备完好率可以实际反映企业设备是否处于完好状态的设备管理水平，所以可把设备完好率设定到 PMIS 之中，以便进行科学管理。

要记住，设备完好率不能作为一种虚拟的、"拍脑门"的考核指标，而一定是实实在在的、"货真价实"的动态考核指标。

有一次，我参加一个企业的设备管理检查工作。在检查过程中，我看到不同的生产现场各有几台设备上挂着"闲置设备"的牌子，这些设备维护保养得非常差，根本没有进行正常的维护保养。我问随行的该企业的设备管理人员："闲置设备为什么不进行维护保养？为什么不进行油封？"

他的回答让人感到惊讶，"闲置设备还要维护保养？"

"当然！"我明确地告诉他，"闲置设备不但必须进行定期保养，而且要经常送送电，以免设备锈蚀、受潮。必要时，还要对设备定期进行油封保养。"

在检查中我们又发现，有的闲置设备只闲置了两三个月就启用了，甚至有的"闲置设备"刚刚启用一两个月就又"封存"，开始"闲置"了。我问设备管理人员："这些闲置设备办理过财务手续吗？"

回答："办理过。"但他马上又补充道，"不过这中间的启用和封存没有办理过。"

我说："实际上这是违反设备固定资产财务手续的，这一点你们不知道吗？"

这位设备管理人员无言以对，只是默默地看着我。

我们知道，所谓的"闲置设备"必须闲置一年或一年以上，设备一旦"闲置"就意味着停止设备折旧，并且降低设备管理费用，直到停止闲置，重新启用为止。"闲置设备"要进行正常的定期保养。

如果采用 PMIS 进行管理，系统不但可进行规范的、科学的"闲置设备"管理，而且在设备闲置时期系统将对其进行监督管理。

（5）PMIS 的设备事故规范管理　PMIS 的设备事故规范管理的主要任务见表 8-9。

表 8-9　PMIS 的设备事故规范管理的主要任务

序号	主要任务
1	设备发生人为事故、自然事故的管理过程
2	设备使用部门上交设备发生事故的报告
3	设备管理部门进行现场事故调查
4	确定设备事故类型
5	按设备事故类型逐级上报

如果是人为事故，在设备事故当事人写出事故经过和检查后召开设备事故分析会，设备管理部门和使用部门填写事故调查表，设备管理部门再制定出设备事故处理意见及事故处理业务的相关工作流程。

有些企业对设备事故的处理很不严肃，当发生设备一般事故时，只是简单地对事故当事人批评一下就完事了。如果发生大事故，也只是批评教育一下，向企业领导汇报一下就完事了。不按程序、规范、制度来，甚至对有些设备事故不上报或瞒报。

如果将设备事故管理列入 PMIS 中，当发生设备事故后，就必须按照程序、规范、制度进行。设备事故管理在 PMIS 中建立时，要围绕设备事故"四不放过"（事故原因分析不清不放过，事故责任者与相关人员未受到教育不放过，没有防范及整改措施不放过，责任者未受到处理不放过）的原则建立。程序中的每一步都必须做到，必须按程序进行。

（6）PMIS 的设备备件规范管理　PMIS 的设备备件规范管理的主要内容见表 8-10。

表8-10 PMIS的设备备件规范管理的主要内容

备件管理	主要内容
计划管理	设备各使用部门上报设备管理部门的备件计划进行汇总，制订出计划后上报计划部门，计划部门批准后由财务部门平衡资金后下发，然后设备管理部门执行备件采购的工作流程。备件的计划管理包括备件采购信息管理、备件货源清单管理、备件需求计划管理等工作流程
采购管理	设备各使用部门上报给设备管理部门的备件计划进行汇总，制订计划，按需要进行市场调研，需要进行招标的要进行招标，签订合同及技术协议，最后执行设备备件采购的工作流程。备件采购管理包括备件标准采购管理、备件寄售采购管理、外协服务备件采购管理、备件采购发票管理、备件采购验收规范管理、备件退货处理管理等工作流程

PMIS的设备备件规范管理过程，各企业可能不太相同，在PMIS中设定程序时，企业要根据自身对设备备件管理的特点进行总结、分析，去除落后的备件管理方式，将先进的、科学的备件规范管理理念和方式贯穿在PMIS中，从而使企业的设备备件管理在一个高水平的管理平台上运作。

（7）PMIS的设备备件仓储规范管理 PMIS的设备备件仓储规范管理的主要内容见表8-11。

表8-11 PMIS的设备备件仓储规范管理的主要内容

备件仓储管理	具体内容
备件入库	设备管理部门或物质采购部门将已经采购回来的备件进行入库管理。备件入库前要进行验收，验收合格后开具验收单，备件保管人员进行核对，然后进行入库登记和入账管理等工作流程
备件领用	设备使用部门按手续到备件库领取备件，备件保管人员进行核对、登账、出库等工作流程
备件仓储	将已经入库的备件进行分类和功能位置确定，进入备件主数据工作流程和编制备件条码等工作流程
备件调拨出库	仓储的备件可以对企业以外的单位进行调拨，备件调拨时要办理财务手续，然后进入办理备件出库手续等工作流程

PMIS的设备备件的仓储及调拨出库规范管理，也是对企业资产的一种必不可少的管理模式。

在进行PMIS中的设备备件的仓储及调拨出库管理时，由于要输入大量的基础数据，而在输入这些基础数据之前还要做备件的条码及条码的识别工作，工作繁琐且量大，因此不可避免地出现一些错误或漏掉一些信息，这就要求我们在进行这项工作时，要认真地逐条校对，以免在系统调试时出现较多错误，造成较大工作量的反复。

（8）PMIS 的设备经济规范管理　PMIS 的设备经济规范管理的主要内容见表 8-12。

表 8-12　PMIS 的设备经济管理的主要内容

序　号	主　要　内　容
1	设备全生命周期费用管理
2	设备采购费用管理
3	设备备件费用管理
4	设备日常维修费用管理
5	设备修理费用管理
6	设备技术改造费用管理
7	设备故障外协费用管理
8	设备备件外协加工费用管理

企业的发展目标就是要不断创造价值，设备全过程规范管理当然也是价值创造过程中的一项重要的管理工作，一定要把设备全过程规范管理工作做好，并处理好同企业各方管理有关的经济关系。"从管理中要效益"，把设备经济管理搞好了，效益是不言自明的。

（9）PMIS 的设备管理工作的润滑油和切削液管理　PMIS 的设备管理工作的润滑油和切削液管理的主要内容见表 8-13。

表 8-13　PMIS 的设备管理工作的润滑油和切削液管理

润滑油和切削液管理	主　要　内　容
润滑油管理	对设备的润滑油、液压油进行定期检验，制定润滑油、液压油的检验周期，润滑油、液压油的添加、更换周期，以及润滑油、液压油的入库、出库、检验等工作流程
切削液管理	机械加工设备的切削液进行定期检验，制定切削液的检验周期，切削液的更换周期，切削液原液的入库、出库、检验，切削液的再生处理业务等工作流程

PMIS 中规范润滑管理的案例：

设备规范润滑细化管理在任何生产企业中都是必不可少的一项管理工作。不科学、不规范的设备润滑管理导致许多企业的生产设备的故障率提高，使用寿命降低，因此要将设备规范润滑细化管理工作列入 PMIS 之中。这样不但使润滑管理工作上了一个台阶，而且在企业生产工作中对设备润滑起到了规范管理的作用。

　　我曾经看到过一个企业在将设备润滑管理列入 PMIS 进行程序设计时，在设备润滑管理中只是设计了对润滑油、液压油的定期检验，而没有考虑润滑油、液压油定期检验的标准。这样他们在利用 PMIS 进行设备润滑管理时，只是做到了对设备润滑油、液压油的定期检验。而检验的结果怎么样，这些油品的质量是否达到了规定的标准，检验的结果达不到质量标准的油品如何处理等问题在 PMIS 中却看不到。所以说他们的做法并没有发挥设备规范润滑细化管理在 PMIS 之中的真正作用。

8.2.5　PMIS 技术路线的实施

　　PMIS 确定的项目和系统设计模块中实施选择的技术路线情况对照见表 8-14。

表 8-14　PMIS 确定的项目和系统设计模块中实施选择的技术路线情况对照

序号	确定的项目	实施选择的技术路线
1	设备基础数据	设备主数据工作流程
2	设备备件基础数据	物料主数据工作流程
3	设备功能位置基础数据	设备功能位置主数据工作流程
4	设备质量情况基础数据	设备质量主数据工作流程
5	设备及备件主要供应商基础数据	供应商主数据
6	设备台账规范管理	在设备主数据工作流程中，主要内容有：设备的统一编号、设备名称、设备型号、设备规格、设备出厂编号、设备生产的国家及厂商名称、设备的投用时间、设备原值、设备的机械复杂系数、设备的电气复杂系数、设备的热工复杂系数、设备主要电动机的数量、设备的总功率和设备使用单位等
7	设备检修规范管理	在质量主数据工作流程中，具体的工作流程有：重点设备日常检查工作流程，重点设备状态监测工作流程，设备精度检测工作流程
8	设备精度检测规范管理	在质量主数据工作流程中，具体的工作流程为"精度检测"，并按照确定的具体项目和内容进行
9	重点或关键设备日点检规范管理	在质量主数据工作流程中，具体的工作流程为重点或关键设备日常检查，并按照确定的具体项目和内容进行
10	重点或关键设备状态监测规范管理	在质量主数据工作流程中，具体的工作流程为重点或关键设备状态监测，并按照确定的具体项目和内容进行
11	设备日常维修规范管理	在设备主数据工作流程中，具体的工作流程为一般性维修和紧急性维修，并按照具体项目和内容进行
12	设备二级保养规范管理	在设备主数据工作流程中，具体的工作流程为设备二级（定期）保养，并按照确定的具体项目和内容进行

（续）

序号	确定的项目	实施选择的技术路线
13	设备三级保养规范管理	在设备主数据工作流程中，具体的工作流程为设备三级（检修）保养，并按照确定的具体项目和内容进行
14	设备状态规范管理	在设备主数据工作流程中，具体的工作流程有：检查设备是否处于完好状态、设备借用、设备调拨、设备闲置、设备报废、设备报废入库等工作流程
15	设备是否处于完好状态规范管理	在设备主数据工作流程中，主要是采集数据。并按照确定的具体项目和内容进行
16	设备借用规范管理	在设备主数据工作流程中，具体的工作流程为设备借用，并按照确定的具体项目和内容进行
17	设备调拨规范管理	在设备主数据工作流程中，具体的工作流程为设备调拨，并按照确定的具体项目和内容进行
18	设备闲置规范管理	在设备主数据工作流程中，具体的工作流程为设备闲置，并按照确定的具体项目和内容进行
19	设备报废规范管理	在设备主数据工作流程中，具体的工作流程为设备报废，并按照确定的具体项目和内容进行
20	设备报废入库规范管理	在设备主数据工作流程中，具体的工作流程为设备报废入库，并按照确定的具体项目和内容进行
21	设备事故规范管理	在设备主数据工作流程中，具体的工作流程为设备事故规范管理，并按照确定的具体项目和内容进行
22	设备备件规范管理	在物料主数据和供应商主数据工作流程中，具体的工作流程有：设备备件计划管理、设备备件采购管理、设备备件库存管理
23	设备备件计划规范管理	在物料主数据和供应商主数据工作流程中，具体的工作流程为采购信息记录、货源清单、需求计划处理，并按照确定的具体项目和内容进行
24	设备备件采购规范管理	在物料主数据和供应商主数据工作流程中，具体的工作流程为标准采购处理、寄售采购处理、外协服务采购、发票校验、采购收货、退回供应商，并按照确定的具体项目和内容进行
25	设备备件仓储规范管理	在物料主数据和供应商主数据工作流程中，具体的工作流程有：设备备件入库管理、领用管理、库存管理、调拨出库管理
26	设备备件入库规范管理	在物料主数据和供应商主数据工作流程中，具体的工作流程为采购入库、库存盘点，并按照确定的具体项目和内容进行
27	设备备件领用规范管理	在物料主数据和供应商主数据工作流程中，具体的工作流程为领料处理、退料处理、库存盘点，并按照确定的具体项目和内容进行

（续）

序号	确定的项目	实施选择的技术路线
28	设备备件库存规范管理	在物料主数据和供应商主数据工作流程中，具体的工作流程为周期检验、临时检验、库存盘点，并按照确定的具体项目和内容进行
29	设备备件调拨出库规范管理	在物料主数据和供应商主数据工作流程中，具体的工作流程为调拨出库、库存盘点，并按具体项目和内容进行
30	设备经济管理规范	与企业财务信息系统对接
31	设备规范润滑细化管理	在设备主数据和质量主数据工作流程中，具体的工作流程为润滑油管理、液压油管理、油品检验，并按照确定的具体项目和内容进行
32	设备冷却液规范管理	在设备主数据和质量主数据工作流程中，具体的工作流程为冷却液处理、检验，并按具体项目和内容进行

8.3 PMIS 设备资产和维保管理流程

在用 PMIS 设计设备资产规范管理及维修保养规范管理的工作内容时，要想到企业成功的关键就是要把握先机，要快人一步，要比竞争对手更迅速地掌握未来的动态、未来的资讯、未来的走向。如果不善于谋划未来，只是鼠目寸光地关注当前，就会失去未来潜在的效益，企业的发展就没有后劲。

> 彼得·德鲁克在他的《成果管理》中说："'已发生的未来'属于未来的商业范围，它是知识、社会、文化或者产业结构的变化，它是一种重大的转变，是一种打破现有模式，而不只是对原有模式的修正的转变。"

8.3.1 设备资产管理流程及案例

（1）设备调拨流程

1）目标及宗旨。企业通过对设备使用单位进行更改，达到设备调拨的目的，以实现对企业设备调拨的结果、记录进行保存，以确保对已调拨设备可以快速查询、汇总和统计。

2）改进内容。PMIS 中设备调拨管理流程的改进内容见表 8-15。

表 8-15 设备调拨流程的改进内容

序　号	改 进 内 容
1	规范企业设备调拨流程
2	具有完整的企业设备调拨流程信息记录
3	实现便利的企业内部设备使用部门之间的调拨规范管理
4	快捷的实现企业设备调拨的查询与统计

3）流程综述。PMIS 中企业设备调拨管理流程如图 8-10 所示。

在设计 PMIS 中的设备调拨流程时，有些企业对过去传统的设备调拨程序比较熟悉，但对设备调拨程序进入 PMIS 后，各部门在审批程序中仍保留在 PMIS 之外进行的签字、盖章程序，很不方便。

进行 PMIS 的根本目的不仅仅是实现计算机网络信息化管理，更重要的是思想观念的转变，这个转变当然包括工作方法和管理方法的转变，这也是企业管理理念和方法的转变。

（2）设备借用流程

1）目标及宗旨。企业通过内部设备使用单位对设备的借用活动，记录企业设备的借用、归还业务，确保设备借用单位和被借用单位对已借用设备的快速查询和汇总、统计，并且严格地界定设备借用期间的设备日常维护保养和设备维修费用的归属方。

2）改进内容。PMIS 中设备借用管理流程的改进内容见表 8-16。

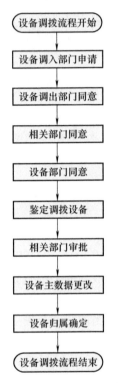

图 8-10 PMIS 中企业设备
调拨管理流程图

表 8-16 设备借用管理流程的改进内容

序号	改 进 内 容
1	规范企业设备借用、归还流程的系统管理
2	完整的借用、归还流程信息记录与管理
3	设备生命周期的完整记录与追踪
4	可以实现设备快捷的借用、归还查询与统计

3）流程综述。PMIS 中企业内部设备借用管理流程如图 8-11 所示。

当设备达到借用期限需要归还时，由设备主数据的维护人员将相关主数据更改回原设备的借出单位，这以后所发生的设备日常维护保养和设备维修费用也将恢复到由原设备使用单位承担，并且交由设备管理部门确认。

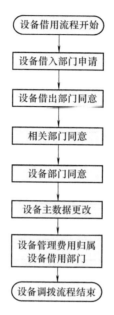

图 8-11　PMIS 中企业内部设备借用管理流程图

设备借用流程管理案例：

有一次，在一个企业，一位设备管理人员问我："设备是在企业内部的单位之间相互借用的，为什么这么认真，还要列入 PMIS 之中？"

我说："是的。尽管设备是在企业内部相互借用的，但是它也有设备固定资产暂时转移的过程，也要有设备使用期间责任划分的问题。"

"列入 PMIS 之中，是为了更加规范地进行设备借用管理，这也是规范执行企业设备借用管理制度的一种手段。在 PMIS 中规范了设备借用规范管理程序和管理内容，这也从另一个侧面避免了设备借用时出现的各种管理责任问题，不至于借用者与被借用者之间相互'扯皮'。"

（3）设备闲置流程

1）目标与宗旨。企业将闲置设备通过主数据记录企业设备的闲置活动，确保对已闲置设备的快速查询、汇总和统计。

2）改进内容。PMIS 中设备闲置管理流程的改进内容见表 8-17。

表 8-17　设备闲置管理流程的改进内容

序　号	改进内容
1	规范企业设备闲置流程的系统管理
2	完整的设备闲置流程信息记录与管理
3	设备生命周期的完整记录与追踪
4	快捷的设备闲置查询与统计

3）流程综述。PMIS 中设备闲置管理流程如图 8-12 所示。

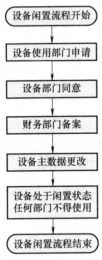

图 8-12　PMIS 中设备闲置管理流程图

设备处于闲置状态就意味着这台设备的固定资产开始闲置，设备停止折旧。将设备闲置流程列入 PMIS 之中也是为了将设备闲置管理列入议事日程，并加强设备闲置规范管理。

（4）设备报废流程

1）目标与宗旨。通过设备主数据的报废行为，记录设备报废的管理工作，确保对企业已经报废的设备进行快速查询、汇总和统计。

2）改进内容。PMIS 中设备报废管理流程的改进内容见表 8-18。

表 8-18　设备报废管理流程的改进内容

序号	改进内容
1	规范企业设备报废和设备报废入库流程的系统管理
2	完整的设备报废流程信息记录与管理
3	设备生命周期的完整记录与追踪，并能及时了解企业设备报废原因与设备使用单位及各部门签署的完备档案资料
4	快捷的设备报废查询与统计

3）流程综述。PMIS 中企业设备报废管理流程如图 8-13 所示。

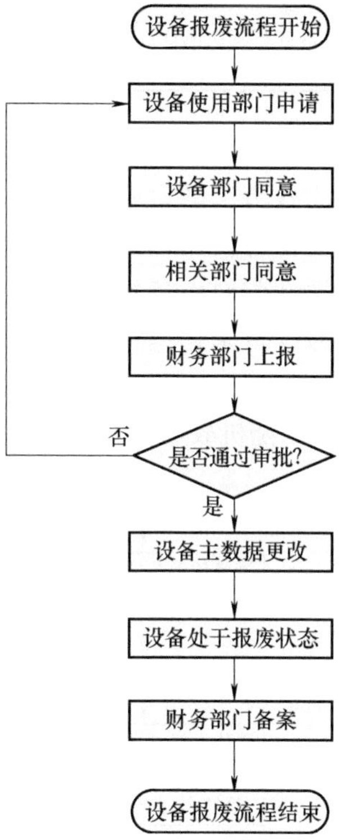

```
┌─────────────────┐
│  设备报废流程开始  │
└─────────────────┘
        ↓
┌─────────────────┐
│  设备使用部门申请  │←──┐
└─────────────────┘   │
        ↓             │
┌─────────────────┐   │
│   设备部门同意    │   │
└─────────────────┘   │
        ↓             │
┌─────────────────┐   │
│   相关部门同意    │   │
└─────────────────┘   │
        ↓             │
┌─────────────────┐   │
│   财务部门上报    │   │
└─────────────────┘   │
        ↓       否    │
    ◇是否通过审批?◇────┘
        ↓ 是
┌─────────────────┐
│  设备主数据更改   │
└─────────────────┘
        ↓
┌─────────────────┐
│  设备处于报废状态  │
└─────────────────┘
        ↓
┌─────────────────┐
│   财务部门备案    │
└─────────────────┘
        ↓
┌─────────────────┐
│  设备报废流程结束  │
└─────────────────┘
```

图 8-13　PMIS 中企业设备报废管理流程图

设备的报废流程包含了对设备报废的鉴定内容，同时终止这台设备为企业的固定资产。设备报废规范管理流程也是对设备生命周期的终止，因此，这个流程也是规范设备报废管理的重要手段。

8.3.2　设备随机和紧急故障维修管理流程

（1）目标与宗旨　企业的设备管理部门或设备维修部门通过 PMIS 中对设备的随机故障和紧急故障进行维修，及时对设备故障进行收集、整理、汇总、归类、分析，确保对设备的日常故障和紧急故障维修的快速查询、汇总和统计。

（2）改进内容　PMIS 中设备随机故障和紧急故障维修管理流程的改进内容见表 8-19。

表 8-19　设备随机故障和紧急故障维修管理流程的改进内容

序号	改进内容
1	规范设备使用单位和设备维修单位业务流程的步骤
2	保存完整的设备维修历史记录
3	记录从设备故障开始到设备订单下达的计划人工、计划时间、计划备件和计划成本
4	设备维修所参加的人员数量、实际消耗的时间、使用的备件和维修成本的记录

PMIS 中改进内容强化了设备维修的管理全过程设备故障的时间记录。其作用：①可以了解设备维修单位各员工的设备维修绩效，完整的设备维修过程记录；②可以真实地反映企业设备各使用部门的设备完好率、利用率和可利用率情况等；③可以减轻设备管理部门对设备维修、设备故障管理的强度；④可进行设备零部件故障的统计，为设备采购提供科学依据；⑤多维度地提高对设备管理的查询与统计。

（3）流程综述　PMIS 中设备随机故障和紧急故障维修管理流程如图 8-14 所示。

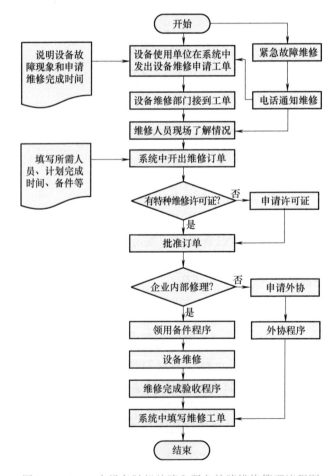

图 8-14　PMIS 中设备随机故障和紧急故障维修管理流程图

设备维修人员在系统里将设备维修的工作时间，维修中的故障、原因，使用的设备零备件等填写在申请设备维修通知单里。完成后再核定其时间的正确性、设备维修记录的正确性，最后关闭订单并结算各费用到设备维修单位。

设备紧急故障维修业务流程是先电话通知，修理设备的同时补填设备紧急故障维修申请单。

设备随机故障和紧急故障维修流程在 PMIS 中占有非常重要的位置，不但要设计设备维修业务流程的步骤，设计完整的设备维修历史记录，而且还要设计设备从出现故障开始到设备订单下达的计划人工、计划时间、计划备件和计划成本，记录设备维修完成后的实际人工、实际时间、实际使用备件和实际成本等的整个流程。

8.3.3 设备日常保养和定期保养管理流程及案例

（1）目标与宗旨　通过对设备日常保养、定期保养业务记录的保存，了解企业内各单位设备日常保养、定期保养的完成情况，实现对设备日常保养、定期保养记录的快速查询、汇总和统计。

（2）改进内容　PMIS 中设备日常保养、定期保养工作改进内容见表 8-20。

表 8-20　设备日常保养、定期保养工作改进内容

序号	改进内容
1	规范设备日常保养、定期保养流程的系统管理
2	翔实地记录所有设备日常保养、定期保养的时间
3	实时地在系统内通知各单位不合格设备日常保养、定期保养需要再保养的要求
4	方便地查询与统计设备日常保养、定期保养的时间，为下次的设备日常保养、定期保养提供依据

（3）流程综述　企业设备管理部门需要了解设备各使用单位年内各月的设备日常保养、定期保养完成情况，是否按照计划进行了设备日常保养、定期保养的流程，在指定的时间内完成设备日常保养、定期保养任务。

PMIS 中设备日常保养、定期保养管理流程如图 8-15 所示。

设备定期保养流程管理案例：

记得我曾经应邀到一个企业检查设备的定期保养情况。设备管理部门先让我看了企业 PMIS 中记录的他们检查的结果和结论，给我的印象是，设备的定期保养搞得相当不错，不合格、需要整改的设备寥寥无几。

随后，我建议去现场察看。在设备管理人员的带领下，我来到生产现场察

看设备的实际定期保养情况。不看不知道，一看吓一跳，许多设备的定期保养做得相当糟糕，离企业所制定的标准相差甚远。这使我联想到，我们设计的流程一定要按规范和标准执行，现场检查要按规范来，要实事求是，否则我们自己设计的管理流程就变成了一纸空文。由此，设备定期保养流程中要有相应的约束手段。

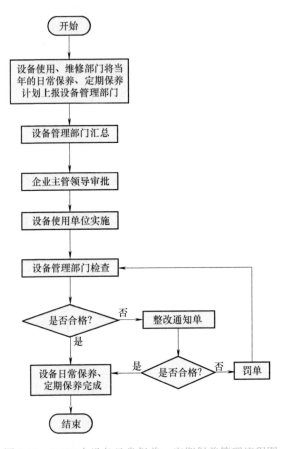

图 8-15　PMIS 中设备日常保养、定期保养管理流程图

8.3.4　油品管理流程

（1）目标与宗旨　按照设定的周期，定期对企业设备需要使用的润滑油、液压油等进行化验分析及检测，记录润滑油、液压油的检测结果，并且记录检测时间，如果对照标准检测不合格，则应更换不合格的润滑油、液压油，同时也要记录更换的时间。

（2）改进内容　PMIS 中设备油品管理改进内容见表 8-21。

表 8-21 设备油品管理改进内容

序号	改 进 内 容
1	规范企业设备润滑油、液压油流程的系统管理
2	翔实地记录所有设备润滑油、液压油规范管理流程的检验与更换时间
3	根据设定的检验周期，周期性地对润滑油、液压油进行化验、分析，生成检验订单与检验批
4	方便地查询与统计设备润滑油、液压油检验与更换的时间，为下次设备润滑油、液压油的检验、更换提供科学、合理的依据

（3）流程综述 PMIS 中油品管理流程如图 8-16 所示。

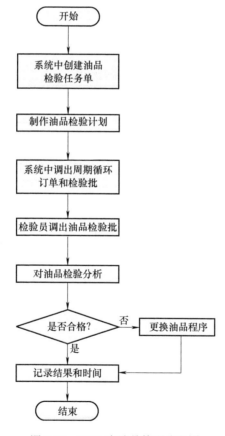

图 8-16 PMIS 中油品管理流程图

把设备润滑油、液压油列入 PMIS 之中，是许多企业在引入 PMIS 时就提出来的愿望。但是他们对设备上正在使用的润滑油、液压油进行定期检验，并拿出检验报告有些反感，总感觉有些烦琐。如果我们将对设备上正在使用的润滑油、液压油进行定期检验与对这些设备的状态监测或定期点检结合起来，并将它们同时列入 PMIS 中的设备润滑油、液压油规范管理流程之中，这个问题就变得非常简单了。

8.3.5 设备事故处理流程

（1）目标与宗旨　当设备发生事故后，记录与本次设备事故相关的所有资料，以备未来就本次设备事故的原因、责任人、对设备的损坏程度、损坏部位、造成的损失大小等相关资料随设备主数据及时查询了解。

（2）改进内容　PMIS 中设备事故处理管理改进内容见表 8-22。

表 8-22　设备事故处理管理改进内容

序　号	改进内容
1	规范设备事故处理流程的系统管理
2	提供完整的设备事故流程信息记录与管理
3	提供设备生命周期的完整记录与追踪，并能及时了解设备事故的原因与企业各部门、上级领导部门对设备事故所批核、签署的完备的设备事故档案资料
4	提供快捷的设备事故查询与统计

（3）流程综述　PMIS 中设备事故查询管理流程如图 8-17 所示。

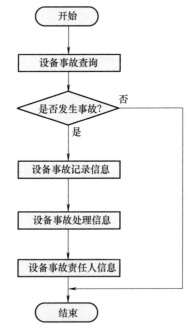

图 8-17　PMIS 中设备事故查询管理流程图

设备事故处理流程应当列入 PMIS 之中。有些企业在进行 PMIS 设计时忽视了这个问题，仍把发生的设备事故，特别是设备的一般事故用传统的方法处理，而不是通过 PMIS 来进行处理。这样往往会导致不按规范和制度来处理事故的情况发生，从而使设备事故处理得不够严肃，给以后的设备管理工作带来弊端。

8.4 PMIS 质量管理的实践

以下就重点设备日常点检和状态监测流程、设备油品和冷却液检测流程、设备精度检测流程的实践分别说明。

8.4.1 重点设备日常点检和状态监测管理流程

PMIS 中重点设备日常点检和状态监测流程的实践见表 8-23。

表 8-23 重点设备日常点检和状态监测流程的实践

序号	具 体 内 容
1	进行重点设备日常点检和状态监测时，首先确定重点设备日常点检和状态监测周期
2	创建重点设备日常点检和状态监测任务单，任务单的内容为点检表中的各项内容，并在该任务单中选定周期
3	确定任务清单后，要根据周期安排点检和状态监测计划
4	制订设备维护计划，确定计划安排的时间，以及提前多长时间开始执行这个计划
5	计划生成后，PMIS 就会根据周期自动生成需要检验的设备检验批号
6	检验批在系统中记录企业重点设备日常点检和状态监测的结果，并将有设备缺陷的下发质量通知单，确定这些设备是否检验合格

8.4.2 设备油品和冷却液检测管理流程

PMIS 中设备油品和冷却液检测流程的实践见表 8-24。

表 8-24 设备油品和冷却液检测流程的实践

序 号	具 体 内 容
1	确定设备油品和冷却液检测周期
2	在 PMIS 中创建设备任务清单。设备任务清单是针对不同设备有不同检验标准而创建的。设备任务清单的内容是各种油品、冷却液的检验标准的内容，并且在任务清单中确定好每一种油品、冷却液的检验周期
3	在 PMIS 中安排检验计划。做好维护计划，将设备任务清单加入此计划中，确定计划时间和调用期
4	安排好检验计划后，按期自动产生检验批
5	当检验批完成后，对于油品和冷却液，都需要在设备任务清单里重新确定新的检验周期

8.4.3　设备精度检测管理流程

PMIS 中设备精度检测管理流程如图 8-18 所示。

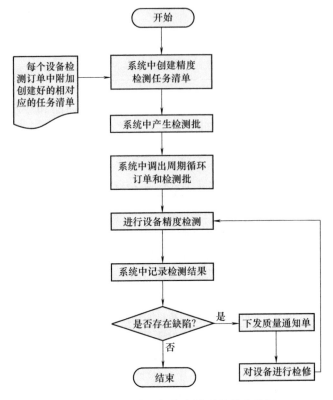

图 8-18　PMIS 中设备精度检测管理流程图

在 PMIS 中进行设备的质量规范管理流程，实际上就是对设备的质量进行量化管理的过程。不管是重点设备日常点检和状态监测流程，还是设备油品和冷却液检测流程，或是设备精度检测流程都是对它们的质量进行量化的过程。没有量化就失去了设备质量规范管理流程的意义，这一点我们在搞 PMIS 中的设备质量规范管理流程时一定要有清楚的认识。

8.5　PMIS 物料管理流程

PMIS 中的物料规范管理，包括与设备相关的物料需求计划和物料采购规范管理、库存规范管理、发票凭证规范管理等。设备管理中的物料包括两种：一种是未采购的设备，另一种是设备备件及与设备备件相关的材料。由这个物料引发出的业务包括设备采购、设备备件采购、设备和设备备件及相关材料的出入库规范管理，发票凭证规范管理，以及设备和设备备件的外协修理等。

8.5.1　设备及备件采购管理流程

（1）采购申请　PMIS 中设备备件采购申请管理流程如图 8-19 所示。

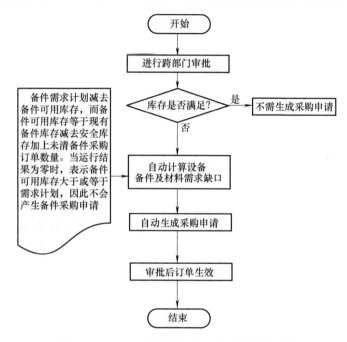

图 8-19　PMIS 中设备备件采购申请管理流程图

（2）采购订单　PMIS 中采购订单规范管理流程见表 8-25。

表 8-25　采购订单规范管理流程

序　号	具体内容
1	审批后的设备及备件采购申请进入标准采购流程
2	不同设备及备件采购业务（含招标业务）与有关供应商签订合同，完成设备及备件采购合同的审批、会签工作
3	审批、会签后的设备及备件采购合同，在系统中按照规范参照采购申请创建订单，经采购部门审核后，批准下达采购设备及备件
4	设备及备件采购订单下达后进行采购，供应商按照采购订单进行备货和交货

8.5.2　备件出入库管理流程

（1）入库规范管理　PMIS 中设备备件入库管理流程如图 8-20 所示。

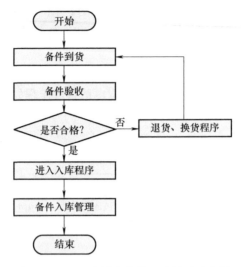

图 8-20 PMIS 中设备备件入库管理流程图

我看到，有的企业在进行 PMIS 之前备件的出、入库管理是非常混乱的，特别是对一些小的零部件的管理，出、入库账面与库房内实际物品根本对不上。在实行 PMIS 之后，由于在采用信息化系统规范管理的同时，又采纳了一些先进的、科学的备件出、入库的信息化管理，使得企业备件的库房管理，出、入库管理有条不紊，这样也会为企业的设备维修工作带来了有效的后勤保障。

（2）出库规范管理　PMIS 中设备备件出库管理流程如图 8-21 所示。

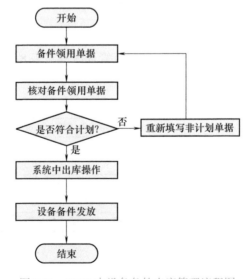

图 8-21 PMIS 中设备备件出库管理流程图

8.5.3　设备及备件外协维修管理流程

（1）设备外协维修　PMIS 中设备外协维修管理流程如图 8-22 所示。

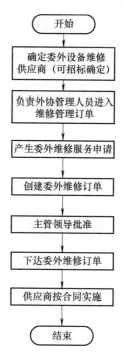

图 8-22　PMIS 中设备外协维修管理流程图

（2）设备备件外协维修　设备备件外协维修服务采购过程与设备备件的采购过程大致相同。其中不同的是，修理后的设备备件价格即为这项服务所花费的服务费。

设备和设备上主要零部件的外协维修通过 PMIS 以后，彻底将过去有些企业对这项工作的随意性改变了，以科学的规范管理代替不负责任、随意性的管理。PMIS 中对设备和设备上主要零部件的外协维修进行科学的规范管理、进行工作监督、进行查询业务给企业的这项工作带来了新的变化。

8.5.4　设备大修、项修和技术改造管理流程

PMIS 中设备大修、项修和技术改造管理流程如图 8-23 所示。

设备大修理、项修理和技术改造列入 PMIS 之中，不仅简化了企业管理程序，更重要的是建立了一个企业科学规范管理的平台。在这个平台上企业内的设备管理人员和相关的设备技术人员可以在这里实现交流、沟通，从而为企业设备的大修理、项修理和技术改造等项工作的不断改进，提供知识共享的系统

在线平台。

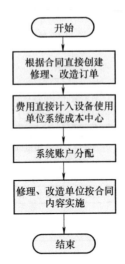

图 8-23　PMIS 中设备大修、项修和技术改造管理流程图

8.5.5　设备管理查询流程

PMIS 中有一些辅助的企业设备管理查询业务，比如采购信息记录查询、货源清单查询、仓储查询等。设备管理查询流程见表 8-26。

表 8-26　设备管理查询流程

序号	具体内容
1	设备管理中采购信息记录查询，是把供应商的信息记录到系统中，并维护成采购信息记录，便于采购人员查询。采购信息记录供应商以某种采购方式提供某个物料的价格、税率等信息。一个采购信息记录对应唯一一个供应商和一个物料组合
2	设备管理中的货源清单查询，是使供应商货源的信息更加完善、清晰，这就需要系统创建货源清单。采购人员可以清晰、准确地查找到货源信息。采购时减少前期的调研工作。货源清单记录的是某一个物料所有货源的列表，包括供应商目录，以及供应商可允许供货的有效时间和期限等相关信息
3	设备管理的库存查询，输入物料的编号或物料的名称就可以直接查出该物料的库存数量、库存地点等信息

PMIS 中的企业设备管理查询流程给我们提供了有关企业设备管理工作中的一些相关业务和管理现状。通过设备管理查询流程的实施，不但方便了我们的查询工作，而且通过查询的过程我们可以不断发现企业设备管理工作中的某些问题，这也会给我们企业的设备管理工作带来了不断改进的机会。

在设计设备管理信息化整体解决方案时，要注意以下几个问题：

1）充分理解企业发展战略、生产和业务现状，采用先进的成熟度分析模型，制定清晰、合理的设备管理工作信息化路线图，满足未来企业发展的需要。

2）搭建可靠性管理的组织架构，建立设备管理信息化流程，并涵盖设备维修管理、设备可靠性管理，支撑企业提升设备管理水平，如图 8-24 所示。

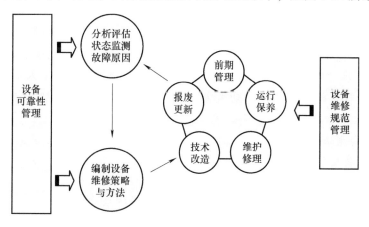

图 8-24 提升企业设备管理水平架构

3）平衡设备管理工作与信息化技术特点，支持状态监测、业务执行、分析优化三个层面的设备管理工作，将信息系统层面划分为设备主数据管理、健康管理、维修管理、可靠性管理四大类系统，实现系统间主数据共享、业务流程集成和系统界面整合。

4）各系统采用统一的设备管理标准化体系，基于统一标准的绩效指标的对比和分析。

设备管理信息化需要一定的资金投入，这个投入会给企业带来更大的经济效益和社会效益。图 8-25 所示为设备管理信息化带来的效益图。

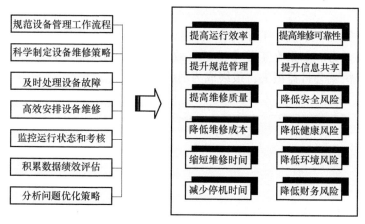

图 8-25 设备管理信息化带来的效益

设备管理信息系统的各种功能均有许多先进的设计思想，但归于一点，就是要针对企业各自的特点选择适合自己企业的系统内容，科学、合理地搞好我们的设备管理工作。

8.5.6 设备管理信息化建设案例

我曾经不止一次在某些企业听到过这样的话，"设备管理信息化建设不建等'死'，建了找'死'。"这也是当前企业设备管理信息化建设进入的一个怪圈，是企业建设设备管理信息化成功率偏低面临的诸多问题。归纳一下，有这样几个问题：

1）设备管理信息化顶层规划和设计相当欠缺，企业信息化管理各部门搞各部门的，设备管理成了信息孤岛。

2）缺乏企业各部门建立的系统间信息共享与一体化集成。

3）企业从上到下缺乏对信息化及信息化建设的准确认识。

如果按如下几点去做，是否能改变这种情况呢？

1）将设备管理信息化建设作为"一把手"工程。

2）设备管理信息化要坚持统一规划、分步实施、循序渐进。

3）企业要构建统一的信息化管理平台，避免设备管理信息孤岛，实现资源共享。

4）企业开展全员信息化管理知识培训。

> 彼得·德鲁克始终相信"卓有成效的管理是可以提高人们的生活质量的"。他曾经在给中国管理者的致辞中写道："中国发展的核心问题，就是要培养一批卓有成效的管理者。"

对设备管理者来说，工作的有效性、对设备管理工作的付出，都是设备管理者工作的动力。如果在工作中缺乏有效性，那么对设备管理工作、对企业有所贡献的热情就会日益消失，最终成为消磨时间的人。

参 考 文 献

［1］ 洪孝安，杨申仲．设备管理与维修工作手册（修订本）［M］．长沙：湖南科学技术出版社，2007．

［2］ 南兆旭，藤宝红，张健．企业设施与设备管理国际通用标准［M］．北京：中国标准出版社，2004．

［3］ 阿尔伯特·哈伯德．自动自发［M］．陈书凯，译．天津：天津科学技术出版社，2009．

［4］ 彼得·德鲁克．管理的实践［M］．齐若兰，译．北京：机械工业出版社，2009．

［5］ 彼得·德鲁克.21世纪的管理挑战［M］．朱雁斌，译.北京：机械工业出版社，2009．

［6］ 彼得·德鲁克.创新与企业家精神［M］．蔡文燕，译．北京：机械工业出版社，2009．

［7］ 彼得·德鲁克.卓有成效的管理者［M］．许是祥，译.北京：机械工业出版社，2009．

［8］ 龚俊恒．德鲁克管理思想［M］．北京：中国华侨出版社，2013．

［9］ 罗亚萨．一看就懂的德鲁克管理学［M］．北京：电子工业出版社，2014．

［10］ 国务院法制办公室．中华人民共和国招标投标法注解与配套［M］．北京：中国法制出版社，2008．

［11］ 朱松梅．企业管理技巧［M］．北京：清华大学出版社，2013．

［12］ 李葆文．设备管理新思维新模式［M］．北京：机械工业出版社，2001．

［13］ 李葆文．全面规范化生产维护——从理论到实践［M］．北京：冶金工业出版社，2002．

［14］ 左文刚．现代数控机床全过程维修［M］．北京：人民邮电出版社，2008．

［15］ 彼得·德鲁克，吉姆·柯林斯，吉姆·库泽斯，等．组织生存力［M］．刘祥亚，译．重庆：重庆出版社，2009．

［16］ 黄燕萍，李国珍，刘自敏，等．现代企业管理［M］．北京：清华大学出版社，2013．

［17］ 辛雄飞．设备部规范化管理工具箱［M］．北京：人民邮电出版社，2010．

［18］ 梁三星．设备综合管理学［M］．西安：西北工业大学出版社，1999．

［19］ 李葆文，张孝桐，徐伟．规范化的设备前期管理［M］．北京：机械工业出版社，2005．

［20］ 李葆文，徐保强．规范化的设备维修管理——SOON［M］．北京：机械工业出版社，2006．

［21］ 张孝桐．设备点检管理手册［M］．北京：机械工业出版社，2013．

［22］ 胡先荣．现代企业设备管理［M］．北京：机械工业出版社，2001．

［23］ 张友诚．现代设备综合管理［M］．北京：奥林匹克出版社，2003．

［24］ 张友诚．现代企业设备管理［M］．北京：中国计划出版社，2006．

［25］ 郁君平．设备管理［M］．北京：机械工业出版社，2007．

［26］ 王汝杰，石博强．现代设备管理［M］．北京：冶金工业出版社，2007．

［27］ 杨志伊．设备状态监测与故障诊断［M］．北京：中国计划出版社，2006．

［28］ 陈根．可穿戴设备［M］．北京：机械工业出版社，2014．

［29］ 汪中求．细节决定成败［M］．北京：新华出版社，2009．

［30］ 李葆文，徐保强，孙兆强．人机系统精细化管理手册［M］．北京：机械工业出版

社，2014.

[31] 曹磊. 互联网＋［M］. 北京：机械工业出版社，2015.

[32] 维克托·迈尔-舍恩伯格，肯尼思·库克耶. 大数据时代［M］. 盛杨燕，周涛，译. 杭州：浙江人民出版社，2013.

[33] 乌尔里希·森德勒. 工业4.0——即将来袭的第四次工业革命［M］. 邓敏，李现民，译. 北京：机械工业出版社，2015.

[34] 阿尔冯斯·波特霍夫，恩斯特·安德雷亚斯·哈特曼. 工业4.0（实践版）：开启未来工业的新模式、新策略和新思维［M］. 刘欣，译. 北京：机械工业出版社，2015.